Zora Neale Hurston

Their Eyes Were Watching God

그들의 눈은 신을 보고 있었다

1판 1쇄 발행 2021년 2월 20일

지은이 | 조라 닐 허스턴
옮긴이 | 최성희
발행인 | 신현부

발행처 | 부북스
주소 | 04613 서울시 중구 다산로29길 52-15(신당동), 301호
전화 | 02 - 2235 - 6041
팩스 | 02 - 2253 - 6042
이메일 | boobooks@naver.com

ISBN 979-11-86998-97-7 (04080)
ISBN 978-89-93785-07-4 (세트)

부클래식

085

——

그들의 눈은 신을 보고 있었다

조라 닐 허스턴

최성희 옮김

부북스

차례

제1장

멀리 떠 있는 배들은 모든 남자의 소원을 싣고 있다. 어떤 남자들에게는 배들이 조류를 타고 다가온다. 또 어떤 남자들에게 배들은 항상 수평선에 머물며 아른대다가, 바라보던 사람이 체념하여 눈길을 거둔 후에야 비로소 정박한다. 그의 소원은 죽을 때까지 시간에 조롱당하는 것이다. 그것이 남자의 삶이다.

한편, 여자들은 기억하고 싶지 않은 것들은 다 잊고, 잊고 싶지 않은 것들은 다 기억한다. 꿈은 진리다. 그런 다음 여자들은 그에 따라 움직이고 행동한다.

그리하여 이 소설은 한 여자의 이야기로 시작한다. 그녀는 죽은 사람들을 묻고 돌아왔다. 그들은 투병하다 머리맡에서 발치까지 모인 친구들의 애도를 받으며 죽은 게 아니었다. 그들은 물에 퉁퉁 불어 있었다. 갑작스레 닥친 죽음, 그들은 영문도 모른 채 두 눈을 부릅뜨고 죽었었다.

마을 사람들은 시간이 마침 해 질 녘이라 모두 그녀가 돌아오는 것을 보았다. 태양은 지고 없었으나 하늘에 발자국을 남겨두었다. 이 시간에는 사람들이 길가를 향해 난 베란다 앞에 앉아있는 시간이었다. 지금은 바로 이들이 이런저런 얘기를 나누는 시간이었다. 이 자리에 앉은 사람들은 온종일 말도 못하고, 듣지도 못하고, 보지도 못하는 도구에 지나지 않았었다. 마치 노새나 다른 짐승들이 사람의 거죽을 쓰고 있는 것과 진배없었다. 하지만 지금은 태양도 주인도 없다 보니, 그 거죽들은 힘이 솟고 인간다움을 느꼈다. 그들이 소리와 사소한 일상사의 주인이 된 것이다. 이 사람들은 세상사를 들먹이고 이러쿵저러쿵 평가하며 앉아있었다.

마을 사람들은 그 여자가 지나가는 것을 보자 해묵은 질투심이 되살아나는 것을 느꼈다. 그래서 그들은 드러내지 않은 마음을 끄집어내어 질겅질겅 씹어대고 음미하며 삼켰다. 풍문을 불같이 사실로 만들었고, 킬킬대며 치명적인 무기로 만들었다. 그것은 군중의 잔인함이었다. 분위기가 무르익었다. 주인 없는 이야기들이 흘러 다니며 마치 노래의 화음인 양 서로 잘 어우러졌다.

"저 여자는 도대체 저 작업복 차림으로 어떻게 돌아왔지? 입을 옷이 없었남? 떠날 때 입었던 파란 공단 옷은 우짠 거야?—남편이 벌어 죽으면서 남긴 그 돈은 다 어쩌고?—마흔 살이나 먹은 늙은 여자가 왜 머리채를 어린 지지배처럼 묶어 흔들고 다니는 겨?—함께 내뺐던 그 머스마는 어디에 두었지?—결혼하려 했을까?—그 머스마가 어디서 저 여자를 버렸을까?—그놈은 여자 돈으로 뭘 했을까?—당연히 그놈은 훨씬 젊은 계집애하고 내뺐을걸—왜 저 여자는 자기 분수를 모르는 겨?—"

그녀는 사람들이 앉아있는 곳에 다다르자 그들 쪽으로 얼굴을 돌리며 인사를 했다. 사람들은 허둥대며 "안녕하쇼"라고 인사를 하며, 벌린 입을 다물지 못한 채 호기심에 기대어 귀를 기울였다. 그녀는 분명 쾌활하게 인사했다, 그러나 발걸음을 멈추지 않고 그대로 자기 집으로 곧장 걸어갔다. 문간에 모인 남자들은 바라볼 뿐 아무 말도 할 수 없었다.

남자들은 바지 뒷주머니에 자몽을 넣은 듯 빵빵한 그녀의 엉덩이를 힐끗댔고, 허리께에서 찰랑대다 바람이 불자 새의 깃털처럼 하늘대는 그녀의 근사한 검은 머리 타래를 보았다, 그런 다음 셔츠 단추 구멍을 터트릴 것 같은 도발적인 그녀의 젖가슴을 보았다. 그들, 그 남자들은 방금 시야에서 멀어지는 그녀의 모습을 가슴속에 꼭꼭 담아두고 있었다. 여자들은 온통 진흙투성이인 빛바랜 셔츠를 입고 있었고, 이러한 것들을 기억에서 쫓아냈다. 이런 행동은 그녀의 강인함에 대항하는 일종의 무기였고, 설사 그렇게 하는 게 아무런 의미가 없다고 결론 나더라도 여자들은 언젠가 그녀가 자기들의 수준으로 떨어지길 바랐다.

하지만 그녀가 집 대문을 쾅 닫고 들어갈 때까지 아무도 움직이지 않았고, 아무도 말하지 않았으며, 심지어 아무도 침을 삼키지 않았다.

펄 스톤이 입을 벌리고 깔깔 웃었다. 딱히 무엇을 해야 할지 몰랐기 때문이다. 그녀는 웃어대며 섬킨스 아줌마 쪽으로 허리를 숙였다. 섬킨스 아줌마는 세게 콧방귀를 뀌며 군침을 삼켰다.

"흥! 다들 저 여편네한테 신경을 쓰는군. 나는 당신들과 달라. 난 저런 여자는 안중에도 없어. 가던 길을 멈추고 우리한테 그동안 자신이 어떻게 살았는지 얘기할 줄 모른다면, 그런 여자는 그냥 내버려두라구!"

"저 여자는 말할 가치도 없다구여어," 룰루 모스는 느릿느릿 말했다. "저 여자는 높은 데 있는 체하지만, 밑바닥이 보이잖아요. 내 말은, 저 늙은 여자가 젊은 남자애들 꽁무니를 쫓아다니는 거 보면 볼 장 다 봤다는 거예요."

피비 왓슨은 흔들의자를 앞으로 바짝 당기며 입을 열었다. "저기, 아무도 쟤한테 무슨 일이 있었는지 모르잖아. 나는 쟤랑 젤로 친한 데 아는 게 없어."

"아마 우리는 당신만큼 많이 알지 못할 거야. 하지만 우리 모두 저 여자가 어떻게 여길 떠났는지 알아, 그리고 이렇게 돌아온 꼴도 보고. 재니 스탁스 같은 늙은 여편네를 싸고도는 짓은 참 쓰잘데기 없어, 피비, 친구든 웬수든."

"저 여자는 너희가 말하는 것처럼 나이가 많지도 않아."

"내가 알기론 마흔을 넘었는데, 피비"

"마흔 안 됐구먼"

"그녀가 티 케이크 같은 남자애랑 놀아나기엔 늙었지"

"티 케이크도 이젠 어린아인 아냐. 서른 살 언저리이잖아"

"좌우지간, 저 여자는 우리한테 와서 몇 마디 할 수 있었다고. 저 여자는 마치 우리가 무슨 짓이라도 했던 것처럼 굴잖아" 펄 스톤은 투덜거렸다. "지가 잘못하구선."

"그러니까, 니가 흥분하는 이유는 걔가 멈춰 서서 우리에게 자기 일을 모조리 보고하지 않았기 때문이네. 어쨌거나 니들이 말하는 것처럼 걔가 그렇게 나쁜 짓을 한 건 또 뭐야? 내가 알기에 걔가 한 일이라곤 지보다 몇 살 어린애를 고른 거야. 근데 아무에게도 해를 끼치지 않았잖아. 니들이 정말 지긋지긋해. 니들 말대로라면 이 동네 사람들은 모두 이부자리 속에서 하느님만 찾아야겠네. 이제 난 가야겠어. 걔한테 저녁거리라도 갖다줄 거야." 피비는 벌떡 일어났다.

"우리 신경 쓰지 마." 룰루가 웃으며 말했다. "어서 가라고, 우린 자기 올 때까지 집 봐줄게. 저녁은 다 해놨어. 가서 걔기

어쩌고 있는지 보라고. 그리고 우리한테 와서 알려줘."

"그럼," 펄이 응수하며 말했다, "너무 수다를 오래 떨다가 저녁에 고기고 빵이고 다 태워버렸지 뭐야, 그러니 여기 있을 만큼 있어도 돼. 우리 서방은 그리 까탈스럽지 않아."

"아, 뭣이냐, 피비, 지금 갈 참이면 나도 같이 갈 수 있어," 섬킨스 아줌마가 나섰다. "이제 날이 어둑어둑해지네. 강도라도 만나면 어쩌려구."

"됐어. 고맙지만 사양할게. 코앞인데 뭐가 나타날라구. 우리 서방 말이 강도가 정신이 말짱하다면 절대 날 안 건드린답디다. 재니가 너한테 할 말 있다고 하면 전해 줄게."

피비는 서둘러 뚜껑 달린 양재기를 들고 나섰다. 그녀 등 뒤로 현관 앞에 남은 아줌마들의 소리 없는 질문들을 남겨두고 떠났다. 그들은 자극적이고 괴상한 대답을 기다렸다. 피비는 재니의 집에 다다르자, 정문을 지나서, 현관 방향으로 난 종려나무 길로는 내려가지 않았다. 대신 울타리 모퉁이를 돌아 물라토 밥이 그득한 접시를 들고 익숙한 쪽문으로 들어갔다. 재니는 분명 그쪽에 있을 것이다.

피비가 보니 재니가 뒷문 계단에 앉아있었다. 램프에는 기름이 가득 차 있고 굴뚝도 깔끔히 청소되어 있었다.

"야, 재니, 잘 지냈어?"

"응, 아주 잘 지냈지. 피곤도 풀 겸 발을 닦는 중이야." 재니는 살짝 웃었다.

"그렇구나. 애, 너 참 좋아 보인다. 니 딸이라 해도 되겠네." 둘 다 웃었다. "고런 작업복을 입고도, 참 섹시하네."

"애는, 애는, 뭔 소리를 하는 거니? 내가 뭐라도 가져온 거 같니. 집에 가져온 거라고는 나 자신밖에 없어."

"그 이상 뭘 바래. 친구라면 그 사실 만으로도 족하구만."

"그 아부는 받아 줄게. 피비, 진심인 걸 아니까." 재니는 손을 내밀었다. "아이고. 피비! 가져온 그 그릇은 안 줄 거야? 종일 손가락만 빨았구만." 두 사람은 편하게 웃었다. "이리 주고 좀 앉아."

"그래. 배고플 줄 알았어. 해지고 나면 땔감 구할 시간도 없지. 물라토 밥이 이번엔 별로 맛이 없네. 베이컨 기름이 모자랐거든. 하지만 요기는 될 거야."

"조금만 있어 봐," 재니가 그릇 뚜껑을 열며 말했다. "애, 너무 맛있다! 너 부엌에서 궁둥이깨나 들썩였구나."

"아유. 별로 맛없어. 재니. 하지만 내일은 정말 먹을 만한 걸 장만할게. 네가 이렇게 왔으니"

재니는 맛있게 음식을 삼키며 아무 말도 하지 않았다. 하늘의 구름은 태양이 휘저은 다채로운 노을로 서서히 짙게 물들고 있었다.

"여기 있어. 피비. 이 접시는 가져가. 빈 접시는 아무짝에도 못쓰지. 밥 한번 편하게 잘 먹었네."

피비는 친구의 막된 농담에 웃었다. "넌 정말 이전이나 지금이나 못 말려."

"네 옆 의자에 걸린 수건 좀 줘. 얘. 발 좀 닦아야겠다." 재니는 수건을 받아서 발을 벅벅 문질렀다. 큰길 쪽에서 웃음소리가 들렸다.

"저 수다쟁이들이 아직 저 자리에 앉아있네. 이번에는 나를 씹고 있겠지."

"정말 그럴 거야. 있지. 사람들 앞을 지나가면서 말 한마디라도 하고 가야지, 안 그러면 너를 과녁으로 삼아 네가 했던 모든 일을 모조리 들춰내는 거야. 쟤들이 너보다 너에 대해 더 잘 알아. 부러우니 귀가 간사해지는 거지. 쟤들은 너에 대해 지들이 듣고 싶은 얘기들을 만들어서 '듣는' 다구."

"만일 신이 나만큼 쟤들에게 신경 안 쓴다면, 쟤들은 풀숲에 굴러 들어가 박힌 공이나 다름없지"

"난 쟤들이 하는 말이 다 들려. 우리 집이 큰길가여서 쟤들이 내 집 현관문 앞에 모여 떠들거든. 우리 신랑은 쟤들에게 넌더리가 나서 어떨 때는 쟤들을 쫓아내기도 해."

"샘이 잘하네. 쟤들 때문에 니네 집 의자만 닳지"

"응, 샘이 말하길 쟤들은 최후의 심판 날에 교회에 꼭 갈 거래. 그날이 바로 모든 비밀이 밝혀지는 날이잖아. 재들은 그 비밀을 '모조리' 들으려고 가는 거지."

"샘은 '정말' 대단하네! 넌 샘이랑 같이 있으면 웃지 않을 수 없겠다."

"근데, 샘이 말하길 자기도 거기 꼭 갈 거래. 자기 담뱃대를 훔쳐 간 작자를 알아낼 수 있을 거라구."

"피비, 니 신랑 정말 못 말리겠다. 정말 대단해!"

"저 인간들 말이야. 네 일에 얼마나 열을 올리는지 너에 대해서 곧 알아내지 못한다면 심판대로 달려갈 인간들이 수두룩해. 그러니까 어서 니가 티 케이크랑 결혼한다고 말하는 게 나을 걸. 그리고 만약에 티 케이크가 니 돈을 챙겨서 다른 계집이랑 내뺀 거라면, 지금 그가 어디에 있는지, 그리고 넌 그 옷들을 다 어쩌고 그런 옷차림으로 돌아온 건지도 말이야."

"난 그 사람들한테 번거롭게 얘기하고 싶지 않아. 피비. 그럴 필요 없거든. 하고 싶으면 가서 내가 한 얘기 전해. 내가 하든 니가 하든 마찬가지야. 내 말이 곧 니 말이니까."

"니가 원하면, 네가 하라는 말만 할게."

"대관절, 재들 같은 사람들은 지들이 모르는 일을 쑤더이느라 시간을 다 보내지. 자. 내가 티 케이크를 사랑한 것을 옳으네 그르네 하고들 있어. 지들은 인생이란 옥수수 만두일 수도 있고 퀼트 이불일 수두 있다는 건 몰라!"

"쑥덕일 게 있으면 그게 누구든, 무엇이든, 저 인간들은 상
관 안 해. 특히 나쁜 일로 만들어 낼 수 있다면."

"지들이 보고 알아내고 싶으면, 왜 직접 와서 말 걸지 않는
거야? 그럼 난 앉아서 말할 수 있을 텐데. 나는 인생이라는 큰
회의의 대표였어. 그렇고말고. 거대한 장소, 그 거대한 삶의 회
의 장소에 니네가 날 보지 못한 요 일 년 반 동안 나가 있었던
거야."

그녀들은 초저녁 어둠이 내리는 가운데 함께 앉아있었다.
피비는 재니의 얘기를 몹시 알고 싶었지만, 자신의 모습이 단
지 호기심에 안달이 난 것처럼 보일까 봐 신경이 쓰였다. 재니
는 '자기를 드러내고자 하는' 인간의 가장 오래된 바람으로 가
득 차 있었다. 피비는 오랫동안 입을 다물고 가만히 있었지만,
발을 움직일 수밖에 없었다. 이윽고 재니가 입을 열었다.

"걔들은 나나 내 옷에 대해 걱정할 필요가 없어. 은행에 아
직 900달러가 있거든. 티 케이크 때문에 내가 이 옷을 입었지.
그를 따라 한 거야. 티 케이크는 내 돈 한 푼도 허비한 적 없어,
젊은 계집하고 달아나지도 않았어. 그는 이 세상에서 가장 편
한 사람이었지. 티 케이크도 쟤들에게 나랑 똑같이 말할걸. 만
약 죽지만 않았다면."

피비는 눈을 크게 뜨고 물었다. "티 케이크가 죽었어?"

"그래. 피비, 티 케이크는 가버렸어. 그게 내가 돌아온 유일

한 이유야. 내가 있던 그곳엔 더는 행복할 일이 안 남아서. 거기 저 아래 에버글레이즈에는, 저 아래 습지에는."

"니가 무슨 말을 하는지 모르겠어. 무슨 말이여. 내가 가끔 말귀를 잘 못 알아먹기는 하지만."

"그래. 네 예상과는 완전히 다를 테니, 너를 이해시키지 못하는 한, 너한테 말을 하는 게 무슨 소용이 있겠니. 털의 차이를 모르는 한 밍크나 너구리나 다를 바 없지. 저기 애, 피비, 샘이 저녁밥을 기다리고 있지 않니?"

"이미 다 해두었어. 찾아 먹지도 못한다면, 지 탓이지"

"응, 그럼, 우리 이대로 여기 앉아서 얘기하자. 집에 와서 바람 통하라고 문을 다 열어두었어. 피비. 우리는 20년 지기 친구잖아. 나를 잘 이해해 줄 거로 생각해. 그러기에 얘기하는 거야."

시간이 지나 만물이 아스라해지고 초저녁 어둠이 칠흑같이 변하는 동안, 재니는 이야기를 이어갔다.

제2장

재니에게 자기 인생은 마치 거대한 나무 같았다. 그 나무에는 고통스러운 일, 즐거운 일, 이미 완성한 일, 그렇지 못한 일들이 이파리마다 주렁주렁 달려있었다. 새벽과 파멸이 나뭇가지들에 어려 있었다.

"무슨 말을 해야 할지는 뻔히 알겠는데, 어디서부터 시작할지는 막막하네.

"난 엄마와 아빠를 본 적이 없어. 그리고 본적이 있었다 하더라도 모르고 지나쳤을 거야. 엄마도 마찬가지야. 내가 엄마를 알아볼 수 있는 나이가 되기 전에 엄만 떠나버렸지. 할머니가 날 키웠어. 할머니와 할머니가 아는 백인들 손에 자랐지. 할머니가 살던 뒷마당 집에서 난 태어났어. 그 댁은 웨스트 플로리다에서 높은 집안이었어. 워시번 가라고. 그 댁에는 손자들이 넷이었는데 나랑 함께 놀았지. 나는 우리 할머니를 내니[1]라고 부르지 않았어. 거기서는 누구나 할머니를 내니라고 했으니까. 내니는 우리가 말썽을 부리면 그 자리에서 모두를 혼냈고, 워시번 부인도 그랬어. 난 억울하게 혼난 적은 없었던 거 같아. 우리 세 남자애와 두 여자애는 정말로 말썽꾸러기들이었으니까. 진짜로.

"그 백인 애들이랑 거의 언제나 어울려 놀아서 나는 여섯 살이 될 때까지도 내가 백인이 아니란 걸 몰랐어. 만약에 사진 찍는 아저씨가 우리 마을에 오지 않았더라면, 그리고 우리 중 가장 나이가 많았던 남자애 셸비가 아무한테도 묻지 않고 그 아저씨한테 사진을 찍어달라고 하지 않았더라면, 난 내가 백인이 아니란 걸 정말 몰랐을 거야. 일주일쯤 있다가 그 남자가 사진을 가져와서 워시번 부인에게 대금을 달라고 하자, 부인은 돈을 주고는 우리를 엄청나게 혼냈어.

"그리고 우린 사진을 보고 각자 자기 모습을 손가락으로 짚었는데, 엘리노어 옆에 서 있는 머리가 긴 정말 새까만 계집 아이만 마지막에 남은 거야. 거기는 내가 있던 자리였는데, 나는 그 계집애가 나라는 걸 몰랐어. 그래서 물어보았지. '난 어딨어? 안 보이네.'

"모두가 깔깔댔지. 워시본 부인조차도. 그러자 넬리 아씨

---

[1] 나이 많은 하녀나 유모라는 의미임.

가, 그러니까 아씨는 그 애들 엄마인데 남편이 죽고 나서 친정에 와 있었거든, 그 새까만 여자애를 가리키더니, '그게 너야. 알파벳, 넌 자신도 몰라보니?'

"사람들은 모두 나를 알파벳이라고 불렀어, 너무 많은 사람이 나를 각각 다른 이름으로 불렀기 때문이야. 난 사진을 오랫동안 바라보다가 내 옷과 머리카락을 보고 말했어.

"'어, 어! 내가 흑인이네!'

"그러자 모두가 배를 잡고 웃어댔어. 그렇지만 나는 사진을 보기 전까지 내가 나머지 애들과 같다고 생각했었어.

"그 집에서는 참 재밌었어, 학교에서 애들이 나보고 백인 집 뒤꼍에 산다고 놀리기 전까지는. 학교에서 메이렐라라는 뭉치 머리를 땋은 계집애는 나를 볼 때마다 놀리느라 안달이 났었어. 워시번 부인은 자기 손녀딸들이 절대 안 입는 옷을 내게 입혀주셨어. 그래도 다른 흑인 애들이 입는 옷보단 좋았지. 그리고 머리에 리본도 묶어주셨어. 그게 메이렐라의 신경을 많이 건드렸나 봐. 그래서 그 애는 늘 나를 못살게 굴고 다른 애들도 따라 하게 했어. 고리 던지기 놀이에서도 나를 왕따 시켰고, 백인 집 뒤꼍에 사는 애랑은 놀 수 없다고 정하면서 말이야. 그러고 나서는 좀 차려입었다고 잘난 체 말라고 했지. 걔네 엄마들은 우리 아빠가 밤새 사냥개한테 쫓겨 다녔다고 했거든. 워시번 씨하고 경찰들이 블러드하운드를 풀어서 우리

아빠를 쫓았다고 했어, 아빠가 엄마한테 한 짓 때문에. 걔들은 우리 아빠가 그 뒤에 엄마와 결혼하려고 엄마를 찾아다녔다는 얘기는 하지 않았어. 그래. 그런 얘기는 절대 하지 않았지. 상황을 몹시 나쁘게 말해서 내 기를 죽이려 했지. 아무도 아빠 이름조차 기억하지 않았지만, 블러드하운드 얘기는 머릿속 깊이 새겨두었지. 내니는 내가 기죽는 걸 보기 싫어하더니, 결국 그집을 떠나 따로 나오는 게 좋겠다고 하셨어. 땅을 사고 다른 모든 걸 갖추었고 워시번 부인도 지원을 아끼지 않았지."

피비가 정신없이 듣고 있자, 재니는 힘을 내어 이야기를 이어갔다. 재니는 어린 시절 얘기를 계속 생각해내더니, 친구에게 부드럽고, 편안하게 설명해주었다. 그 사이 재니의 집 주변에 밤이 무겁고 어둡게 내려앉았다.

재니는 한동안 생각한 후에, 자신의 의식적인 삶은 내니의 집 문 앞에서 시작되었다고 결론지었다. 어느 늦은 오후 내니는 재니를 집 안으로 들어오라고 불렀다. 문간에서 재니가 조니 테일러와 키스하며 입술을 내맡기고 있는 걸 보았기 때문이었다.

웨스트 플로리다의 어느 봄날 오후였다. 재니는 뒤뜰의 배나무 꽃그늘 아래에서 거의 온종일 머물러 있었다. 재니는 사흘 전부터 집안일을 제쳐두고 매 순간 그 나무 아래서 지냈다. 그러니까, 비로 자그마한 첫 꽃망울이 터시고 나서부터이다.

꽃망울에 이끌려 재니는 그 신비를 바라보고 있었다. 메마른 갈색 기둥에서 숨을 틔운 반짝이는 이파리. 그리고 그 이파리에서 나온 눈처럼 순결한 처녀 같은 봉우리. 그 신비에 재니는 송두리째 흔들렸다. 어떻게 생긴 거야? 왜지? 마치 다른 존재에서 온 잊힌 플루트 선율이 다시 생각나는 듯했다. 뭐지? 어떻게 생긴 거야? 왜지? 이 소리 없는 선율을 그녀는 듣고 있었다. 그 세상의 장미는 향기를 내뿜고 있었다. 그 향기는 깨어있는 매 순간 재니를 따랐고 꿈속까지 와서 그녀를 애무했다. 그 향기는 아련했던 그 느낌에 가 닿았다. 이전에 재니는 그 느낌에 깜짝 놀라 자신의 육체 속에 깊이 묻어두었었다. 이제 그 느낌이 되살아나 그녀의 의식을 일깨우고 있었다.

재니는 그 들리지 않는 음성이 가까워져 올 때 배나무 아래 온몸을 쭉 뻗고 누워서 붕붕거리는 꿀벌의 노래, 황금빛 햇살, 그리고 숨 막히는 산들바람에 몸을 맡기고 있었다. 그녀는 꽃가루를 묻힌 꿀벌이 꽃송이의 깊숙한 방으로 들어가는 것을 보았다. 그리고 수천 개의 꽃받침이 한꺼번에 그 사랑을 감싸 안는 것을. 그리고 뿌리에서부터 잔가지까지 환희의 떨림이 모든 꽃송이로 흘러들어 기쁨에 겨워 퍼졌다. 그래 이건 결혼이었어! 그녀는 신의 계시를 목격하도록 부름을 받은 것이다. 그러고 나서 재니는 끝없이 달콤한 고통에 온몸이 나른해졌다.

잠시 후 재니는 누웠던 곳에서 일어나 작은 정원을 샅샅이 헤집고 다녔다. 그녀는 그 음성과 계시를 확인하길 바랐다. 온 천지가 그 음성과 계시에 응하고 화답하고 있었다. 그녀를 제외한 모든 창조물이 각자 그 부름에 응하고 있었다. 재니는 자신을 부르는 무엇인가가 있다고 느꼈다. 하지만 부름이 어디서 올까? 언제일까? 어떻게 들려올까? 자신도 모르는 사이에 부엌문 앞에 다다르고 나서는 집 안으로 비틀거리며 걸어 들어갔다. 방 안에서도 파리들이 윙윙 어지럽게 공중을 날며 서로 어울려 노래하고 짝을 짓고 결혼하고 있었다. 좁은 복도에 다다르자 그녀는 두통을 앓는 할머니가 집에 계신다는 사실이 생각났다. 할머니는 침대에 누워 주무시고 계셨다. 재니는 발꿈치를 들고 현관 밖으로 살금살금 걸어 나왔다. 아아, 배나무가 되고 싶어라. 어떤 나무든 꽃 피는 나무가 될 수 있다면! 벌들이 세상의 시작을 노래하며 키스해오고! 재니는 열여섯 살이었다. 그녀의 이파리는 반들반들 윤이 나고 꽃봉오리가 터져 올랐다. 재니는 삶과 싸우고 싶었지만 삶은 그녀를 피해 가는 듯했다. 그녀를 위해 노래하는 벌들은 어디에 있을까? 그곳에도, 할머니의 집 안에서도 대답을 찾을 수 없었다. 재니는 현관 계단 끝에서 바깥세상을 살펴보았다. 그러고 나서 현관으로 걸어 내려가 상체를 앞으로 내밀어 길 이쪽저쪽을 둘러보았다. 바라보기, 기다리기, 안달하며 할딱이기. 새로운 세상이 열리길 기다리기.

꽃가루로 가득한 대기를 뚫고 길 저편에서 멋진 존재가 다가옴을 그녀는 보았다. 그녀가 뭘 몰랐던 시절에 그는 단지 빼빼 마르고 키가 껑충한 주변머리 없는 조니 테일러에 불과했다. 하지만 그건 조니의 남루한 옷과 재니의 눈에 황금빛 꽃가루가 내려앉기 이전 일이었다.

내니는 잠이 깰 무렵에 어떤 목소리를 들은 듯했다. 그 소리는 희미하지만, 끊임없이, 그러다가 점차로 가깝게 들렸다. 재니였다. 재니가, 누군지 알 수 없는 남자와 숨죽여 속삭이고 있었다. 순간 내니는 잠에서 확 깨어났다. 그녀는 벌떡 일어나 창문 밖을 살피다 조니 테일러가 재니의 입술을 물어뜯으며 키스하는 것을 보았다.

"재니야!"

할머니의 목소리는 불호령이나 질책과는 너무도 달랐고, 오히려 바스러지는 한숨 소리 같았다. 그래서 재니는 할머니가 자신을 보았는지 반신반의할 정도였다. 그래서 재니는 단꿈에서 깨어나 집 안으로 걸어 들어갔다. 그것이 재니의 어린 시절의 마지막이었다.

내니의 머리와 얼굴은 마치 폭풍에 넘어진 늙은 나무뿌리 같았다. 이제는 아무것도 아닌 옛날 권위의 뿌리. 재니가 흰 천 조각을 엮어 할머니의 이마에 동여 매주었던 시원한 아주까리 이파리들이 이제 시들어서 할머니의 몸 일부처럼 되었다. 할머니의 두 눈은 초점을 잃은 채 멍했다. 할머니의 두 눈에는 재니며, 방 안이며, 온 세상이 그냥 하나로 섞여 보였다.

"재니, 넌 여자구나. 이제, 그러니······"

"아녜요, 내니, 아직 저는 진짜 여자가 아녜요"

그런 생각은 재니에게 너무 낯설고 어려웠다. 그녀는 그 생각을 지워버리려고 몸부림을 쳤다.

내니는 두 눈을 감고 여러 번 재확인하듯 힘없이 천천히 고개를 끄덕였다. 그러곤 말했다.

"아니, 재니, 이제 너는 여자가 된 거야. 그러니 내가 그동안 말하지 못한 것을 말하는 게 좋을 거 같다. 나는 네가 당장 시집가는 걸 보고 싶다."

"제가요? 결혼요? 아녜요, 내니, 절대로요! 신랑이 누군지도 모르는데요?"

"방금 내가 본 것으로도 충분하다. 얘야. 나는 조니 테일러 같은 허접하고 쓰레기 깜둥이가 네 몸뚱이를 발 닦기로 사용하는 걸 원치 않아."

내니의 말에 대문 너머 있었던 재니의 키스는 비 온 뒤의 똥 더미처럼 여겨졌다.

"날 봐라. 재니야. 그렇게 머리 숙이지 말고. 네 이 늙은 할미를 보란 말이다!" 할머니 복소리는 복받치는 감정에 잠겨 들었다. "나는 이렇게 너한테 말하기 싫어. 사실 나는 무릎 꿇고 창조주에게 계속 빌었다. '제발' 이제는 못 견딜 무거운 짐을 주지 말아 주십사하고 말이다."

"내니, 저는 그냥…… 나쁜 짓을 하려던 건 아니었어요."

"그게 내가 두려워하는 거야. 너는 아무런 해를 끼치려 하지 않았지. 너는 심지어 나쁜 일이 무엇인지도 몰라. 난 이제 늙었다. 항상 너를 나쁜 일과 위험에서 지켜줄 수가 없어. 그러니 나는 네가 당장 결혼하는 걸 보고 싶다."

"지금 당장 누구와 결혼을 해요? 난 아무도 모르는데."

"주님께서 주실 거다. 주님은 내가 한낮의 불볕더위 속에 짐을 져 온 걸 아시지. 오래전부터 누군가가 너에 관한 얘기를 해왔었어. 그때는 그것이 내가 너를 위해 생각한 자리가 아니었기에 아무 말도 안 했지. 난 네가 학교를 졸업하고 더 좋은 곳에 가서 더 맛난 딸기를 따길 바랐다. 하지만 그건 네 생각과는 다르단 걸 이제 알았다."

"내니, 누가…… 누가 나를 맘에 두었대요?"

"로건 클릭스 형제님이셔. 그분도 좋은 사람이지."

"싫어요, 내니, 아녜요! 그래서 그 사람 여기서 얼쩡대었던 거예요? 그 사람은 무덤 속 해골바가지 같아요!"

할머니는 벌떡 일어나 앉더니 두 발을 바닥에 꽉 누르고 아주까리 잎사귀를 벗어 던졌다.

"그래서 온당하게 결혼하지 못하겠다는 거냐, 응? 그냥 첫 남자, 그다음 남자 바꿔가며 부둥켜안고 입 맞추고 더듬고만 싶다는 거냐, 응? 너는 네 에미가 했던 것과 똑같이 할미 속을 썩이겠다구, 응? 내 머리가 충분히 세지 않았나 보다. 네 성에 차려면 내 허리도 한참 더 꼬부라져야겠구나!"

로건 킬릭스를 떠 올리자 자신의 신성한 배나무가 훼손되는 것 같았으나, 재니는 그걸 할머니께 어떻게 말해야 할지 몰랐다. 그녀는 단지 바닥에 쭈그리고 앉아 입술을 삐죽 내밀고 있을 뿐이었다.

"재니야"

"네, 할머니"

"내가 말하면 대답해라. 너를 위해 모든 일을 했는데 그렇게 입만 비죽댈 거냐!"

할머니는 재니의 뺨을 세게 후려치고는 머리를 뒤로 젖혀 두 눈을 노려보았다. 손을 들어 두 번째로 내려치려 했을 때 그녀는 손녀의 마음 깊은 곳에서 복받쳐 오른 큰 눈물방울이 두 눈에 고여 있는 걸 보았다. 끔찍한 고뇌와 울음을 삼키느라 꽉 다문 재니의 입술을 보았다. 치켜든 손을 거두고 그 대신 할머니는 재니의 이마 뒤로 치렁치렁한 머리채를 쓸어내리면서 그 자리에 선 채로 손녀와 자신을 생각하며 속으로 아파하고 사랑하며 울었다.

"할미에게 오렴. 아가야. 예전처럼 이 할미 무릎에 앉아라. 할미가 네 머리카락 한 올조차 상하게 할 것 같니. 할미는 할 수만 있다면 이 세상 누구도 너를 해치지 못 하게 할 거야. 아가야, 내가 아는 한 백인이 이 세상을 지배한단다. 어쩌면 저 바다 건너편에는 흑인이 지배하는 세상이 있을지도 모르지만, 우리는 눈에 보이는 것밖에 아는 게 없다. 그래서 백인은 자기 짐을 길에 팽개치고 깜둥이에게 그걸 주우라 말하지. 깜둥이는 해야 하는 일이기에 그걸 줍지. 하지만 자기가 그걸 짊어지지는 않아. 깜둥이는 그걸 여자들에게 넘겨버린단다. 내가 아는 한, 흑인 여자는 이 세상의 노새다. 난 그런 운명이 네 운명이 아니길 언제나 빌었단다. 주여, 주여, 주여!"

오랫동안 할머니는 움푹 들어간 가슴팍에 손녀를 꼭 끌어 안고 앉아서 상체를 앞뒤로 흔들었다. 재니의 긴 다리는 한쪽 의자 팔걸이에 걸쳐지고 다른 쪽 팔걸이 너머로 그녀의 긴 머리채가 드리워졌다. 눈물 흘리는 소녀의 머리 위로 내니는 반은 노래하고 반은 흐느끼며 기도문을 읊었다.

"자비를 베푸소서! 오랜 세월을 지나왔지만 결국은 이렇게 될 줄 알았습니다. 오, 예수님! 저는 할 수 있는 최선을 다했습니다."

마침내 두 사람은 진정이 되었다.

"재니야, 조니 테일러와 키스하고 지낸 지는 얼마나 되었니?"

"단지 이번 한 번 뿐이에요. 내니. 저는 그를 전혀 사랑하지 않아요. 내가 왜 그랬을까⋯⋯아, 모르겠어요."

"감사합니다. 예수님."

"다시는 안 그럴 거예요. 내니. 제발 저를 킬릭스 씨에게 보내지 말아 주세요."

"로건 킬릭스에게 보내려는 게 아니었다, 아가야, 네가 함부로 굴지 못 하게 하려고 했던 거야. 나는 더 늙을 게 남지 않았어. 애야, 아주 팍삭 늙었지. 이제 곧 언젠가 칼을 찬 천사들이 아침에 여기 들를 거야. 날짜와 시간을 알지 못하지만, 그리 멀지 않았다. 네가 갓난아기일 때 너를 안고 주님께 기도드렸다. 네가 다 자랄 때까지만 여기 세상에 머물게 해달라고. 주님은 내가 그날을 볼 수 있게 해주셨어. 이제 매일 내가 드리는 기도는 이 황금 같은 순간들을 네가 자리 잡을 때까지 며칠만 더 연장해달라는 거지."

"조금만 시간을 더 주세요, 내니, 제발요, 정말 조금만 더요."

"네 마음을 내가 모른다고 생각하지 마라. 네 마음을 잘 아니까. 너를 낳은 어미라도 이보다 더 널 사랑하지 않았을 거야. 사실, 내가 낳은 네 어미보다 널 더 사랑한단다. 그런데 너는 나른 애들하고는 나르나는 것을 알아야 한난나. 넌 아비가 없지, 그리고 네 어미가 한 짓을 생각하면 없는 거나 마찬가지고. 너한테는 나 빼고는 아무도 없어. 나는 늙어서 거의 죽을 때가 다가왔고. 너는 너 혼자서 설 수가 없고. 네가 이쪽 기둥에서 저 말뚝으로 이리저리 발로 차일 걸 생각하면 가슴이 무너진단다. 네 눈물을 보면 내 가슴에선 피눈물이 나. 나는 죽기 전에 너를 위해 할 수 있는 일은 다 할 거야."

울음 섞인 한숨을 재니는 토해냈다. 할머니는 재니의 손등을 부드럽게 토닥이는 것으로 대답을 대신했다.

"있잖아. 아가야. 우리 흑인들은 뿌리 뽑힌 나무야, 그런 사실 때문에 상황이 이상하게 돌아간단다. 특히 넌 더 그래. 나야 흑인 노예로 태어났기에 여자란 어때야 한다는 식의 꿈을 이루는 건 상관없는 일이었다. 그게 노예의 뒷다리를 잡는 일 중 하나였지. 하지만 네가 꿈을 꾸는 것을 어떤 것도 방해할 수 없어. 사람의 소원을 앗아갈 정도로 완전히 짓밟을 수는 없지. 난 한 마리 일소나 씨돼지가 되기 싫었어. 내 딸이 그렇게 되는 것도. 과거에 그런 일들이 있었던 건 내가 원하는 바가 아니었다. 네가 태어난 방식도 싫었어. 하지만 여전히 주님께 감사했어, 난 또 한 번의 기회를 얻었던 거야. 나는 높은 자리를 차지한 흑인 여성에 대해 대단한 설교를 하고 싶었다. 하지만 그들은 내게 설교단을 주지 않았지. 노예해방이 되었을 때 나는 갓난 딸아이를 품에 안고 있었다. 그래서 나는 말했지. 빗자루와 냄비를 들고서라도 이 거친 들판에 이 아이를 위한 탄탄대로를 뚫을 거라고. 아이는 나를 대신해서 내 이야기를 해줄 거라고. 그런데 무슨 일인지 그 아이는 길에서 벗어났고 그 후에 나는, 재니야, 네가 이곳 세상에 와있는 걸 보았단다. 그래서 너를 돌보는 밤마다 같은 말을 네가 해주기를 바랐어. 정말 오랜 시간을 기다렸는데, 재니야, 이제까지 겪은 일들이야 아무것도 아니야. 내가 꿈꾸었던 것 같은 높은 자리를 네가 차지할 수만 있다면."

늙은 내니는 마치 어린아이 다루듯 재니를 달래며 예전으로, 그보다 더 예전으로 기억을 거슬러 올라갔다. 머릿속의 잔상을 따라 느낌이 되살아나고, 또 그 느낌을 따라 허전한 가슴 깊은 곳에서 드라마 같은 사건들이 모습을 드러냈다.

"그날 아침 사바나 근처의 큰 농장에서, 어떤 말을 탄 남자가 와서 셔먼[2]의 애틀랜타 함락 소식을 전했어. 마스 로버트 씨의 아들이 카모카에서 죽었다는 소식도 함께. 그래서 로버트 씨는 총을 들고 가장 좋은 말에 안장을 얹어 마을에 남아있던 나이 든 남자들과 어린 남자애들을 데리고 양키들을 테네시로 쫓아내겠디면서 길을 떠났어.

"사람들은 모두 출정하는 그들을 응원하고 눈물을 흘리고

---

2 미국 남북 전쟁 때 장군 W. T. Sherman을 말함.

환호했지. 난 나가 보지 못했어. 그때 네 어미가 태어난 지 일주일밖에 안 되었고 나는 자리에 누워있었으니까. 그런데 얼마 후 그 남자가 뭔가 잊어버렸다고 하면서 내 거처로 뛰어 들어오더니 마지막으로 내 머리를 풀어보라고 하는 거야. 그리고 항상 그랬듯이 내 머리카락을 헤집어보고 엄지발가락을 잡아당겨 보더니, 번개처럼 날쌔게 다른 사람들을 쫓아갔어. 그 사람에게 보내는 마지막 함성이 들리더구나. 그 후 주인집과 하인들 집 분위기는 엄숙하고 조용했어.

"주인마님이 내 거처에 왔을 땐 어느 서늘한 저녁이었어. 마님이 문을 홱 열어젖히고 거기 선 채로 두 눈과 얼굴로 나를 노려보았는데, 마치 봄날 햇볕은 한 번도 맞아보지 못하고 수백 년 동안 추운 1월에만 산 모습이었어. 마님은 침대로 걸어와 나를 내려다보더라.

"'내니, 네 아이를 보러 왔다.'

"난 마님 얼굴의 그 차가움을 느끼지 않으려고 노력했지만, 너무도 차가워서 이불을 덮고 있었는데도 얼어 죽을 것만 같더라. 마음대로 즉각 몸을 움직일 수가 없었지만, 서둘러야 한다는 걸 알았고 그렇게 했지.

"'그 이불 젖혀봐라. 어서!' 마님이 소리를 질렀어. '마치 이 저택의 안주인이 누군지 모르는 거 같구나, 이봐, 내 곧 알려주마.'

"즉시 난 아이의 머리와 얼굴이 나올 수 있게 이불을 들춰 냈어.

"'이 깜둥이 년, 어째서 네 새끼가 은색 눈에 노랑 대가리를 하고 있냐?' 마님이 내 뺨을 후려갈기기 시작했어. 처음에는 이불 속으로 아이를 도로 감추느라 아픈 것도 모르겠더라. 하지만 나중에는 마치 불에 덴 듯 아팠어. 너무도 많은 감정이 밀려와서 어쩌지 못한 채 울지도 못하고 아무것도 할 수가 없었다. 하지만 마님은 어떻게 아이 얼굴색이 하얗냐고 집요하게 캐물었어. 아마도 스물다섯 번이나 서른 번 정도 캐물었을 거야. 캐묻지 않고는 견딜 수 없는 것처럼. 그래서 난 말했지. '저는 시키시지 않은 일은 모릅니다. 깜둥이고 노예일 뿐이라서요.'

"마님이 진정될 거로 생각했는데, 오히려 더 미쳐 가는 거 같았어. 하지만 힘들고, 기진했는지 날 더는 안 때리더라. 대신 침대로 다가가 더러워진 손을 손수건에 닦았어. '너를 때리느라 내 손을 더럽히기 싫다. 하지만 날이 밝으면 감독더러 너를 회초리 틀로 끌어내라고 할 거야. 거기에 묶어서 너의 누런 등가죽을 벗길 테다. 네 벗은 등짝에 회초리를 백번 갈겨서 피가 등짝에서 발꿈치까지 흘러내리게 할 테다. 숫자는 내가 셀 거야. 만약에 네가 죽어버린다면 그 손실은 감수할 거야. 어쨌든 저 애새끼는 한 달이 되면 팔아 치위 버릴 거고.'

"마님은 그 서슬 퍼런 한기를 남기고 문을 박차며 나갔어. 난 몸이 아직 회복되지 않았다는 사실을 신경 쓸 새가 없었지. 깜깜한 밤중에 아이를 담요에 둘둘 말아서 필사적으로 강가 습지로 도망쳤어. 습지에는 독사며 살모사들이 득실댄다는 걸 알고 있었지만, 그보다 내 뒤에 남겨진 것들이 훨씬 무서웠지. 거기서 낮이건 밤이건 숨어있었는데, 아이가 울려고 하면 젖을 물려서 조용하게 했지. 아이 우는 소리에 누군가 우릴 발견할까 두려웠어. 한두 친구가 신경 써주지 않았다는 걸 말하는 게 아니야. 그리고 좋으신 주님께서 내가 잡히지 않도록 지켜봐 주셨어. 도대체 아이가 어떻게 내 젖을 먹고 살아남을 수 있었을까. 내내 나는 두려움과 걱정에 절어 있었지. 올빼미 소리도 무서웠고, 삼나무는 해가 진 후에는 사지를 흐느적대는 듯 보였고, 두세 번인가 표범이 어슬렁거렸어. 하지만 주님이 다 지켜보고 계셨기에 어떤 것도 나를 해치진 못했지.

"그러고 나서 어느 밤, 천둥 같은 대포 소리가 들렸어. 밤새 도록 울렸지. 다음 날 아침 멀찌감치 커다란 배가 떠 있고 주변이 온통 아수라장인 거야. 그래서 난 이끼를 뜯어 잔뜩 히피에게 발라주고 나무에 잘 묶어둔 후 선착장에 내려가 보았어. 남자들이 모두 푸른색 옷을 입고 있었는데, 사람들 말이 셔먼 장군이 사바나에서 배를 보러 오는 중이고, 모든 노예는 해방이 되었다고 하는 거야. 그래서 아이 있는 곳으로 달려가 사람들과 함께 증명서를 내보이고 머물 수 있는 거처를 발견했어.

　"하지만 리치먼드에서 남군은 한참 후에나 항복했단다. 그리고 애틀랜타의 큰 조종이 울렸고 회색 제복을 입은 남자들은 몰트리로 가서 갖고 있던 칼을 땅에 묻어야만 했지. 그건 다시는 노예 제도를 위해 싸우지 않겠다는 의미였어. 그리고 나서야 우리는 해방이 되었다는 걸 알았어.

　"아무하고도 결혼하지 않았다. 원하면 할 수 있는 기회가 수없이 있었지만, 그 누구도 내 아이를 구박하는 것이 싫었어. 그래서 착한 백인들과 어울려서, 일할 수 있고 리피를 키우기 좋은 양지바른 이 웨스트 플로리다에 내려왔다.

　"주인마님이 지금 너한테 그러시는 것하고 똑같이 리피를 키우는 것도 도와주셨지. 적합한 학교가 생기자 아이를 입학시켰다. 그 앨 학교 선생으로 만들려고 했어.

　"하지만 어느 날 리피가 집에 올 시간이 지났는데도 오지 않았어. 기다리고 기다렸지만 아이는 온 밤이 새도록 오지 않았어. 난 손전등을 들고 여기저기 다 찾아보았고 지나가는 사람마다 물어보아도 아무도 아이를 보지 못했다는 거야. 다음 날 아침, 그 애는 엎드려 기어서 돌아왔다. 눈 뜨고 볼 수 없었어. 그 학교 선생이 아이를 밤새 숲속에 가두어 뒀던 거야. 그 놈이 내 아일 강간하고 새벽에 도망가 버린 거였어.

　"리피는 겨우 열일곱 살이었어. 그런데 그런 일이 생기다니! 주여, 자비를 내리소서! 그때 일이 다시 생각나는 거 같다. 그 애는 회복하는 데 시간이 오래 걸렸어. 그리고 그때쯤 우리는 네가 들어섰다는 걸 알았다. 네가 태어난 후 리피는 술을 먹고 걸핏하면 외박했어. 여기에도 그 어디에도 그 앨 잡아둘 수 없었다. 주님만이 그 애가 지금 어디 있는지 아실 거야. 그 애는 죽지 않았어. 느낌으로 알아. 하지만 가끔 그 애가 저세상에서 편히 쉬었으면 해.

"그리고, 재니야, 대단한 일이 아니었을지라도, 난 너를 위해 최선을 다했다. 아등바등 돈을 모아 이 집을 샀지. 네가 백인 집 뒤꼍에서 살지 않게 하려고. 학교 아이들 앞에서 기죽지 않게 하려고. 네가 어릴 때는 괜찮았지. 하지만 네가 세상사를 이해할 때쯤, 네가 자존감을 느끼길 바랐어. 사람들이 네 날개를 꺾고 무시하는 걸 바라지 않아. 그리고 흰둥이건 검둥이건 남자들이 너를 침 뱉는 그릇으로 사용할 걸 생각만 해도 난 편히 눈감을 수 없단다. 날 좀 동정해다오. 날 살살 대해주렴, 재니야. 난 금이 간 접시다."

제3장

질문을 할 때가 있고 답을 할 때가 있다. 재니는 삶에 대해 알 수 있는 기회가 없었으므로, 질문할 수밖에 없었다. 결혼을 하면 짝이 없어 생기는 보편적인 외로움이 끝날까? 태양이 한낮을 사랑하듯 결혼을 하면 사랑도 솟아날까?

로건 킬리건과 그의 유명한 60에이커의 땅에 가기 전 며칠 동안, 재니는 안팎으로 자신에게 질문을 던져보았다. 그녀는 배나무를 계속 오가며 자문하고 고민했다. 마침내 내니의 의견에 자신의 추측을 덧붙여서 안심할만한 결론을 내렸다. 맞아. 결혼하고 나면 로건을 사랑하게 될 거야. 앞날을 알지는 못하지만, 내니와 마을 어른들이 그리 말하니까, 꼭 그렇게 될 거야. 남편과 아내는 항상 서로 사랑하는 거고, 그게 결혼의 의미이지. 진짜로 그래. 재니는 그 생각에 기분이 좋아졌다. 그렇게 놓고 보니 결혼이 그렇게 끔찍하고 케케묵은 것처럼 여겨지지 않았다. 다시는 외롭지 않을 거 같았디.

재니와 로건은 어느 토요일 저녁에 내니의 집 거실에서 결혼했다. 케이크 세 개와 튀긴 토끼 고기, 닭고기 요리가 큰 접시들에 차려졌다. 먹을 음식은 넘쳐났다. 내니와 워시번 부인이 신경을 많이 썼기 때문이다. 하지만 신혼집까지 멋지게 달려갈 로건의 마차 좌석에 어떠한 장식도 해주지 않았다. 로건의 집은 인기척 없는 숲속 한가운데 놓인 나무 밑동처럼 쓸쓸하기만 했다. 집 역시 운치가 없었다. 하지만 어쨌든 재니는 집 안으로 들어가 사랑이 시작되길 기다렸다. 그런데 초승달이 세 번 뜨고 지자 재니의 마음에는 걱정이 차올랐다. 그녀는 어느 날, 워시번 댁 부엌에서 과자 굽는 내니를 만나러 갔다.

내니는 기쁨에 겨워 온 얼굴이 환해지더니, 키스하려고 빵반죽 테이블 앞으로 재니를 잡아당겼다.

"세상에나, 아가, 너를 이리 보다니! 들어가 워시번 부인에게 네가 왔다고 알리렴. 흠! 흠! 흠! 그래, 신랑은 잘 있고?"

재니는 워시번 부인이 있는 거실에 들어가지 않았다. 그리고 내니의 기쁜 표정도 본척만척 아무 말도 하지 않았다. 그냥 의자에 털썩 주저앉을 뿐이었다. 과자 반죽과 넘치는 자부심에 잠시 경황이 없어서 내니는 처음 얼마 동안 재니의 기분을 눈치채지 못했다. 하지만 조금 후 내니는 자신이 혼자 떠들고 있다는 걸 깨닫고는 재니를 쳐다보았다.

"무슨 일이니, 우리 아기? 너 오늘 아침 너무 기운이 없구나."

"아, 별일 아녜요. 그냥. 뭐 좀 물어보려고요."

할머니는 잠시 놀란 듯하더니, 곧 큰 소리로 웃었다. "벌써 애가 들어섰다는 말이로구나. 자, 보자……. 이번 토요일이면 두 달하고 2주가 되는구나."

"아녜요, 할머니. 그런 거 아녜요." 재니는 약간 얼굴을 붉혔다.

"창피해할 건 없다. 아가. 넌 결혼한 여자잖아. 워시번 부인이나 다른 여자들처럼 정식으로 남편이 있는 거잖아!"

"그런 거랑은 상관없어요. 확실하다고요."

"로건과 싸웠니? 세상에, 그놈, 간덩이 부은 검둥이 놈이 우리 아기한테 벌써 손찌검을 했다는 말이구나! 내 그놈을 몽둥이로 두들겨 패야겠다!"

"아니에요. 로건은 그런 말은 내뱉은 적도 없어요. 자기는 절대 제게 손찌검을 하는 일은 없을 거라고 했어요. 장작도 패서 부엌 안까지 들여다 주고요. 물도 두 양동이 한가득 길어 다 주고요."

"흠! 그게 오래갈 거라 기대 마라. 그렇게 하는 건 입에 키스하는 게 아니야. 네 발등에 키스하는 건데, 자고로 남자가 발에 키스하는 건 오래가지 않는 법이지. 입에 키스하는 게 평등한 관계라는 의미이고 그게 당연한 거야. 사랑한다고 허리를 굽혔다가 바로 꼿꼿이 세우는 게 남자들 속성이나."

"알아요."

"근데, 그 사람이 그리 다 해주는데, 넌 왜 얼굴이 그 모양이냐?"

"할머니는 제가 곧 그 남잘 사랑할 거라고 했잖아요. 근데, 근데 난 그렇지 않아요. 누군가 그 방법을 알려주면, 제가 할 수 있을 거 같아서요."

"이 바쁜 날 와서 그렇게 멍청한 소리를 해대는구나. 평생 의지할 기둥이고, 단단한 방어벽이 되는 서방이 있으면서. 그리고 모두가 너한테 모자를 벗고 킬릭스 부인이라 부르며 인사하는데도, 나한테 사랑이네 뭐네 신경 쓰게 하는구나."

"하지만 내니, 저도 가끔은 그가 좋아지면 좋겠어요. 그 사람이 좋아하는 거 말고요."

"그 사람이 안 좋다니. 그럼 안 돼. 너는 거실에 오르간을 두고 살잖아. 이 마을 흑인 중에서는 유일하게 말이다. 자기 집도 있고 큰길가에 떡하니 버티고 있는 땅이 60에이커나 되고…… 세상에, 말도 안 돼! 그것들이 바로 흑인 여자들이 원하는 거란 말이다. 사랑이라고! 사랑이랍시고 우리 여자들은 단지 해뜨기 전 깜깜한 새벽부터 해가 지고 난 어두운 밤까지 잡아끌고 다니고 땀 흘리고 일하는 거야. 그래서 옛날 사람들 말 그른 거 없어. 멍청하면 누구도 못 말린다고. 너만 고생이지. 넌 그런 놈팡이를 원하는 거지. 그저 말쑥하게 차려입었지만, 속으로는 길을 건널 때마다 자기에게 유일한 구두의 밑창이 빠져버리는 건 아닌지 확인하는 그런 놈. 그런 놈들은 네가 가진 돈으로 얼마든지 사고팔 수 있어. 사실 너는 그런 놈들을 살 수도 있고 팔아버릴 수도 있다고."

"난 그런 사람들을 생각하는 게 아녜요. 그리고 그 케케묵은 땅에 관해서 관심도 없어요. 매일 10에이커씩 떼어서 담장 밖으로 던져도 어디 떨어졌는지 궁금해하지도 않을 거예요. 킬릭스 씨에 대해서도 똑같아요. 사람 중엔 사랑받지 못할 부류들이 있다고요. 그도 그런 사람이에요."

"어째서?"

"머리통이 한쪽만 유난히 길고 평평해요. 뒷덜미에 늘어진 살덩이 하며."

"그 사람이 자기 머리통을 만들었다던. 정말 실없는 소릴 하는구나."

"누가 만들었든지 상관 안 해요. 난 그 물건이 싫어요. 배도 너무 나왔고요, 맞아, 발톱도 꼭 노새 발톱 같아요. 그 사람은 잠자리에 들기 전 발도 절대 안 닦아요. 제가 물도 떠다 주어 자기는 귀찮을 일 하나 없는데도요. 저는 잠자리에서 오히려 몸을 뒤척이지도 않고 꼼짝도 하지 않아요. 그 사람이 곁에 있는 동안에는 사방에서 냄새가 나니까요. 그 사람은 듣기 좋은 말은 한마디도 입 밖에 내질 않아요."

재니는 울기 시작했다.

"결혼하면 배나무 아래 앉아서 상상했던 것처럼 달콤하게 살기를 바랐어요……. 저는요……."

"울어봐야 소용없다. 재니야. 이 할미도 산전수전 다 겪어봤지. 그런데 사람들은 이래저래 울면서 살게 되더라. 그냥 되는대로 살아. 넌 아직 젊잖아. 사는 동안 어떤 일이 일어날지 아무도 모르지. 조금만 더 기다려봐라, 아가. 마음이 돌아설 거다."

내니는 마음을 다잡고 재니를 돌려보냈다. 그러나 일을 하는 그날 내내 위축되었다. 그리고 자신의 좁은 거처에 돌아가 혼자만 있게 되자 아주 오랫동안 무릎을 꿇고 앉아있었고, 나중에는 자신이 그곳에 있는지조차 잊어버렸다. 그녀의 마음속에는 하나의 웅덩이가 생겼고 거기에는 수많은 단어가 생각 주위를 떠다니고 있었으며 생각은 소리와 시야 주변을 돌아다녔다. 말로는 설명할 수 없는 깊은 생각, 그리고 생각으로는 다가갈 수 없는 형체 없는 감정의 심연이 거기 있었다. 내니는 무릎 꿇고 끝없는 의식의 고통 속으로 빠져들었다. 아침 해가 뜰 무렵 내니는 중얼거렸다. "주님, 제 마음 아시지요. 저는 할 만큼 다 했습니다. 나머지는 주님께 맡기겠습니다." 내니는 무릎을 펴고 발을 끌며 침대 위로 털썩 쓰러졌다. 한 달 후 내니는 세상을 떠났다.

그렇게 재니는 꽃 피는 계절, 녹음이 우거지는 계절, 그리고 단풍이 드는 계절을 기다렸다. 그러나 다시 꽃가루가 태양에 금박을 입히고 지상으로 낙하할 때, 재니는 문가에 서성이며 무언가를 기다렸다. 무엇을? 정확히 알지는 못했다. 그녀의 숨결은 거칠고 가팔랐다. 그녀는 아무도 말해주지 않은 것을 알고 있었다. 즉, 나무와 바람의 언어를. 그녀는 떨어지는 씨앗에 속삭이곤 했다. "부드러운 흙에 떨어지렴" 그녀는 씨앗들이 스쳐 지나면서 서로에게 말하는 걸 들었기 때문이다. 재니는 이 세계가 높은 하늘을 나는 한 마리 종마였음을 알았다. 그녀는 신이 밤마다 낡은 세상을 부수고 해가 뜰 때까지 새로운 세상을 만든다는 것을 알았다. 태양 속에서 형상을 이룬 이 세계가 창조의 회색빛 먼지를 뚫고 솟아오르는 모습을 보는 일은 근사했다. 익숙한 사람들과 사물들에 만족하지 못했으므로 재니는 대문에 기대어 길을 멀리 내다보았다. 그녀는 이제 결혼한다고 해서 사랑이 생기지는 않는다는 것을 알았다. 재니의 첫 번째 꿈은 사라졌고, 그렇게 그녀는 여자가 되었다.

제4장

결혼 후 일 년도 안 돼서, 재니는 남편의 말투가 더는 상냥하지 않다는 사실을 알았다. 남편은 이제 그녀의 검은 긴 머리카락에 감탄하지도 않았고 매만지지도 않았다. 6개월 전에 그는 이렇게 말했다. "내가 나무를 가져다 쪼개놓으면, 당신이 안에 들여놓기라도 해야 하잖아. 이전 마누라랑 살 때는 내가 나무를 팰 필요도 없었는데. 그 여자는 저기 있는 도끼를 쥐고 마치 사내처럼 장작을 팼었어. 당신은 아주 버릇이 글러 먹었군."

그 말에 재니가 말했다. "내가 안 움직이는 만큼 당신이 건강해진 거예요. 당신이 장작을 패서 나르질 못한다면 저녁도 먹을 수 없겠지요. 내가 신경도 안 써서 미안해요, 킬릭스 씨. 하지만 난 장작을 팰 생각은 아예 없어요."

"아. 저기. 장작은 계속 패 줄 거야. 나한테 당신이 계속 인색하게 나온다고 해도. 당신 할머니와 내가 당신을 이리 망쳐놨으니, 그걸 계속해줄 수밖에 없지."

어느 날 아침 그는 부엌에 있는 재니를 헛간으로 오라고 불렀다. 헛간 앞에서 그는 노새에 안장을 올렸다.

"여기 봐, 당신. 나 좀 도와주어야겠어. 이 씨감자들 좀 잘라줘. 난 좀 나갔다 올 거야."

"어딜요?"

"레이크 시에 노새를 내놓은 사람이 있대."

"노새가 두 마리나 왜 필요하지요? 지금 있는 노새와 맞바꾸면 모를까."

"아니, 올해는 노새 두 마리가 필요해. 가을이 되면 감자 농사가 잘될 거야. 수지맞을 거라고. 그래서 쟁기도 두 개 들일 생각이야. 그 사람 노새는 아주 길이 잘 들어서 여자도 부릴 수 있을 정도라는군."

로건은 감정을 재는 체온계를 입에 문 것처럼 씹는 담배를 단단히 물고 재니의 표정을 살피며 무슨 얘기가 나올지 기다렸다.

"그래서 가서 보는 게 좋을 거로 생각했지." 대답을 기다리지 못하고 그가 덧붙여서 말하곤 침을 꿀꺽 삼켰지만, 재니는 단지 "씨감자 잘라 놓을게요. 언제 오세요?"라고 말할 뿐이었다.

"잘 모르겠어. 해질 때쯤 될 거야. 워낙 길이 멀어놔서……. 게다가 노새 한 마리까지 끌고 와야 하면."

재니는 집안일을 마치고 감자 포대가 있는 헛간에 가 앉았다. 그러나 봄기운이 살며시 헛간에 다다르자 재니는 할 일을 챙겨서 한길이 내다보이는 마당으로 나갔다. 우람한 떡갈나무 이파리들 사이로 드리운 정오의 햇살이 마당 위에 레이스 문양을 만들었다. 재니는 그곳에 오래 머물다가 문득 한길 쪽에서 가까이 들려오는 휘파람 소리를 들었다.

휘파람을 부는 사람은 옷을 맵시 있게 차려입은 도시에서 온 사람 같은데, 동네 사람들과는 다르게 모자의 챙을 비스듬히 돌려쓰고 있었다. 코트를 한쪽 팔에 걸치고 있는데, 그 코트만 멋진 게 아니었다. 실크 천으로 소매를 고정한 셔츠만으로도 충분히 눈이 부셨다. 휘파람을 불고 얼굴의 땀을 닦으며, 그는 자신 있게 길을 걸어왔다. 피부는 흑갈색이었지만 재니 눈에 그의 몸짓은 마치 워시번 씨와 비슷한 부류의 사람처럼 보였다. 저런 사람이 어디서 왔으며, 어디로 가는 걸까? 그러나 그는 앞만 보고 갈 뿐, 그녀 쪽이나 다른 방향으로 눈을 돌리지 않았으므로, 재니는 우물가로 달려가서 펌프의 손잡이를 꽉 잡고 펌프질을 해댔다. 펌프가 요란한 소리로 움직이는 통에 재니의 풍성한 머리칼이 풀어져 흘러내렸다. 그러자 그는 걸음을 멈추고 재니를 빤히 바라보더니, 찬물 한 모금 달라고 청했다.

재니는 펌프질을 멈추고 그 남자를 자세히 살펴보았다. 그는 물을 마시면서 다정하게 말했다.

조 스탁스라고 합니다. 조지아에서 왔어요. 평생 백인들 아래서 일했고요, 돈을 좀 모았죠……. 삼백 달러 정도요, 네, 진짜, 여기 이 주머니 속에 있어요. 여기 플로리다에 새로운 주를 만든다는 얘기를 들어서 한번 와보고 싶었어요. 하지만 있던 곳에서 돈을 계속 모았죠. 그런데 흑인들이 모두 모여 사는 도시를 만든다는 말을 듣고 나서, 바로 거기가 내가 원하는 곳이라는 생각이 들었어요. 나는 항상 큰소리치고 살고 싶었지요. 그런데 내가 살던 곳에서도 그 어디에서도, 백인들만 하고 싶은 말을 하고 살아요. 흑인들이 직접 세운다는 이곳을 제외하곤 말이죠. 그건 맞는 말이기도 해요. 만든 사람이 지배한다는 말. 흑인들도 뭔가를 만들고 그걸 지배하도록 해야 해요. 내 돈을 모두 저금했으니 참 좋아요. 나는 이 도시가 초기 단계일 때 들어가려고 해요. 대단한 것들을 살 거예요. 할 말 다 하고 사는 것이 내 희망이고 바람이었는데 서른 살이 될 즈음에 기회가 온 거죠. 그쪽 어머니와 아버님은 어디 계세요?

"돌아가셨어요. 아마도. 부모님에 대해서는 잘 몰라요. 할머니가 키워주셨거든요. 할머니도 돌아가셨죠."

"할머님도! 그러면, 누가 그쪽처럼 어린 아가씨를 돌보아주나요?"

"저 결혼했어요."

"결혼요? 아직 이리 어린데. 하지만 아직도 사탕 좋아하지요? 그렇죠?"

"네. 아주 많이 먹고 싶을 땐 만들어서 먹어요. 달콤한 음료도 마시고요."

"나도 그래요. 아무리 나이가 많아도 시럽 넣은 달콤한 음료를 차갑고 맛나게 마시길 거부할 사람은 없죠."

"헛간에 시럽이 많아요. 사탕수수 시럽이요, 원하시면……."

"남편분은 어딨나요……. 혹시 성함이…… 부인?"

"재니 매 킬릭스예요. 결혼했으니까요. 결혼 전 이름은 재니 매 크로퍼였고요. 남편은 지금 내가 밭을 갈 때 부릴 노새를 사러 갔어요. 씨감자를 잘라두라고 하구선."

"밭을 간다고요! 밭을 가는 일은 당신하고는 영 어울리지 않아요! 씨감자를 자르는 일도 당신하곤 상관없어요. 당신처럼 인형같이 예쁜 사람은 집 앞 베란다에 앉아 부채를 부치면서 사람들이 당신 입맛에 맞게 특별 재배한 감자를 먹는 게 잘 어울려요!"

재니는 웃고 나서 통에서 시럽 2쿼터를 따라왔고, 조 스탁은 펌프에서 물을 길어 차가운 물을 두 통 가득 채웠다. 두 사람은 나무 그늘에 앉아 이야기를 나눴다. 그는 플로리다의 새로운 도시로 가는 중이었지만 잠시 머무르며 이야기하는 건 나쁘지 않다고 생각했다. 그는 그 후 어쨌든 휴식이 필요하다고 결론지었다. 한 2주 정도 쉬는 건 좋을 것이라고.

그 후 매일 두 사람은 한길 건너 졸참나무 숲에서 만났고, 장차 조가 위대한 지배자가 되고 재니가 그 혜택을 누리는 삶에 관해 이야기했다. 재니는 오랫동안 망설였다. 조가 해돋이나 꽃가루, 그리고 꽃피는 나무를 의미하지는 않았기 때문이다. 그러나 조는 저 멀리 다른 세상을 얘기하고 있었다. 변화와 기회에 관해 말하고 있었다. 하지만 여전히 그녀는 주저했다. 할머니에 대한 기억이 아직 생생하고 강력하기 때문이었다.

"재니, 만약 내가 당신을 이용만 하고 버릴 거로 생각한다면, 그건 오해예요. 당신을 아내로 맞이하고 싶어요."

"그래요, 조?"

"청혼을 들어주기만 하면, 나는 해지기 전해 결혼할 거예요. 난 뚝심 있는 사람이에요. 당신은 이제껏 한 번도 숙녀 대접을 받아본 적이 없어요. 내가 당신을 숙녀로 모실게요. 이제 나를 조디라고 부르세요. 당신이 가끔 그렇게 부르듯이."

"조디," 재니는 미소 지었다. "그런데 만일⋯⋯."

"만일의 일은 생각하지 말고 다 내게 맡겨요. 내일 아침 해가 뜨면 나는 저기 아래서 당신을 기다릴 거예요. 나랑 떠나요. 그럼 남은 평생 당신은 합당한 대접을 받으며 사는 거예요. 입맞추고 머리를 흔들어 봐요. 당신이 머리를 흔들 때면 그 풍성한 머릿결이 진짜 근사해요."

재니는 그날 밤 잠자리에서 그 일을 깊게 생각했다.

"로건, 자요?"

"자고 있어도, 당신 소리에 일어났겠지."

"우리 관계에 대해 깊이 생각해봤어요. 당신과 나에 대해서요."

"때가 되었군. 당신 이 집에서 너무 제멋대로야. 가끔 이런 생각이 들어."

"예를 들면 어떤 생각이요?"

"집도 아닌 곳에서 태어난 것 하며, 당신과 당신 엄마가 백인 집 뒷마당서 태어나 자란 것 하며."

"내니한테 날 달라고 사정할 때는 그런 얘기 하지 않았잖아요."

"당신은 내 덕을 보면서도 감사할 줄 모르는 거 같아. 내가 휘어잡고 좀 고쳐볼까 했는데, 당신은 마치 스스로 백인인 양 구는 것 같아."

"언젠가 당신을 두고 달아나버리면요."

아! 재니는 남편이 두려워하던 일을 말해버렸다. 그녀는 충분히 달아날 법하다. 그 생각에 이르자 로건은 심한 고통을 느꼈지만, 무시하는 것이 상책이라고 생각했다.

"졸려. 재니. 다시는 말하지 말자고. 당신을 믿는 남자는 거의 없을걸. 당신네 집안사람들에 대해서 알면."

"날 믿는 남자를 만날 수도 있고 당신을 떠날 수도 있어요."

"우라질! 나 같은 멍청이가 또 있으려고. 당신 얼굴만 보고 좋아할 인간들이야 있겠지. 하지만 당신을 먹이려 일할 남자가 있을까. 당신은 멀리 못 가서 금방, 큰창자 작은창자 다 쪼그라질 때까지 굶고 나면, 이곳으로 돌아오고 싶어 안달이 날걸."

"당신은 베이컨이나 옥수수빵밖에 생각하는 게 없군요."

"졸린다니까. 있을법하지도 않은 일로 창자가 깽깽이 줄처럼 말라 버리도록 근심할 생각 없어." 그는 괴로움으로 몹시 마음이 상해 홱 몸을 뒤척였다. 그는 재니도 자신만큼 속상하길 바랐다.

다음 날 아침 재니는 로건과 함께 일어났다. 식사 준비가 절반쯤 되었을 때 로건이 헛간에서 고함쳤다.

"재니!" 로건이 사납게 불렀다. "와서 좀 거들어. 햇볕이 뜨거워지기 전에 거름 덩어리를 옮겨야 해. 당신은 도대체가 이곳에 대해 생각이 없군. 부엌에서 온종일 있으면 무슨 소용이냔 말이야."

재니는 냄비를 쥔 채로 문가로 걸어갔다. 손에 들린 냄비 속 옥수수 반죽을 여전히 휘저으면서 그녀는 헛간 쪽을 바라봤다. 수풀 위로 떠오르는 태양은 세상을 향해 붉은색 난검을 쏘아대며 위협하고 있었지만, 헛간 주변에는 어둠이 회색빛으로 짙게 드리워져 있었다. 삽질하는 로건은 마치 뒷다리로 어색하게 춤을 추는 검은색 곰 같았다.

"내가 도울 필요가 없잖아요. 로건. 당신은 당신 일을 하는 거고, 난 내 일을 하는 거고요."

"당신 자리가 어딨어. 내가 오라고 하는 곳이 당신 자리야. 빨리 나와, 빨리."

"우리 엄마도 내게 빨리 나오라고 안 했어요. 그런데 내가 왜 서두르겠어요? 어쨌거나 당신 왜 그리 화가 났어요? 내가 주저앉아 당신의 60에이커 땅을 닦아놓지 않아서죠. 당신이랑 결혼했다고 해서 내가 덕을 본 게 아니에요. 당신이 그렇게 말한다 해도, 난 절대로 감사하지 않는다고요. 당신이 이미 아는 걸 내 입으로 들으니 화를 내는군요."

로건은 삽을 팽개치고 집 쪽으로 비척비척 몇 발자국 옮기더니 갑자기 멈춰 섰다.

"오늘 아침 헛소리 좀 작작 하지 그래. 재니, 안 그러면 그냥 여기서 끝장을 볼 테니까! 흥, 백인 집 부엌데기를 데려다가 왕비처럼 모시고 살았더니 나를 아주 우습게 생각하는군! 저 도끼로 숨통을 확 끊어 놓을 거야! 차라리 거기 선 채로 죽어 버려! 내가 당신 식구들 모두에게 너무 정직하게 일만 했던 거야. 그래서 넌 나를 싫어하는 거고!" 마지막 부분의 말은 흐느낌과 우는 소리가 섞였다. "어떤 밑바닥 검둥이 자식이 네 얼굴에 대고 웃으며 수작을 거는가 봐. 염병할!"

재니는 아무 말 안 하고 뒤돌아 들어와서, 마루 한가운데 멍하니 서 있었다. 그냥 그곳에 선 채로 뒤집힌 마음을 가라앉히려 했다. 어느 정도 마음이 가라앉자 그녀는 로건이 한 말을 신중하게 생각해보고 이제껏 자신이 보고 들었던 것들과 함께 마음속에 꼭꼭 담았다. 그러고 나서 재니는 프라이팬 위로 옥수수 반죽을 부어서 손으로 평평하게 폈다. 화조차도 안 났다. 로건은 재니에게 그녀의 엄마, 할머니, 그리고 그녀의 감정에 대해서 비난을 하고 있었고, 그녀는 그런 비난에 대해서 아무 일도 할 수 없었다. 프라이팬 위에서 베이컨을 뒤집어야 했다. 재니는 베이컨을 뒤적였다. 커피포트의 끓는 물 위로 찬물을 조금 부었다. 옥수수빵을 접시 위에 뒤집어 올리고 나니 피식 웃음이 났다. 이게 무슨 시간 낭비람? 갑자기 새로움과 변화가 다가오는 것이 느껴졌다. 재니는 서둘러 대문을 나와서 남쪽으로 걸어갔다. 조가 그곳에서 기다리고 있지 않는다고 해도, 이것은 재니에게 좋은 변화임이 틀림없었다.

아침 오솔길의 공기는 마치 새 드레스처럼 몸을 감쌌다. 그러자 그녀는 자신이 아직도 허리에 앞치마를 두르고 있음을 깨달았다. 재니는 앞치마를 벗어서 길가 덤불 속으로 던져버리고는 꽃을 따고 화환도 만들면서 걸어갔다. 일마 후 그녀는 조 스탁스가 마차를 세우고 기다리고 있는 곳에 다다랐다. 조 스탁스는 아주 신중했고 재니가 자신의 옆자리로 오르도록 도와주었다. 그와 함께 앉으니, 마차 의자는 마치 어떤 높은 지배자의 자리처럼 느껴졌다. 이제부터 죽을 때까지 그녀는 주변의 모든 것에 뿌려진 꽃가루와 봄날을 누릴 것이다. 그녀가 피어나게 해주는 벌 한 마리. 그녀가 오랜 시간 품어 온 생각이 이제 실현될 것이지만, 새로운 표현으로 말이 만들어지고 말해져야 할 것이다.

"그린 코브 스프링스로," 조는 마부에게 말했다. 그렇게 그들은, 조가 말했던 대로, 해가 지기 전에 그곳에서 결혼했다, 실크와 순모로 지은 새 옷을 입고서.

두 사람은 하숙집 베란다에 나와 앉아서 태양이 대지의 열린 틈으로 떨어지고 바로 거기에서 어두운 밤이 올라오는 것을 바라보았다.

제5장

다음날 기차를 타고 가는 동안, 조는 재니에게 다정한 말을 별로 건네지 않았다. 하지만 그는 기차 안에서 파는 사과나 유리 전구 안에 든 사탕과 같은 최고급 간식들을 사주었다. 그는 주로 도시에 도착한 후에 진행할 계획에 관해 말했다. 그 도시에서는 자신과 같은 사람이 필요할 것이라 했다. 재니는 조를 자꾸 쳐다보았고 눈앞에 있는 그가 자랑스러웠다. 백인 부자 같은 풍모. 조는 낯선 기차, 낯선 사람들, 낯선 장소에서도 전혀 기죽지 않았다. 기차가 메이트랜드에 도착하자, 그는 마차를 불러 흑인들의 마을로 즉시 향했다.

그들이 도착하였을 때는 이른 오후였으므로, 조는 걸어서 마을의 이곳저곳을 둘러봐야 한다고 말했다. 두 사람은 팔짱을 끼고 마을의 한쪽 끝에서 다른 쪽 끝까지 산책하듯 걸었다. 조는 종려나무 밑동이 튀어나온 모래벌판에 초라한 집들이 열두어 채 있는 걸 보고 말했다. "세상에, 이게 마을이야? 나 원

참. 숲 한가운데는 손조차 안 댔군."

"생각보다 작네요." 재니도 실망했다.

"내가 생각했던 대로요." 조가 말을 이었다. "말만 잔뜩 늘어놓고 일은 하나도 안 한 거야. 오, 세상에. 여기 시장은 어디가면 만날 수 있소?" 그가 어떤 사람에게 물었다. "시장과 얘기하고 싶소."

커다란 떡갈나무 아래 비스듬히 앉아 있는 두 사내가 조의말투에 허리를 곧게 펴고 바로 앉았다. 그들은 조의 얼굴, 옷차림, 그리고 재니를 빤히 보았다.

"어디에서 그리 바삐 오시는 건데요?" 리 코커가 물었다.

"조지아 중부" 스탁스는 힘차게 대답했다. "조 스탁스요.조지아에서 왔소."

"형씨와 따님이 이곳에 와서 사시게?" 비스듬히 앉아 있는또 다른 사내가 물었다. "정말 잘 오셨소. 난 힉스요. 사우스캐롤라이나 버포드에서 왔소. 자유의 몸이고, 미혼이고, 약혼도안 했소."

"참 나. 난 이렇게 장성한 딸을 둔 적이 없소. 이 사람은 내아내요."

힉스는 물러나 앉는 즉시 무관심해졌다.

"시장은 어딨소?" 스탁스가 다시 물었다. "내가 얘기하고싶은 사람은 시장이요."

"우물가에서 숭늉을 찾는군." 코커가 대답했다. "우린 아직 시장이 없소."

"시장이 없다고! 그럼 누가 당신들한테 할 일을 지시하오?"

"아무도 지시하지 않소. 모두가 어른이니까. 하지만 생각해 보니 우리가 그 생각을 안 한 것 같군. 안 한 게 맞아."

"저번에 생각은 해봤지." 힉스가 졸린 듯 말했다. "하지만 그러고 나선 잊어버렸고 그 후엔 생각도 안 해봤네."

"마을이 이 모양인 게 놀랄 일이 아니군." 조가 지적했다. "나는 여기서 땅을 살 거요. 넓은 땅을. 오늘 밤 우리 부부가 머물 장소를 마련하는 대로 사람들을 불러 모아 회의를 해야겠소. 그러면 이곳 일을 진행할 수 있을 거요."

"머물 장소는 내가 알려드릴게." 힉스가 제안했다. "어떤 남자가 집을 새로 지었는데 부인이 아직 오지 않아서 비워두었지."

스탁스와 재니는 곧 힉스가 가리키는 방향 쪽으로 떠났고 힉스와 코커는 그들의 뒷모습을 뚫어지게 바라보았다.

"저 사내는 마치 감독관처럼 말하는군." 코커가 말했다. "아주 많이 다그치는데."

"젠장!" 힉스가 말했다. "나도 저 정도 주제는 된다고. 하지만 저 마누라는! 나도 조지아에 가서 저런 여자 하나 못 구해 오면 개새끼다."

"어떻게?"

"말로 꼬시지, 이 사람아."

"예쁜 여자를 건사하려면 돈이 필요해. 여자들은 말뿐인 남자들 싫어한다고."

"난 달라. 여자들은 내가 말하면 껌벅 죽지. 그 여자들이 모르는 말을 하니까. 내가 하는 말은 몹시 어려워. 너무 많은 것들이 들어있단 말이지."

"오호라!"

"날 믿지 못하는군. 그렇지? 자네는 내가 어떤 여자들을 후리는지 모르지."

"얼씨구!"

"내가 얼마나 황홀한 인간인지 자넨 본 적 없지."

"그래?"

"저 여자가 날 만나기 전에 저 사내랑 결혼한 건 잘한 일이야. 내가 손만 뻗쳤다 하면 사달이 나지."

"얼씨구!"

"난 숙녀들의 애완견이지."

"그 사실을 자네한테서 듣지만 말고 눈으로 확인할 수 있으면 좋으련만. 자, 인제 그만 저 사내가 이 마을에 무얼 할 건지 좀 가서 보자고."

그들은 일어나서 스탁스 부부의 임시 거처로 어정대며 걸어갔다. 이미 마을에는 새로운 입주자들의 존재가 알려져 있었다. 조는 현관 베란다에서 남자들 몇 명과 얘기를 나누고 있었다. 재니가 집안 살림살이를 정리하는 모습이 안방인 듯한 방의 창문 밖으로 보였다. 조는 그 집을 한 달간 사용하기로 계약했다. 남자들은 조 주변에 빙 둘러 서 있었고, 조는 그들에게 계속 질문을 던지며 대화를 이어갔다.

"이곳의 진짜 이름이 뭐요?"

"웨스트 메이트랜드라고도 하고, 이튼빌이라고도 하죠. 이튼 대위랑 로런스 씨가 약간의 땅을 우리에게 주었어요. 이튼 대위가 먼저 주었죠."

"얼마나 주었소?"

"아, 한 50에이커 정도요."

"그래서 당신들은 얼마나 가지고 있소?"

"그냥 거의 그대로요."

"그걸로는 충분치 않소. 이 근방의 땅은 누구 거요?"

"이튼 대위요."

"이튼 대위는 어디 가면 만날 수 있죠?"

"메이트랜드요. 외출하러 나가지만 않았다면."

"잠시 들어가 안사람에게 말하고 나오겠소. 그 사람을 만나야겠소. 땅 없이 도시를 세울 수는 없어요. 이렇게 좁은 땅덩어리 가지곤 옴짝달싹도 할 수 없소."

"그 사람은 더 내놓을 땅이 없어요. 땅을 더 얻으려면 돈이 많이 들 거요."

"돈을 낸다니까."

사람들은 조의 생각이 우스웠다. 사람들은 크게 웃고 싶었다. 그들은 웃음을 참으려 애를 썼지만, 큰 웃음이 그들의 두 눈에서 솟아오르고 입꼬리로 터져 흘러 누구라도 그들의 마음을 알 수 있었다. 그러자 조는 갑자기 메이트랜드로 길을 떠났다. 사람들 대다수도 함께 나섰다. 조에게 길을 알려주고 또 조가 어떻게 허세를 부리는지 구경하기 위해서였다.

힉스는 멀리까지 따라가지 않았다. 그는 무리에서 벗어나도 아무도 자기를 신경 쓰지 않을 거라는 생각에 이르자 되돌아와 스탁스 집의 현관으로 올라갔다.

"안녕하십니까, 스탁스 부인."

"안녕하세요."

"어떤가요. 여기가 좋아질 거 같으세요?"

"그럴 거 같아요."

"무엇이든 이 몸이 도울 게 있으면, 무엇이든 말씀하세요."

"대단히 감사합니다."

그러고 나서 긴 침묵이 이어졌다. 이 여자는 덤벼들 법도 한데 기회를 잡지 않았다. 오히려 힉스의 존재도 의식하지 않는 듯했다. 그녀를 자극할 필요가 있었다.

"이전 동네 사람들은 필경 입이 정말 무거웠나 봐요."

"맞아요. 그런데 선생님이 사는 마을은 그렇지 않은 거 같군요."

힉스는 곰곰이 생각하다가 결국 계단을 내려오면서 말했다. "안녕히 계십시오."

"안녕히 가세요."

그날 밤 코커가 그 일에 관해 물었다.

"아까 스탁스 네 집으로 빠져나가는 걸 보았어. 그래, 갔던 일은 어땠나?"

"누구, 나? 근처에도 안 갔지. 이 사람아. 물고기 잡으러 호수로 내려갔던 거였어."

"얼씨구!"

"그 여자 다시 보니까 그렇게 예쁘지는 않더라고. 돌아올 때 그 집 옆을 지나면서 봤는데 말이야. 그 긴 머리 말고는 별거 없던데."

"흥"

"그리고 어쨌든, 나는 그 남자가 싫지 않아. 그를 조금이라도 해코지하고 싶지 않다고. 그 여자는 내가 사우스캐롤라이나에서 데리고 달아났다가 버린 여자의 절반도 못 미치던데."

"힉스, 만약에 내가 자네를 잘 알지 못했다면 아마도 화가 나서 자네한테 뻥 치지 말라고 말했을 거야. 자네는 난지 그렇게 주절거려서 자기 위안으로 삼고자 하는 거겠지. 자네는 의지는 강한데, 뒤끝이 약해. 이 마을 남자들이 죄다 자네랑 같은 장면을 보았지만, 그 사람들이 자네보다 정신이 올바로 박혔어. 그런 여자를 그런 사내에게서 낚아채 올 수 있는 사람은 없어. 그 사내는 200에이커나 되는 땅을 현금으로, 제값 다 내고 샀다고."

"뭐라고! 그 사람이 땅을 진짜 샀어?"

"그렇다니까. 그 사람은 주머니에 땅문서를 넣고 가버렸어. 내일 아침 자기 집 베란다에서 회의한다고 발표를 하구선. 내 평생토록 흑인 중에서 그런 인물을 본 적이 없어. 가게도 세우고, 정부에서 우체국 설립 허가도 받을 거래."

그 말에 힉스는 신경질이 났다. 왜 그러는지 이유는 자신도 알 수 없었다. 힉스는 그냥 평범한 사람이었다. 한 방향으로만 세상을 살아가는 데 익숙했는데 갑자기 다르게 살아야 한다니. 그는 우체국에서 흑인이 근무한다는 건 아직 상상하지 못했다. 그는 갑자기 큰 소리로 웃어 젖혔다.

"자네들 모두 그 떠돌이 깜둥이가 거짓부렁 하는 걸 그렇게 곧이곧대로 믿는군! 흑인이 우체국 근무를 한다니!" 그가 상스러운 소리를 냈다.

"그 사람은 가능하게 할 수 있을 거 같아, 힉스. 나도 어쨌거나 그리되길 원하고. 우리 흑인들은 다른 사람을 너무 시샘

해. 그러니까 발전이 없는 거야. 우리는 백인들이 우릴 누른다고 하지! 이런! 백인이 우릴 누를 필요가 없어. 우리가 우리 자신을 억누르니까."

"아니, 누가 그 사람이 우체국을 세우는 게 싫대? 그가 예루살렘 왕이 된다고 해도 난 신경 안 써. 하지만 아무 생각 없는 사람들 앞에서 뻥을 쳐봤자 나아질 게 없으니 다 무슨 소용이냔 말이야. 상식적으로 생각해봐. 백인들이 그 사내에게 우체국을 내줄 리가 없어."

"그거야 우리도 알 수 없지. 힉스. 그 사람은 할 수 있다고 했고 내 생각에는 그가 방법을 아는 거 같아. 만약에 흑인들이 자기 도시를 세운다면 우체국도 가질 수 있고 원하는 건 뭐라도 가질 수 있을 거 같아. 더군다나, 저 멀리 떨어져 사는 사람들이 신경 쓸 거 같지도 않고. 한번 두고 보자고."

"아, 기다리는 중이라니까. 지옥 불이 꽁꽁 얼 때까지 기다린다고."

"아 참, 그 정도만 하라니까, 저 여잔 자네한테 관심 없어. 세상 모든 여자가 다 양조장 여자들이나 제재소 여자들 같지 않다는 걸 알아야 해. 자네 손이 닿지 못하는 여자들도 있다고. 바로 저런 여자는 생선 샌드위치로 꼬실 수 없단 말이야."

그들은 말싸움을 좀 더 하다가 조가 있는 집으로 향했다. 조는 셔츠 차림으로 두 다리를 넓게 버티고 서서, 길문을 하며 담배를 피우고 있었다.

"제일 가까운 제재소가 어디요?" 조는 토니 테일러에게 물었다.

"어폽카 방향으로 약 7마일 정도요." 토니가 말했다.

"지금 당장 지으시게?"

"참 나. 그렇소. 그런데 들어가 살 집을 말하는 게 아니오. 내 집은 짓고 싶은 장소가 나오길 기다릴 거니까. 우리 모두에게 필요한 건 하루빨리 이 마을에 상점을 만드는 거요."

"아. 가게라고요?" 토니가 놀라 크게 말했다.

"네. 그쪽이 필요한 모든 걸 이 마을에서 조달해 줄 상점 말이요. 마을에 상점이 있으면 사람들이 옥수수나 밀가루를 사려고 메이트랜드까지 갈 필요가 전혀 없어요."

"거참 좋을 거 같네요. 스탁스 형제님, 형제님 말씀을 들으니."

"거참. 당연한 말씀을! 게다가 상점은 다른 쪽으로도 쓸모가 있어요. 사람들이 땅을 사러 올 때도 잘 활용할 수 있을 거요. 그리고 더군다나 모든 일에는 중심과 교차점이 있기 마련인데, 마을도 예외가 아니오. 상점이 만남의 장소가 되는 건 당연지사지."

"그거 진짜 그러네. 정말."

"아. 우리는 이 마을을 완전히 제대로 세울 거요. 내일 회의에 나오는 거 잊지 마시오."

"다음날 조의 집 앞에서 회의가 시작되기 전에 목재를 실은 첫 마차가 도착했고, 조디는 목재를 하역할 장소를 알리러 갔다. 자신이 돌아올 때까지 사람들을 잡아두라고 재니에게 말했다. 그는 사람들이 가버리길 바라지 않으면서도, 또 한편으로는 목재가 하역되기 전에 그 수량을 점검하려 했기 때문이었다. 그런데 조는 그런 수고를 할 필요가 없었고 재니도 하던 일을 계속해도 될 일이었다. 우선 사람들이 모두 늦게 도착했다. 그다음으로, 사람들은 조디가 어디 있는가를 듣자마자 새 목재가 덜컹대며 내려지는 장소로 모두 달려가 그 크고 푸르른 떡갈나무 아래로 모여들었던 것이다. 그렇게 그곳에서 회의가 개최되었다. 토니 테일러가 의장 역할을 했고 조디는 줄곧 혼자서 말을 했다. 길을 닦을 날이 정해졌고, 모두 도끼나 그 비슷한 연장들을 들고 각기 다른 방향에서 두 갈래 길을 내기로 했다. 모두 그 일을 하기로 했지만, 토니와 코커는 예외였다. 두 사람은 목공 일을 할 수 있어서 조디에게 고용되어 다음날 날이 밝는 대로 조의 상점을 단장하는 공사를 하기로 했다. 조디 자신은 이 마을 저 마을에 다니면서 이튼빌로 이사 오라고 홍보하느라 바쁠 것이다.

재니는 조디가 땅을 매입할 때 썼던 돈이 그의 수중으로 빠르게 되돌아오는 것을 보고는 깜짝 놀랐다. 6주 만에 10가구가 땅을 사서 이주를 한 것이었다. 재니가 가늠히기에 너무 크고 빠르게 일어난 일이었다. 상점 지붕을 완성하기도 전에, 조디는 통조림을 상점 바닥에 쌓아두고 정신없이 팔아치우면서 홍보 여행을 다닐 새도 없었다. 재니는 상점이 완성되고 단장을 마친 날 처음으로 상점의 주인 기분을 느낄 수 있었다. 조디는 그녀에게 그날 저녁 옷을 잘 차려입고 상점에 나와 있도록 하였다. 모두 웬만큼 멋을 내고 왔다. 조디는 어떤 여자도 자기 아내에게 못 미친다고 생각했다. 재니는 최고로 빛나야 했고, 다른 여자들은 허접한 무리였다. 그래서 재니는 새로 산 붉은 와인색 드레스를 입고 새로 완성된 도로를 지나왔다. 옷에 달린 비단 장식이 그녀가 움직일 때마다 사그락사그락 거렸다. 다른 여자들은 옥양목이나 무명옷을 입고 있었고 나이 든 여자 중에는 두건을 두른 사람도 있었다.

아무도 그날 밤 물건을 사지 않았다. 사람들은 물건 사러 거기 간 것이 아니었다. 그들은 환영식을 하러 갔다. 그래서 조는 소다크래커를 통째로 열어 놓고 치즈도 내왔다.

"모두 와서 흥겹게 놉시다. 아, 참, 내가 한턱내는 거예요." 조디는 크게 너털웃음을 웃고는 뒤로 물러섰다. 재니는 조가 말한 대로 레모네이드를 퍼왔다. 모두에게 줄 레모네이드가 큰 양푼에 담겨 나왔다. 토니 테일러는 기분이 너무 좋아서 잔을 비우고는 연설하고 싶었다.

"신사 숙녀 여러분, 우리는 운명을 함께 나누고자 이곳에 온 분을 환영하러 여기 모였습니다. 이분은 혼자 오시지도 않았습니다. 이분은 저기, 저기, 가정의 등불인, 아내를 데려오는 것이 좋다고 생각하셨습니다. 사모님은 영국 여왕보다도 더 훌륭하고 우아하십니다. 사모님께서 여기 사셔서 너무도 행복합니다. 스탁스 형제, 우리는 형제님과 형제님이 이 마을에 데려와야겠다고 생각한 그 모든 것—형제님의 사랑하는 아내, 가게, 그리고 토지—을 환영합니다……."

커다란 웃음소리가 나는 바람에 그의 말이 끊어졌다.

"됐어, 토니," 리기 모스가 소리를 질렀다. "스탁스 씨는 영리해. 우리 모두 그 사실을 알고 있어. 하지만 그 사람이 200에이커의 땅을 어깨로 나른 것은 아니잖아. 실제로 볼 수 있으면 좋겠구먼."

또다시 웃음소리가 크게 들렸다. 토니는 자기 일생 단 한 번의 연설을 망치자 슬그머니 화가 났다.

"모두 내 말의 의미를 잘 알아들었잖아. 그런데 왜 그러는 거……."

"네가 갑자기 연설한답시고 시작하더니 정작 할 줄도 모르니 그러지." 리기가 말했다.

"네가 끊고 들어오지만 않았어도 나는 잘했을 거라고."

"아이고, 그렇지 않아. 토니. 네 얘기는 이상한 방향으로 흐르고 있었다고. 부부를 환영하는 연설을 하고 싶으면 우물가의 이삭과 레베카 얘기를 끌고 들어왔어야지, 그렇게 하지 않으면 부부간의 사랑에 관해서 설명할 수 없어."

모두가 맞는 말이라고 수긍했다. 어떤 사람은 토니가 그걸 모르고 연설을 하다니 딱할 노릇이라는 둥, 어떤 사람들은 토니가 무식하다는 둥 하며 낄낄거렸다. 그래서 토니는 성마르게 말했다. "모두 바보처럼 굴고 있네. 그럼 이제 스탁스 형제의 답사를 듣도록 합시다."

조 스탁스는 시가를 입에 문 채 중앙에 나와 섰다.

"따뜻하게 맞아주신 모든 분 그리고 그분들의 우정 어린 도움에 감사를 드립니다. 이 마을이 협력과 사랑으로 가득하다는 사실을 알겠습니다. 이제 저는 팔을 걷어붙이고, 우리 마을을 가장 좋은 도시로 일구는 데 최선을 다하겠습니다. 모르실까 해서 드리는 말씀인데요, 이렇게 계속 앞으로 나아가기 위해서는 다른 마을들과 마찬가지로 우리는 힘을 합해야 합니다. 힘을 합해야 하고, 시장이 있어야 합니다. 일을 해내고 제대로 마무리하려면 말이죠. 우리 상점에 와주셔서 그리고 앞으로 다른 일들에 관해서도, 우리 부부는 여러분을 환영합니다. 아멘."

토니가 나서서 박수를 치고 다른 사람들도 뒤따라 손뼉을 쳤다. 토니는 박수 소리가 잦아들 무렵 중앙으로 나왔다.

"형제자매 여러분, 우리가 더 잘 뽑을 수 없을 거 같으니, 스탁스 형제를 시장으로 하고 나머지는 나중에 생각해봅시다."

"찬성이오!!!" 사람들이 모두 한꺼번에 대답했기 때문에, 투표할 필요도 없었다.

"그러면 이제 스탁스 부인이 격려차 연설을 해주시겠습니다."

박수 소리가 시작되자 갑자기 조가 중앙으로 나오는 바람에 박수는 중단되었다.

"여러분의 칭찬이 고맙기는 하지만, 집사람은 연설할 줄 몰라요. 난 그런 거 때문에 결혼한 것은 아닙니다. 그냥 여자일 뿐이고 아내가 있어야 할 곳은 집 안이지요."

재니는 잠시 침묵하다 곧 미소를 지었지만, 그리 편하지 않았다. 한 번도 연설하기를 생각한 적 없고, 한번 해보고 싶었는지도 잘 몰랐다. 그런데 마음 불편한 이유는, 조가 재니 자신이 의사를 표현할 기회를 주지도 않고 말을 잘라버린 방식 때문이었다. 그러나 어쨌든 그녀는 조를 따라 길을 내려오면서 밤기운에 추위를 느꼈다. 조는 새로운 권위 의식에 빠져서 재니의 기분은 알아채지도 못한 채 자기 생각과 계획을 크게 떠들면서 성큼성큼 걸어갔다.

"이런 마을의 시장이 집에 너무 묶일 수 없어. 이 마을엔 일할 게 너무 많아. 재니, 상점에 도와줄 사람을 둘 테니 당신은 상점을 관리해야겠어. 나는 다른 일을 좀 보러 다녀야 해."

"아, 조디, 난 당신 없이는 상점 일을 못 해요. 아수 바쁠 때는 와서 당신을 도울 수 있겠지요, 하지만……."

"나 참, 왜 못하겠다는 건지 모르겠네. 바보 멍청이가 아니고서야 당신이 못 할 이유가 없어. 그냥 해. 난 시장으로서 할 일이 너무 많아. 이 마을에는 가로등이 있어야 해."

"그래요, 정말 좀 어둡긴 해요."

"내 말이 그 말이야. 어둠 속에서 나무뿌리며 밑동에 걸려 자빠지고 나면 소용없지. 어둠과 나무뿌리를 해결할 회의를 소집해야지. 우선 이 일부터 해야겠어."

바로 다음 날, 조는 자기 돈으로 시어스 로벅 백화점에 가스등을 주문하고, 마을에는 가로등 설치에 관한 투표가 오는 목요일에 열릴 거라 말했다. 아무도 가로등을 생각해본 사람이 없었다. 어떤 이들은 쓸모없는 일이라고 했다. 그들은 반대표를 던졌지만, 상황은 시장 편으로 돌아갔다.

하지만 마을 사람들은 가스등이 도착하자 모두 흥분했다. 단순히 시장이 등의 포장을 풀어 기둥 끝에 달지 않았기 때문이다. 그는 포장을 풀어내고는 등을 조심스레 닦게 했고 사람들이 모두 보도록 진열장에 일주일 동안 전시했다. 그러고 나서 점등식 날짜를 정하고 오렌지카운티의 곳곳에 누구나 올수 있다고 초대를 했다. 그는 사람들을 시켜서 늪지에서 가장 멋지고 곧게 뻗은 삼나무를 구해오게 했으며 사람들이 자기 마음에 꼭 드는 삼나무를 구해올 때까지 계속 퇴짜를 놓았다.

시장은 이미 사람들에게 행사에 필요한 사항도 일러주었다.

"모두 아시겠지만 아무 준비도 없이 사람들을 부를 순 없어요. 그렇지, 그렇고말고. 우리 뭔가 대접할 거리를 만들어야 하는데, 이럴 땐 바비큐가 제격이요. 나는 돼지 한 마리를 제공하겠소. 여러분이 함께 돼지 두 마리만 더 보태면 좋겠어요. 부인들에게는 파이나 케이크, 그리고 고구마 요리를 좀 만들라고 하시고."

그렇게 일이 진행되었다. 여자들은 모여서 간식을 준비하고 남자들은 고기를 요리했다. 점등식 하루 전, 사람들은 상점 뒷마당에 큰 구덩이를 파고는 그곳에 떡갈나무 장작을 가득히 채워 넣었으며, 장작들이 목탄 한 묶음 크기로 사그라질 때까지 불을 지폈다. 하룻밤이 걸려 돼지 세 마리를 구웠다. 햄보와 피어슨이 진두지휘를 했는데 남자들이 고기를 구우며 이리저리 돌려주면 햄보가 고기에 칼집을 내어 양념을 발랐다. 그러는 동안 사람들은 이야기하기도 하고, 웃기도 하고, 또 이야기하다가는 노래를 불렀다. 그들은 흥겹게 놀다가 고기의 양념이 천천히 뼈까지 스미며 완전히 구워지는 냄새를 흠흠 들이마셨다. 남자아이들이 여자들을 도와서 식탁으로 사용할 테이블을 조립했다. 그리고 날이 밝자 남은 일이 없는 사람들은 저녁 파티 때까지 쉬러 집으로 향했다.

오후 다섯 시경, 마을은 온갖 종류의 자동차와 사람들로 가득 찼다. 그 사람들은 해 질 무렵 등에 불이 들어오는 것을 보고 싶었다. 시간이 거의 되자, 조는 사람들을 상점 앞에 불러 모으고 연설을 했다.

"주민 여러분, 해가 집니다. 해를 창조하신 그분은 아침에 해를 떠오르게 하시고, 또 그분은 밤이 되면 해를 물러나게 하십니다. 우리 가난하고 유약한 인간들은 해를 재촉할 수도 늦출 수도 없습니다. 우리가 할 수 있는 일이란, 해가 뜨기 전이나 해가 진 후에 빛이 필요하다면, 우리 스스로 빛을 만드는 것입니다. 그래서 등잔이 나왔습니다. 오늘 저녁 우리는 모두 등불을 켜러 모였습니다. 이 행사는 우리가 죽는 날까지 기억할 사건입니다. 첫 가로등이 놓인 최초의 흑인 도시. 눈을 들어 저 등을 바라보십시오. 그리고 제가 등잔 심지에 불을 붙일 때 그 빛을 여러분의 마음속에 간직하시고, 그 빛이 반짝, 반짝, 반짝이게 해주십시오. 데이비스 형제님, 기도를 이끌어주시지요. 우리 모두 이 마을에 복을 주십사 특별히 기도합시다."

데이비스가 옛 기도문을 나름의 방식으로 읊는 동안, 조는 미리 마련해둔 상자 위에 올라가서 등잔의 놋 뚜껑을 열었다. 아멘이라는 말이 들리자, 조는 가스등의 심지에 성냥불을 붙였다. 보글 부인의 알토 음성이 흘러나왔다.

빛 속으로 걸어가요, 저 아름다운 빛 속으로

오세요, 자비로운 이슬방울이 찬란한 여기로

낮에도 밤에도 우리를 비추니

예수, 세상의 빛이여.

사람들은 모두 이어 부르며 계속 노래했다. 그들은 다른 리듬과 화음이 더 생각나지 않을 때까지 부르고 또 불렀다. 이윽고 노래를 멈추고 그들은 바비큐를 먹기 시작했다.

모든 일을 마친 후, 밤에 잠자리에서 조디는 재니에게 물었다. "자, 여보. 시장 부인이 되니 어때?"

"다 좋은 거 같아요. 그런데 우리 그 일로 힘든 거 같지 않아요?"

"힘들다고? 사람들을 위해 요리하고 대접하는 일이?"

"아뇨, 조디, 왠지 우리가 서로서로 부자연스러워지는 것 같아서요. 당신은 언제나 집 밖에서 지시하고 일을 해결하고, 나는 그냥 시간이나 재면서 지내는 거요. 얼른 임기가 끝나면 좋겠어요."

"끝나다니, 재니. 나 원. 난 아직 일을 제대로 시작도 안 했다고. 처음부터 말했지. 나는 큰소리치면서 사는 게 목표야. 당신도 좋아해야 해. 그것 때문에 당신이 존경을 받는 거잖아."

차가운 기운과 두려움이 재니를 휘감았다. 재니는 혼자서 멀리 동떨어져 버린 듯한 외로움을 느꼈다.

얼마 안 가서 재니는 자신을 향한 경원과 질투의 눈초리를 민감하게 느끼기 시작했다. 시장 부인도 일반 여자들과 다르지 않다고 재니는 여겼지만, 그렇지 않았다. 그녀는 권위자와 잠을 자므로 마을 사람들에게 재니는 권위자의 한 부분이었다. 그녀는 마을 사람들과 마음을 열어 가까워질 수 없었다. 그 것은 특히 조가 상점 앞에 있는 도로의 하수도 공사를 마을 사람들에게 억지로 시킨 후에 가중되었다. 사람들은 노예제도는 끝났다고 열을 올리며 투덜댔으나, 모두가 맡은 일을 해나갔다.

조 스탁스에게는 마을 사람들의 기를 죽이는 무엇인가가 있었다. 조가 육체적으로 겁을 준다는 의미는 아니었다. 조는 주먹으로 싸우는 사람은 아니었다. 그의 체구는 일반인들보다 더 우람하지도 않았다. 또 그는 다른 사람들보다 유식하지도 않았다. 그 무엇 때문에 사람들은 조 앞에서 쩔쩔맸다. 조는 얼굴에 고개를 숙이라는 명령을 달고 있었으며 그의 행동거지로 인해 그런 점은 더 두드러졌다.

가령 그의 새집을 예로 들어보자. 그 집은 앞뒤로 베란다가 있고 난간을 설치한 이층집이었다. 그 외 나머지 가옥들은 "큰 집" 주변을 둘러싼 하인들 집 같았다. 그리고 조는 마을의 다른 사람들과는 달리 집 안팎의 페인트칠이 마르기 전까지는 입주하지 않았다. 자, 페인트로 칠한 그의 집을 보자. 그 집은 당당하게 빛나는 하얀색이었다. 그런 종류의 당당한 흰색은 휘플 주교나 W. B. 잭슨의 집, 아니면 밴더풀 가 저택의 색깔이었다. 이런 사실로 인해 마을 사람들은 조에게 말을 거는 것을 어색해했다. 그건 마치 조를 다른 일반인 수준으로 낮추는 것처럼 보였기 때문이다. 그리고 침을 뱉는 그릇도 대단했다. 조는 시장이자 우체국장이자 지주이자 상점 주인이 되자마자 메이트랜드의 힐 씨나 갤로웨이 씨가 사용하는 것과 동일한 회전의자가 딸린 책상을 사들였다. 조가 그 의자에 앉아 시가를 물고 말을 천천히 하며 의자를 빙글빙글 돌리면 사람들은 기가 죽었다. 그러고 나서 조는 금박을 입힌 것 같은 침 뱉는 그릇에 퉤 하고 침을 뱉었었는데, 그 그릇은 다른 사람들이라면 응접실의 탁자에 두고 싶어 할만한 물건이었다. 그것은 조가 애틀랜타의 은행에서 일할 때 상사가 사용했던 그릇과 똑같은 것이라고 했다. 그는 침을 뱉을 때마다 일어설 필요가 없었고, 문간으로 나갈 필요도 없었다. 마룻바닥에 침을 뱉지도 않았다. 바로 손이 닿을 만한 장소에 그 그릇이 있었다. 그런데 조는 그걸로 그치지 않았다. 그는 재니가 침을 뱉을 수 있는 자그마한 부인용 침 뱉는 그릇까지 사들였다. 옆면에 빙 둘러서 작은 꽃가지들이 그려진 침 뱉는 그릇을 응접실에 두었나. 그 광경을 본 사람들은 놀랐다. 마을 여자들 대부분 침을 뱉고 물론 침 뱉는 그릇도 있었다. 그런데 최신식으로 사는 사람들은 저런 꽃 그림 그릇을 사용한단 말인가? 그런 생각에 이르자 사람들은 자신들이 이용당했다고 생각했다. 자신들은 왕따라고 느껴졌다. 아마도 세상에는 침 뱉는 그릇 이외에도 자신들이 모르는 것들이 있었을 것이다. 자신들이 침은 토마토 빈 깡통에 뱉는 거라 알아 왔던 그동안에. 백인들이 그렇게 사는 것도 충분히 기분 나쁜 일인데, 자신들과 피부색이 같은 사람들이 그러는 걸 보니 황당했다. 그건 마치 여동생이 악어로 변하는 걸 목격하는 것 같았다. 일종의 익숙하지만 낯선 기분. 계속 누이가 악어가 되었다가 악어가 누이로 변하는 것을 목격하면서 차라리 외면하고 싶은 그런 기분. 분명히 마을 사람들은 조를 존경하고 어떤 면으로는 경외하기까지 했다. 하지만 권력자의 길을 가면서 재산도 많은 사람은 미움을 받기 마련이다. 그래서 연설자들은 연설할 때 일어서서 "친애하는 시장님"이라고 했다. 그러나 이는 "하느님은 어디나 계시다."라고 말하면서도 정작 아무도 그 말을 믿지 않는 것과 똑같이 입에 발린 말에 지나지 않는다. 이는 단지 말문을 열기 위한 뻔한 절차일 뿐이다. 시간이 갈수록 그리고 그가 도시를 만드는 데 이바지한 바가 잊힐수록, 사람들은 조가 일하느라 바쁜 틈을 타서 상점 앞에 모여 뒷담화를 했다. 가령 조가 헨리 피츠를 붙잡았을 때에 관해서도 사람들은 말했다. 조는 사탕수수를 빼앗은 후 헨리를 내쫓아 버렸다. 누군가는 스탁스가 그렇게까지는 하지 말았어야 했다고 여겼다. 조는 사탕수수도 많이 가지고 있고 모든 것을 소유했다. 하지만 사람들은 조가 문 앞에 나와 있을 때는 그런 말을 하지 않았다. 메이트랜드에서 우편물이 오고 조가 우편물들을 정리하러 안으로 들어가자 모두가 할 말을 시작했다.

심 존스는 스탁스가 들을 수 없으리라 확신한 후에 말을 꺼냈다.

"그 불쌍한 사람을 그렇게 쫓아내다니 벌 받고 창피한 일이야. 같은 흑인끼리 서로 그러면 안 되지."

"그건 그렇지 않아." 샘 왓슨이 잘라 말했다. "흑인들도 다른 사람들과 똑같이 일해서 벌어야 한다는 걸 알아야 해. 피츠가 사탕수수를 재배하려고만 했다면 아무도 안 말렸을걸. 스탁스가 일거리를 주었지, 그 이상 피츠가 바랄 게 뭐가 있어?"

"나도 그건 알아." 존스가 말했다. "하지만 샘, 조 스탁스는 사람들에게 너무 깐깐해. 그가 가진 건 다 우리에게서 뽑아간 거야. 그가 여기 왔을 때 이 모든 걸 가지고 있지는 않았지."

"맞아. 하지만 지금 자네 눈에 보이는 모든 것들도 역시 그가 오기 전에는 여기 없었어. 못마땅해도 인정할 건 인정해야지."

"하지만 말이야, 샘. 조가 하는 일이라곤 배나 쑥 내밀고 다니며 다른 사람들에게 이래라저래라하는 거밖에 없잖아. 그 사람은 다른 사람들이 자기 말에 복종하는 걸 너무 좋아해."

"그자는 말할 때, 마치 손에 조종 버튼을 쥐고 있는 거 같아." 오스카 스콧이 툴툴댔다. "그가 야단을 치면 내 몸의 모든 신경이 거꾸로 서는 거 같아."

"그는 꼭 순풍 속의 돌개바람 같아." 제프 브루스가 끼어들었다.

"바람하고 비교하자면, 그자는 바람이고 우리는 풀떼기들이지."

"그가 숨을 내쉬는 쪽으로 우리는 굽힐 뿐이고." 샘 왓슨이 동의했다. "그렇다 해도 우리는 그자가 필요하다고. 이 도시는 그가 없이는 굴러가지 않으니까. 그가 두목처럼 굴 수밖에. 어떤 자들은 권력을 보여주려면 왕좌나 홀과 같은 것을 갖추어야 하지. 그자는 달라. 그저 그가 앉는 곳이라면 어디나 왕좌야."

"그자가 맘에 안 드는 점은, 못 배운 사람들 앞에서 아는 척하면서 말한다는 거야." 힉스가 불평했다. "유식한 체하잖아. 나를 보면 상상이 안 가겠지만, 사실 내 남동생은 공부를 많이 하고 지금 오컬라 지역에서 목사님이라고. 내 동생이 여기 있다면 조 스탁스가 우리를 속이듯 그 애를 속일 수는 없을걸."

"가끔 그 조그만 마누라가 그자와 어떻게 살아가는지 궁금해져. 그자는 모든 것을 바꾸면서, 정작 자신은 바뀔 생각을 안 하거든."

"그렇고말고. 나도 그 생각을 자주 해봤어. 그 여자가 가게에서 무슨 실수라고 할라치면 그자가 아주 난리를 치더라고."

"그 여자는 왜 가게에서 머리채를 꼭 할머니처럼 싸매 올리고 있는 거야? 만일 그 머리가 내 머리라면 그런 넝마를 머리 위에 올리게 하지 않을 거야."

"아마 그자가 그리하게 했을걸. 가게에 있으면 혹여 우리 같은 남자들이 그 머리에 손이라도 댈까 봐 걱정되어 그럴걸. 정말 알 수 없는 일이긴 해."

"그 여자는 말수도 없잖아. 어쩌다 그 여자가 가게에서 잘못이라도 할 때 그자가 악랄하게 날뛰는데도, 그 여자는 전혀 개의치 않는 것 같아. 아마 이심전심인가 봐."

마을 사람들은 조의 지위와 재산에 관해서 좋은 감정, 나쁜 감정을 한 보따리씩 가지고 있었으나, 아무도 그에게 도전할 뱃심은 없었다. 조가 모든 것을 의미했기 때문에 마을 사람들은 조에게 허리를 굽혔다. 그러나 그들이 허리를 굽혔기에, 조는 모든 것을 의미하기도 했다.

제6장

매일 아침마다, 세상은 스스로를 드러내고 이튼빌 마을을 태양 아래 펼쳐 보였다. 그래서 재니는 또 하루를 사는 것이었다. 일요일을 빼고 매일 상점을 열었다. 상점 자체는 물건을 팔아야 하는 일만 빼면 재미있는 장소였다. 사람들이 상점 앞 베란다에 둘러앉아 자기 생각을 두런두런 나누는 시간은 참 재미있었다. 그들이 대화하며 묘사하는 광경은 언제나 실제 모습보다 멋졌기에 더욱 흥겨웠다.

가령 매트 보너의 누런 노새의 경우도 그랬다. 사람들은 하느님한테서 받은 매일마다 그 노새에 관해 얘기했다. 특히 매트가 그 자리에 있을라치면 거의 항상 그랬다. 샘과 리지, 그리고 월터가 노새 얘기를 주도하는 자들이었다. 다른 사람들도 말꼬리를 잡아 끼어들기는 했지만, 샘과 리지와 월터는 그 노새에 관해 그 마을 사람 모두가 통틀어 아는 것보다 더 많이 알고 있는 듯했다. 그들은 멀대같고 호리호리한 매트가 걸어 내려오는 것을 볼 때면 어김없이 준비하였다. 그리고 매트가 발코니 주변에 다다르면 본격적으로 말하기 시작했다.

"어이, 매트."

"잘 있었나, 샘."

"마침 지금 나타나니 아주 반갑구먼. 매트. 나랑 다른 친구들이 자네를 막 찾으러 가던 참이네."

"뭣 때문에, 샘?"

"정말 야단났네, 그려. 야단났어!!"

"맞아. 정말," 짐짓 심각한 표정으로 끼어들곤 했다. "자네 정말 무슨 수라도 써야 해. 꾸물댈 새가 없어."

"뭔 일인데 그래? 어서어서 말해봐"

"여기서 할 얘기가 아닌 거 같아. 무슨 수를 쓰기엔 거리가 너무 멀어. 얼른 모두 사베리아 호수로 가야 한다고."

"무슨 일이냐고, 엉? 모두 야단법석이니 누구 말을 들어야 할지 모르겠잖아."

"자네 그 노새 말이야, 매트. 어서 가서 보는 게 좋겠어. 노새가 고생하고 있어."

"뭔 소리여? 노새가 호수로 걸어 들어가 악어한테 물리기라도 했나?"

"그것보다 더 끔찍해. 아줌마들이 자네 노새를 낚아챘어. 내가 열두 시쯤 호숫가를 돌아오는데, 내 미누리하구 아줌나들이 노새를 발라당 눕히고는 그놈의 옆구리에다 빨래를 하고 있지 않겠나."

이제껏 참았던 웃음이 와 하고 터져 나왔다. 샘은 웃음을 참느라 이를 악물었다. "그려, 매트, 그놈의 노새가 하도 말라 비틀어져서 아줌마들이 갈빗대를 빨래판으로 쓰고 있더라고, 말라빠진 그 무릎에 빨래를 걸어가며 말이야."

매트는 자신이 또 놀림거리가 되었음을 알았다. 사람들이 웃어젖히자 그는 화가 치밀고 화가 머리끝까지 차오르자 말을 더듬었다.

"나―날, 또오―소, 속였군. 샘. 이―이, 상종 못 할 인간, 너 어어어!"

"아휴, 인간아, 화내봤자 소용없어. 저기, 자네는 노새 잘 멕이지도 않잖아. 그러니 노새가 어찌 살이 오르겠나?"

"나―나는 진짜 잘 멕인다구! 멕일 때마다 통에 하― 아―안 가득 여물을 주―우―운다고."

"리지가 그 통은 익히 알고 있어. 그 친구가 자네 헛간 근처에 슬쩍 가서 지켜보았는데, 그건 노새 먹이는 여물통이 아니었어. 그냥 찻잔만 하던걸."

"그놈을 잘 멕인다구. 그놈은 못돼먹어서 살이 안 찌는 거야. 일 안 하고 성질만 부리느라 빼빼 마른 거야. 일하기가 싫어서 말이지."

"그래 멕이긴 했지. 기합 소리를 밥으로, 채찍질을 반찬 삼아서."

"진짜로 먹이를 줬다니깐! 그놈하고는 잘 지낼 수 없어, 어쩌겠나. 그놈에게 쟁기를 갖다 대기만 해도 몸부림 치네, 내가 먹이통을 들고 마구간에 들어가는 순간에도 그놈은 귀를 뒤로 제치며 나에게 달려들어 물어뜯고 발로 차고 난리네."

"자, 진정하라고, 매트," 리지가 달래며 말했다. "우리 모두 그 녀석이 못된 걸 알아. 그놈이 로버트의 아이를 뒤쫓는 걸 본 적이 있어. 바람이 갑자기 방향을 틀지만 않았어도 그 아인 노새 발굽에 밟혀 죽었을 거야. 그 순간에 그 애는 스탁스 씨네 양파밭으로 줄행랑을 치고, 그 노새 놈은 기를 쓰고 그 뒤를 쫓아 내달리고 있었지. 그런데 갑자기 바람 방향이 바뀌더니 노새를 날려버렸지, 뭔가, 그 못돼먹은 노새 놈이 바람을 버티고 서기 전에 그 애는 스탁스 씨네 울타리를 뛰어넘을 수 있었지." 듣고 있던 사람들이 웃음을 터뜨렸고 매트는 다시 화가 치밀었다.

"아마 그 노새 놈이 아무한테나 달려드는 건," 샘이 말했다. "누구든지 먹이도 안 주고 부려 먹으려고만 하는 매트로 여기기 때문일 거야."

"어, 거기, 어, 거기, 당장 그만두라고," 월터가 막아섰다. "그 노새가 어떻게 나를 매트라고 여긴단 말이여. 그놈은 그리

멍청하지 않아. 그놈이 그렇다면 난 내 사진을 그놈 두 눈앞에 대고 더 똑바로 알도록 만들 테야. 나를 그리 형편없이 여긴다면 가만히 있을 수 없어."

매트가 무슨 말이든 하려고 애를 썼지만 말이 나오지 않았다. 그러자 그는 화가 머리끝까지 나서 베란다에서 내려와 자리를 떴다. 하지만 노새에 관한 얘기는 그치지 않았다. 그 노새 놈이 얼마나 고약한지, 몇 살 먹었는지, 그 못된 성질머리와 최근에 부린 난동에 관한 얘기가 이어졌다. 모두가 노새 얘기를 재미있게 했다. 노새는 시장 다음가는 얘깃거리였는데, 시장보다 더 얘기할 게 많은 존재였다.

재니는 이런 얘기를 참 좋아해서, 자기도 노새에 관해 재미난 얘기를 상상해보고는 했다. 하지만 조는 재니가 그런 얘기에 끼어드는 일을 용납하지 않았다. 조는 그런 하찮은 인간들과 재니가 말을 섞는 것을 원치 않았다. "당신은 스탁스 시장님 사모님이라고, 절대, 재니. 그런 사모님께서 어떻게 잠잘 곳조차 없는 부류들과 어울린단 말이야. 정말 쓸데없는 일이야. 저들은 시간의 발끝에서 노는 쓸모없는 부류라고."

재니는 조가 노새에 관한 얘기를 지어내지는 않았지만, 그들과 앉아 웃는 모습을 보았다. 그것도 커다란 소리로, 그 역시 웃고 있었다. 그러면서도 조는 리지나 샘, 혹은 월터나 그 외의 사람들처럼 세상을 표현하는 재담꾼들이 세상의 모습을 그려

낼 때, 재니를 상점 한구석에서 물건이나 팔라고 밀어 넣고는 했다. 조는 그러기를 좋아하는 듯했다. 왜 그 자신이 가끔은 들어가지 못하는 것일까? 어쨌든 재니는 상점 안에 있는 게 싫어졌다. 우체국도 싫었다. 사람들은 그녀가 계산에 골몰하거나 회계 장부를 기록하는 때처럼 한창 바쁠 때 와서 우편물에 관해 물어보았다. 그러면 그녀는 헷갈려서 우표 거스름돈을 잘못 내어주었다. 더군다나 재니는 모든 사람의 글씨체를 다 해독하지는 못했다. 어떤 사람들은 글씨 모양이 정말로 이상해, 그녀가 생전 처음 보는 철자법으로 글씨를 썼다. 원래는 조가 우편 업무를 해야 했지만, 때때로 그가 부재중일 때 재니가 그 일을 맡아야 했는데, 하다 보면 우편 업무는 항상 엉망으로 끝나고 말았다.

상점일 역시 재니에겐 심한 골칫거리였다. 물건들을 선반에서 집어 내리거나 통에서 꺼내는 일은 문제없었다. 그리고 사람들이 원하는 게 단지 토마토 한 통이나 쌀 1파운드 정도라면 그 역시 괜찮았다. 하지만 그들이 설상가상 베이컨을 1파운드 반을 달라고 한다거나 라드 기름 1/2 파운드를 달라고 하면 어떨까? 이는 이리저리 걸어 다니는 차원에서, 수학적인 딜레마의 차원으로 바뀌는 일이었다. 혹은 어떤 사람은 1파운드에 37센트인 치즈를 1 다임[10센트]어치 달라는 경우도 있었다. 재니는 그런 일들을 마주하면서 심한 저항감을 느꼈다. 하지만 조는 그녀가 마음만 먹으면 할 수 있다고 종용하였고 그녀의 특권을 잘 활용하길 바란다고 했다. 그의 말은 바위처럼 재니의 앞을 기로막았다.

머리쓰개 때문에 재니는 항상 짜증이 났다. 하지만 조디는 그에 대해선 완고했다. 머리카락을 상점 안에서 '절대로' 풀고 있으면 안 된다고 했다. 조디의 말은 말도 안 되어 보였다. 조는 자기가 재니를 얼마나 질투하는지 한 번도 입 밖에 낸 적이 없었기 때문이다. 그는 재니가 상점 안에서 일하느라 돌아다니는 동안 다른 남자들이 재니의 머릿결을 정신없이 바라보는 모습을 자신이 얼마나 자주 목격했는가에 대해 절대로 재니에게 말하지 않았다. 그리고 어느 날 밤 조는 월터가 재니의 뒤에 바짝 다가서서 자기 손등을 재니의 머리 타래 끝에 대고 살살 비비며 음미하는 광경을 목도했다. 조는 상점 뒤편에 서 있었고 월터는 그를 보지 못했다. 조는 고기 칼을 들고 달려가 그 역겨운 손을 댕강 잘라내고 싶었다. 그날 밤 조는 재니에게 상점에서는 머리를 올려 싸매라고 명령했다. 그게 다였다. 재니가 상점에 존재하는 이유는 조의 눈을 즐겁게 하기 위해서지 다른 남자들을 위해서가 아니었다. 하지만 조는 그런 말을 절대 하지 않았다. 그런 말을 한다는 건 그 다운 일이 아니었다. 가령 누렁이 노새 경우를 예로 들어보자.

어느 늦은 오후에 매트가 빈 고삐를 손에 든 채 서쪽에서 나타났다. "내 노새를 찾는 중인데, 누구 본 사람 없나?" 그가 물었다.

"오늘 아침 일찌감치 학교 뒤에서 봤는데," 럼이 말했다. "열 시쯤이었을걸, 그렇게 일찍 거기 있었던 걸 보면 아마도 밤새 거기 있었던 거 같아."

"그러게." 매트가 응수했다. "어젯밤에 봤는데, 잡을 수 없었어. 오늘 밤에는 잡아둬야만 하는데, 내일 밭을 갈아야 해서. 톰슨네 밭을 갈아주기로 했거든."

"노새가 그 꼴로 그 일을 할 수 있다고 보는가?" 리지가 물었다.

"그 노새 놈은 무지 힘이 세다고. 성미가 못돼먹었고 말을 듣지 않아서 그렇지."

"맞아, 사람들이 말하길 그 노새가 자네를 이 마을에 데려왔다던데. 자네는 미캐노피[3]로 가려는 참이었는데 그놈이 더 영리해서 자네를 이리 데려왔다고."

"그건, 거-거짓말이야. 나, 난 처음부터 웨스트 플로리다에서 출발했을 때부터 이리로 왔었다고."

"아니 자네, 그 노새를 타고 웨스트 플로리다에서 이 멀리까지 왔단 말이야?"

---

3 플로리다 북부 도시 이름.

"그랬다니까. 리지. 하지만 매트가 원하던 일은 아니었어. 매트는 그냥 거기서 살기 좋아했는데, 노새는 아니었지. 어느 날 아침에 매트가 노새 등에 올라타자 노새가 매트를 이리 싣고 온 거야. 노새도 생각이 있거든. 그 동네 사람들은 일주일에 딱 한 번 흰 빵 한 쪽씩만 먹는다지."

매트를 놀리는 사람들의 말속에는 어느 정도 진심이 섞여 있었기에, 매트가 성이 나서 자리를 박차고 나가도 신경 쓰는 사람이 없었다. 그는 고기도 얇게 썬 옆구리 살을 사는 것으로 유명했다. 곡식이나 밀가루는 손으로 가뿐하게 들 수 있는 작은 봉지 단위로 사서 집에 가져갔다. 돈을 아낄 수 있다면 다른 건 신경 안 쓰는 듯했다.

매트가 떠난 후 약 반 시간이 지난 무렵 그들은 숲 가장자리에서 노새 울음소리를 들었다. 노새는 상점 앞으로 성큼성큼 걸어오고 있었다.

"매트에게 노새도 잡아줄 겸 한 판 놀아볼까요."

"아니, 럼, 저 노새는 좀처럼 잡히지 않아. 바로 자네가 잡는 걸 지켜볼게."

노새가 상점 앞으로 다가오자. 럼이 나가서 노새를 잡으려 했다. 그 짐승은 머리를 곧추세우고 귀를 뒤로 젖히며 곧바로 공격해왔다. 럼은 위험을 느끼고 달아나야 했다. 남자 대여섯이 베란다를 박차고 나가 그 성난 노새를 둘러싸고, 노새의 옆구리를 찔러대며 성질을 돋웠다. 그런데 노새는 그 성질에 체력이 못 따랐다. 늙고 말라빠진 몸으로 이리저리 휘적거리던 노새는 금방 숨을 헐떡거리며 몸을 뒤틀었다. 모두가 노새 몰이에 열광하였다. 하지만 재니만은 예외였다.

그녀는 황급히 고개를 돌리고 혼자 중얼거렸다. "저 인간들은 창피한 줄 알아야 해! 저 불쌍한 짐승을 저리 괴롭히다니! 죽어라 일을 시키고, 구박해서 성질을 버려놓고, 이제 저 사람들 아예 끝장을 보려는군. 저 사람들을 내 맘대로 할 수만 있다면."

재니는 베란다에서 나와 상점 뒤로 가더니, 뭔가 다른 곳에 신경쓰기 위해 일거리를 찾았다. 그러느라 재니는 조가 웃음을 멈추는 것을 알지 못했다. 그녀는 자신의 말을 조디가 들었는지 알지 못했다. 하지만 그가 큰 소리로 하는 말을 들었다. "럼, 나 원 참. 그만하면 충분해! 그만들 좀 하지 그래. 실없는 짓 그만두고 매트 보노에게 가서 내가 당장 보잔다고 말해줘."

재니는 다시 현관으로 나와 앉았다. 그녀는 아무 말도 안 했고 조도 마찬가지였다. 그러나 곧 조는 자신의 발을 내려다보며 말했다. "재니, 가서 내가 전에 신던 검은 신발을 가져오는 게 좋겠어. 이 신발 때문에 발에 불이 나는 것 같아. 사이즈가 넉넉한데도 불편해."

재니는 일어나서 말없이 신발을 가지러 갔다. 가엾은 존재를 염려하는 짧은 갈등이 그녀의 마음에서 일어났다. 사람들은 가엾은 존재를 배려해야만 해. 그녀는 싸우고 싶었다. '하지만 나는 싸우거나 소란을 피우긴 싫어. 그러니 입을 다물 수밖에. 안 그러면 지내기 힘들 거야.' 그녀는 곧바로 돌아가지 않았다. 마음이 가라앉고 얼굴빛이 멀쩡해질 때까지 이것저것 만지작거리며 시간을 벌었다. 다시 조에게 돌아왔을 때, 조는 매트와 이야기하고 있었다.

"15달러라니! 나 원 참. 빈대처럼 정신 빠진 소릴 하는군! 5달러로 해!"

"혀-협상을 좀 할까요, 시장 형님. 10다-달러면 어떨까요."

"5달러." 조는 시가를 돌려 물며 무심히 눈길을 돌렸다.

"저 노새 놈이 시장님께 필요하다면, 시장 형님. 나한테는 더 필요해요. 나는 내일 밭을 갈아야 하니 저놈이 정말 필요해요."

"5달러."

"좋아요. 시장 형님. 나처럼 가난한 사람한테서 생계 수단을 모조리 뺏어가길 원한다면, 5달러로 하리다. 저 노새는 나랑 23년을 살았어요. 헤어지기 정말 힘들어."

스탁스 시장은 돈을 꺼내려 주머니에 손을 대기 전에 일부러 신발을 갈아 신었다. 그러는 사이 매트는 뜨거운 벽돌에 올라간 암탉처럼 안절부절 목을 꼬고 몸을 비틀었다. 그러나 돈을 쥐자 매트의 얼굴에는 싱글벙글 웃음이 번졌다.

"속아 넘어간 거요, 스탁스! 저놈의 노새는 일주일도 못 가서 죽을 거요. 아마 한 번도 못 부려 먹을 거요."

"저놈을 부려 먹으려고 산 거 아냐. 나 원 참. 난 그놈이 쉴 수 있도록 사준 거라고. 자네는 그런 일을 할 도량이 못 되지."

사람들의 존경심이 그 자리를 조용히 메웠다. 샘이 조를 향해 말했다. "짐승을 두고 그런 생각하는 사람은 처음이요. 스탁스 시장. 하지만 좋은 생각이요. 귀한 일을 하셨소." 모두가 그 말에 고개를 끄덕였다.

재니는 가만히 서서 그 말들을 다 듣고 있었다. 이윽고 조용해지자 조 앞에 나가 말했다. "조디, 정말 잘했어요. 아무 때나 그리고 아무나 할 수 없는 생각이에요. 저 노새를 풀어주다니 당신은 아주 멋진 사람이에요. 마치 조지 워싱턴이나 링컨처럼 말이에요. 에이브러햄 링컨으로 말하자면, 그분은 전 미국을 통치하면서 흑인에게 자유를 주었지요. 당신은 이 도시를 통치하면서 노새를 풀어주었고요. 힘이 있어야만 자유도 줄 수 있고 당신은 왕처럼 되는 거지요."

햄보가 말했다. "자네 부인이 타고난 연설가로군. 스탁스. 예전에는 몰랐는걸. 우리가 꼭 하고 싶은 말을 했어."

조는 시가를 꽉 물면서 환한 얼굴로 주변을 둘러보았다. 그러나 한마디 말도 하지 않았다. 사람들은 이 이야기를 3일 동안 계속하였고, 만일 자신들도 조 스탁스처럼 부자라면 같은 행동을 하였을 것이라 말했다. 어쨌거나 풀려난 노새는 새로운 화젯거리였다. 스탁스는 베란다 근처 큰 나무 아래 건초더미를 쌓아주었고 노새는 마치 그 도시의 사람처럼 어슬렁댔다. 마을 사람들 거의 모두가 습관처럼 건초를 한 움큼 들고 와서 건초 더미에 던져주었다. 노새는 점점 살이 쪘고 사람들은 그런 노새를 보며 의기양양했다. 새로운 거짓말이 이 자유로운 노새에 관해 생겨났다. 노새가 린드제이네 주방 문을 열고 들어와 하룻밤 기거한 후에 아침에는 모닝커피를 만들어내라고 싸움을 걸었다는 이야기. 노새가 목사관의 식사 시간에 식당 창문으로 얼굴을 내밀어 피어슨 부인이 노새를 피어슨 목사라고 착각해서 식사 접시를 내주었다는 이야기. 노새가 툴리 부인을 못생겼다는 이유로 크로케 경기장에서 쫓아냈다는 이야기. 노새가 어느 햇볕이 강한 날에 메이트랜드에 가는 베키 앤더슨을 쫓아가 양산을 함께 썼다는 이야기. 노새가 레이먼드의 길고 긴 기도를 참을 수 없어서 그 침례교 교회 안으로 들어가 모임에 깽판을 쳤다는 이야기. 노새는 재갈을 물고 매트 보너에게 가는 것 말고는 무슨 일이든 다 저질렀다.

그러나 얼마 가지 않아 노새는 죽었다. 큰 나무 그늘에 앙상한 등을 땅에 대고 네 다리를 허공에 치켜올린 채 죽은 노새를 럼이 발견했다. 자연적으로도 정상적으로도 보이지 않았다.

그러나 샘은 노새가 다른 동물들처럼 옆으로 누워 죽어 있었다면 더 이상한 일이었을 것이라고 말했다. 노새는 죽음이 다가오는 것을 보았을 것이고 이에 맞서서 마치 자연인처럼 꿋꿋하게 버티고 서서 장렬히 싸웠을 것이다. 노새는 마지막 숨을 몰아쉴 때까지 투쟁했을 것이다. 당연히 노새는 몸을 똑바로 하고 누울 새가 없었을 것이다. 죽음이 노새를 발견한 것처럼 노새를 데려가야 했다.

그 소식이 도시에 퍼지자, 그 파급 효과는 전쟁이 끝났다거나 혹은 그와 유사한 이야기와 같았다. 사람들은 모두가 일을 멈추고 삼삼오오 모여 얘기했다. 그러나 사람들은 노새를 다른 짐승이 죽었을 때와 마찬가지로 마을 밖으로 끌어내야 한다고 말했다. 마을의 보건 위생을 고려해서 해먹 끝을 이용해 아주 멀리 내어 가야 한다는 것이다. 나머지 일은 수리 새들이 맡아 해치울 것이다. 모두가 노새를 끌고 나가는 일을 나누어서 하기로 했다. 이 소식에 스탁스 시장은 잠자리에서 일찍 일어났다. 조의 회색 말 한 쌍이 나무 아래 준비되어 있었고 그 주위에서 사람들이 기어를 만지고 있었다. 재니는 조의 아침 식사를 상점으로 날랐다. "나 워 참, 럼, 나가기 전에 꼭 성점 문을 닫아야 해, 알겠지?" 그는 재빠르게 식사하며 바깥일을 확인하면서 말했다.

"상점 문을 닫으라니, 왜요, 조디?" 재니가 놀라 물었다.

"상점을 지킬 사람이 없어서야. 나는 노새를 끌어내는 데가야 해."

"나도 오늘 별다른 일이 없는데, 거기 함께 가면 안 돼요?"

조는 잠시 말문이 막혔다. "뭐, 재니! 노새를 끌어내는 걸보러 가겠다는 말은 아니지, 그렇지? 아무나, 누구나 나와서 막무가내로 수레를 밀고 당기고 하는 거길? 안 돼, 안 된다고!"

"당신도 나하고 거기 있을 거잖아요, 그렇지 않아요?"

"맞아. 하지만 나는 시장이라도 남자야. 하지만 시장 사모님은, 다시 말하지만, 그렇지 않은 거라고. 어쨌든 사람들은 내가 노새 사체에 대고 몇 마디 하길 원할 거고, 이건 아주 특별한 경우야. 하지만 당신이야말로 그 허접한 소동에 나서서는 안 돼. 그런 일을 하려 하다니, 놀라워."

그는 입 언저리에 남은 고기 소스를 닦고는 모자를 집어 썼다. "재니, 등 뒤의 문 좀 닫아. 럼은 말 돌보느라 바쁘니까."

조언, 명령, 쓸데없는 말을 하며 떠든 후에, 마을 사람들은 죽은 짐승의 사체를 옮겼다. 아니, 그 사체가 마을 사람들을 몰고 떠났고, 재니를 상점 문 앞에 남겨두었다.

멀리 늪지대에서 사람들은 노새를 위해 성대한 장례식을 치렀다. 그들은 죽기 마련인 모든 인간적인 것들을 비웃었다. 스탁스가 세상을 등진 마을의 일원을 위해 멋들어진 추도 연설을 하며 예식을 이끌었다. 노새는 너무도 위대한 시민이었기에 그 죽음이 너무 슬프다고 했고, 사람들은 그 연설을 좋아했다. 그는 완성된 학교 건물보다도 더 단단해 보였다. 그는 부어오른 노새의 배를 딛고 올라 몸짓을 섞어가며 연설을 했다. 그가 내려오자, 사람들은 샘을 불렀고 샘은 학교 선생으로서 노새에 관해 이야기했다. 샘은 모자를 피어슨 목사처럼 고쳐 쓰고 그의 연설을 흉내 냈다. 샘은 슬픔의 계곡으로 떠난 그 사랑하는 형제가 노새의 천국에서 누릴 기쁨에 관해 말했다. 그곳에는 노새 천사들이 날아다니고, 푸르른 옥수수밭과 시원한 샘이 흐르며, 최상급 곡식이 자라난 초원에는 달콤한 당밀의 강이 가로지른다. 그리고 무엇보다 황홀한 점은 그곳에는 고삐와 재갈을 들고 와서 타락시키는 매트 보아 같은 인간이 절대로 없다는 것이다. 하늘 높은 곳에서 노새 천사들은 사람들을 타고 다닐 수 있을 것이고 세상을 떠난 사랑하는 형제는 번쩍이는 왕좌 곁에 앉아서 지옥을 내려다보며 악마가 매트 보너를 종일토록 뜨거운 태양 아래 밭을 갈게 하고 등짝을 후려치는 모습을 볼 것이다.

그 연설에 아줌마들은 행복한 시늉을 하면서 소리를 질러댔고, 아저씨들은 아줌마들을 말려야 했다. 모두 다 마음껏 즐겼으며 마침내 노새는 이미 잡아먹고 싶어 안달하는 수리 새들에게 남겨졌다. 수리 새들은 조문객들의 머리 위로 어마어마한 규모로 빙빙 날거나 근처 나무 위에 돌격 준비를 하고 올라 앉아 있었다.

조문객들이 시야에서 벗어나자마자 수리 새들은 원형을 지어 다가왔다. 가까이 있던 새들과 멀리 있던 새들이 조금씩 반경을 좁혀왔다. 빙빙 돌다 급강하하더니 곧바로 날개를 펼치며 날아올랐다. 그러다 가장 굶주린 혹은 용기 있는 수리 새들이 다가와서는 노새 사체 위에 발을 디뎠다. 수리 새들은 개시하고 싶었다. 그러나 사제가 보이지 않았다. 그래서 그들은 지도자가 앉아 있는 나무로 사신을 보냈다.

수리 새들은 머리가 흰 지도자를 기다려야만 했으나, 이는 그들에게 매우 어려운 일이었다. 그들은 배가 고파 성질이 나서 서로 떠밀고 머리를 쪼아댔다. 어떤 놈들은 시체 위에 올라가 머리부터 발끝까지, 발끝부터 머리까지 왔다 갔다 했다. 사제는 2마일 정도 떨어진 죽은 소나무에서 미동도 없이 앉아 있었다. 그는 어느 수리 새보다 사체 냄새를 빨리 맡았으나, 사제의 체면상 보고를 받기 전에 움직이지 않았다. 보고를 받고 나서야 그는 육중한 날갯짓으로 날아올라 한 바퀴 돌고, 고도를 낮추고 또 한 바퀴 돌고, 고도를 낮추었다. 그가 다가오자 수리 새들은 환희와 배고픔으로 날뛰었다.

사제는 마침내 땅에 내려와 노새가 정말 죽었는지 콧구멍과 입 안을 살펴보았다. 머리끝에서 발끝까지 세심히 살펴본 후에 노새의 배 위로 뛰어올라 허리를 숙였고 수리 새들은 이에 답하며 춤을 추어댔다. 그 일이 끝나자, 그는 중심을 잡고 다음과 같이 물었다.

"이 자는 어떻게 죽었나요?"

수리 새들은 합창했다. "완전, 완전히 살이 쪄서요."

"이 자는 어떻게 죽었나요?"

"완전, 완전히 살이 쪄서요."

"이 자는 어떻게 죽었나요?"

"완전, 완전히 살이 쪄서요."

"누가 장례식에 입회할 겁니까?"

"우리가요!!!"

"네, 그럼 시작합시다."

그렇게 사제는 예식에 따라 노새의 눈을 파냈고, 잔치가 시작되었다. 그 누렁이 노새는 마을에서 완벽히 사라져버렸다. 사람들이 현관 베란다에서 노새에 관해 수다를 떨고, 가끔 아이들이 모험심이 발동해 백골이 된 노새 뼈를 찾아 떠나는 경우를 제외하곤.

조는 매우 유쾌하고 즐거운 기분으로 상점에 돌아왔으나, 재니에게 그런 척하지 않았다. 그녀는 화가 나 있었기 때문이다. 재니의 표정에 조는 기분이 나빴다. 재니는, 그가 보기에, 그럴 권리가 없었다. 그녀는 그가 애를 써도 고마움조차 표시하지 않았으나, 그녀는 감사해야 할 이유가 충분했다. 그는 그녀의 위신을 엄청나게 세워주었다. 앉은 자리를 높이 올려 세상을 내려보게 해주었는데 그걸 불평하다니! 그는 그 자리에 다른 누구를 앉히길 원하지 않았지만, 그 자리에 오고자 하는 여자들은 차고 넘쳤다. 저 얼굴을 한 방 날렸으면! 그러나 그는 오늘 싸우고 싶지 않았기에 빙 둘러 한번 말을 걸어보았다.

"마을 사람들이 오늘 아침에 정말 웃겨주더군. 재니. 그 야단법석 하는 모습에 당신도 웃지 않고 못 배겼을걸. 하지만, 난 사람들이 사업에 더 신경 쓰면 좋겠어. 그런 멍청한 짓에 시간 낭비하지 말고 말이야."

"모든 사람이 당신과 같을 수는 없어요, 조디. 어떤 사람들은 웃고 즐기길 바라죠."

"웃고 노는 거 싫어하는 사람도 있나?"

"당신은 싫어하는 것처럼 말했잖아요, 어쨌든."

"어허. 내가 언제 그런 소릴 했다고! 하지만 모든 일에는 다 때가 있지. 하지만 이 많은 사람이 전부 배불리 먹고 그다음에는 누워 자고만 싶어 하니 얼마나 한심해. 난 때로는 서글프고 나중엔 화가 난다고. 그 사람들 말에 나도 가끔 웃겨 죽겠지만, 이젠 웃지 않을 거야. 그자들 기를 좀 죽이려고." 재니는 상황을 복잡하게 만들지 않는 쉬운 방법을 택했다. 그녀는 마음을 바꾸지 않았지만, 입으로는 맞장구를 쳤다. 그러나 속으로는

이렇게 말하고 있었다. '그렇다고 해도, 그렇게 소리 지르면 안되잖아.'

그렇지만 가끔 샘 왓슨과 리지 모스의 끝없는 말싸움에 조는 허리를 쥐고 웃을 수밖에 없었다. 그 말싸움은 끝이 없었는데 그 이유는 목적이 없었기 때문이다. 그 말싸움을 일종의 허풍 대회였고 그 이외에 다른 이유가 없었다.

그 예로 샘이 베란다에 앉아 있을 때, 리지가 나타나는 경우를 들 수 있다. 만약에 말을 걸 사람이 그 자리에 아무도 없다면, 아무 일도 안 일어난다. 하지만 토요일 밤처럼 마을 사람들이 거기 모여 있다면 리지는 아주 심각한 분위기를 잡는다. 그리고는 너무 생각할 게 많아서 그 사람들의 대화는 안중에도 없다는 표정을 짓는다. 그리고는 그에게 누군가가 무슨 일이 있냐고 얘기할 기회를 주면, 그는 이렇게 말을 시작한다. "아. 정말 머리가 돌아버릴 문제로군. 샘, 자네는 뭐든지 잘 알고 있으니, 이 문제를 좀 물어볼게."

월터 토마스가 나서서 부추겼다. "그래, 샘은 아는 게 넘치지. 쓸모없는 것까지도. 샘은 자네가 원하는 뭐든지 알려줄 거야."

샘온 싸움이 될 만한 일은 피하겠다는 몸짓을 과장하기 시작한다. 그 반응에 베란다에 있던 사람들이 가까이 모여든다.

"어떻게 자네에게 조언할 거로 생각하지? 자네는 하느님도 자네한테 자기 사정을 얘기한다고 했었지. 나한테 뭘 물어도 소용없어. 내가 자네한테 물어보지."

"어떻게 그럴 수 있나, 샘, 내가 먼저 물었잖아. 바로 내가 물어보는 사람이라고."

"뭘 물어봐? 무슨 문제인지 시작도 안 해놓고."

"말 안 해줄 거야! 영원히 비밀이라고. 자네가 항상 잘난 체하는 것처럼 똑똑하다면, 어디 맞혀봐."

"자네가 내게 말해주는 걸 겁내는 이유는 바로 내가 한 번에 해결할까 봐 그런 거지. 말할 주제가 있어야 말을 하지. 한계가 없으면 영원히 삼천포로 빠지는 법이야."

이쯤이 되면 두 사람은 말싸움의 정점에 도달한다.

"그래, 그럼 좋다고. 자네는 내가 무슨 말을 하려는 것인지 모른다는 걸 말한 셈이니까. 내가 말해주지. 사람이 뜨거운 난로에 데지 않는 건 왜지? 조심해서일까, 자연이 그런 걸까?"

"제기랄! 뭔가 어려운 걸 물어보나 했더니만. 월터라도 답을 알겠다."

"문제가 너무 어렵다면, 말없이 입이나 닥치는 게 어때? 월터는 아무 대답도 할 수 없어. 난 교육 받았다고. 내 손 안의 문제는 내가 알아서 해. 내가 그 문제를 푸는 데 밤새 걸린다면 월터가 도움이 될 리가 없지. 난 자네가 해주면 좋겠어."

"정 그렇다면, 다시, 리지. 말해줄게. 아주 이 잡듯 속속들이 다 말해주지. 자연이 그런 거야. 사람들이 벌겋게 달아오른 난로에 데지 않게."

"아하! 자네가 그런 쪽으로 말할 줄 알았어! 하지만 자네는 이 연기를 쐬면 당장 도망갈걸. 답은 자연이 아니야. 답은 조심성이라고, 샘."

"그런 말이 어디에 있어. 자연이야말로 달아오른 난롯가에서 장난하지 말라고 알려준다고. 그래서 자네는 그렇게 하지 않는 거야."

"이봐, 샘. 만약에 자연이 그렇다고 한다면, 아무도 아기들이 불에 델까 봐 걱정하지는 않을 거야. 안 그래? 자연적으로 아기들은 난로를 만지지 않을 테니까. 그렇지만 아기들은 불에 데잖아. 그러니 조심성이 정답이지."

"아냐, 그렇지 않아. 자연이 정답이야. 자연이 조심성을 갖게 하잖아. 자연은 하느님이 만드신 것 중 가장 강력해. 사실 자연은 하느님이 손수 만드신 유일한 것이야. 하느님이 자연을 만드셨고 자연이 자기 빼고 모든 걸 만든 거야."

"아니, 자연은 모든 걸 만들지도 않았어. 세상 물건 중에서 아직 만들어지지 않은 게 얼마나 많은데."

"자연이 만들지 않은 게 뭔지 좀 말해봐."

"자연도 자네가 뿔이 난 암소를 타고 로데오를 하도록 두진 않을 거야."

"어이, 얘기의 초점을 지키라고."

"지켰어."

"그렇지 않아."

"대관절 초점이 뭔데?"

"자네는 지금껏 절대로 없었지."

"있었어." 월터가 끼어들었다. "그 빨갛게 달아오를 난로가 초점이야."

"리지는 아는 건 엄청 많은데, 아직 하나도 증명하지 않았어."

"샘, 그건 조심성이야, 사람들이 뜨거운 난로에 가지 못 하게 하는 건 자연이 아니라고."

"뜨거운 난로 앞에서 사람이 무슨 일을 할 수 있겠어? 자연은 만물의 처음이야. 자고로 자연이 사람들로 하여금 뜨거운 난로 곁에 가지 못하게 여태껏 막았지. 자네가 말하는 조심성이란 사기에 불과해. 조심성은 원래 자기 것이라 할 만한 거 하나도 갖고 있지 않아. 눈이 있지만, 남의 눈을 닮았고, 날개도 남의 날개 같다고. 모든 게 다 그 모양이야. 심지어 작은 소리조차도 남의 목소리 같아."

"이봐, 무슨 말을 하는 거야? 조심성이 세상에서 가장 위대하다고. 자연의 높은 뜻을 통해 검은 암탉은 하얀 달걀을 낳지. 자, 말해봐, 어떻게, 남자들 몸에는 뭐가 있길래 입가에 수염이

나는 거지? 그게 바로 자연의 힘이라고!"

"그렇지 않……."

상점 앞 베란다는 이제 열광의 도가니가 되었다. 스탁스는 사환인 헤저키아 포츠에게 상점을 맡기고 현관 앞 높은 자기 의자에 자리 잡고 앉았다.

"홀네 주유소의 어마어마한 그 늙은 짐승을 좀 봐— 그 무지막지하게 큰 늙은 짐승을. 그 짐승은 인가에 쳐들어가 사람을 잡아먹고는 집도 먹어 치웠다지."

"아니, 집을 먹는 짐승이 대체 어디 있나? 그건 거짓말이야. 나도 어제 거기 다녀왔는데 그런 건 없었어. 그런 게 어디 있어?"

"나도 보지는 못했는데, 아마 뒤편 어딘가 있었을걸. 하지만 사람들이 그놈의 사진을 주유소 앞에 걸어두었지. 아까 저녁 무렵 거길 지날 때 사람들이 그걸 걸고 있었어."

"그래. 그건 그렇고, 만일 집을 먹어 치웠다면 왜 주유소는 먹지 않은 거지?"

"그건 홀네 식구들이 알아서 묶어두었기 때문이야. 그들은 엄청난 그림을 가지고 있는데, 그 그림을 보면 그놈이 싱클레어 고압가스를 단숨에 얼마나 많이 마시는지 알 수 있지. 또 그놈이 백만 년도 더 살았다는 것도."

"백만 년? 세상에 그렇게 오래 사는 건 없어!"

"거기에 누구나 볼 수 있게 사진이 바로 붙어있다니까. 보지도 않은 걸 찍어둘 수는 없지 않은가, 그렇지 않아?"

"그놈이 백만 년 이상 산 걸 그 사람들이 어떻게 알아? 아무도 그 옛날엔 태어나지도 않았는데."

"내 생각에는 꼬리에 나이테가 있는 거 같아. 저기, 이 백인들은 지들이 알고 싶은 건 다 알아내니까 말이야."

"음. 그놈은 내내 어디서 있었대?"

"사람들이 그놈을 이집트에서 잡았대. 거기서 그놈은 돌아다니다가 파라오 무덤 석물들을 먹어 치우고 있었나 봐. 사진에도 그렇게 나와 있고. 자연은 그놈 속에 가득 차 있지. 자연과 활력 말이야. 정복자 빅 존[4]같이 대단한 인물도 그렇게 해서 나올 수 있었던 거야. 빅 존은 활력이 넘치는 사람이었지. 누구에게도 활력을 불어넣었어."

"아, 하지만 그는 인간 이상의 인물이었어. 그와 같은 인물은 없지. 빅 존은 감자도 안 캐고 건초도 안 만들었어. 매질도 안 당하려 하고, 도망치려고도 하지 않았어."

"아, 그런데 다른 사람들도 노력만 하면 그렇게 할 수 있어. 나 자신조차도. 나도 내 속에 활기가 있어. 내가 사람고기를 좋아한다면, 매일 한두 사람은 잡아먹을 수 있을걸. 이 세상에는

---

4 흑인 전설에 내려오는 영웅.

너무 쓰레기 같아서 내가 먹어 치워도 별수 없는 인간들이 있지."

"와, 난 빅 존에 관한 얘기가 좋아. 늙은 존에 대해 헛소리를 해보자고."

하지만 그때 부치와 티디, 그리고 빅 우먼이 한껏 미모를 뽐내는 자세로 길을 따라 걸어 내려왔다. 그 여자들은 이른 봄에 물이 오른 겨자 순같이 싱싱하고 새로운 매력이 넘쳐나고, 베란다에 있던 젊은 남자들은 여자들에게 말을 걸고 선물을 사주려 하였다.

"이제 바로 내 차례군." 찰리 존스가 크게 말하며 여자들을 맞으러 나섰다. 그러나 경쟁자들이 많았다. 밀고, 밀치며 기사적인 구애의 몸짓을 해대었다. 그들은 여자들에게 갖고 싶은 건 뭐든 말하라고 했다. 그리고 선물할 기회를 주기를 간청했다. 조에게 상점의 모든 사탕을 다 포장하라고, 그리고 모자란 것은 더 주문하라고 졸랐다. 땅콩과 탄산수―모두 다 말이다.

"아가씨, 그대에게 푹 빠졌어요."

"아가씨를 위해서라면 일하거나 돈 주는 것 빼고는 뭐든지 하겠소."

그 아가씨들과 마을 사람 모두 애써 웃음을 참았다. 그들은 이것이 실제 구애 장면이 아님을 알고 있었다. 이것은 구애의 연극이었고, 모든 사람이 이 연극에서 배역을 하고 있는 셈이었다. 세 아가씨가 무대 중앙에 서 있는 중, 데이지 블런트가 달빛 아래 교교히 자태를 드러냈다.

데이지는 작은 드럼 소리를 내듯이 박자를 맞추어 걸었다. 그녀가 걷는 것만 바라보아도 드럼 소리가 들리는 듯했다. 그녀는 살결이 검어서 자신에게 흰옷이 어울린다는 걸 알고 있어서 흰옷을 맞춰 입었다. 그녀는 눈동자가 크고 검었으며 흰자위도 한껏 희고 반짝였기에 두 눈이 마치 금방 찍어낸 주화 같이 반짝였다. 그리고 그녀는 하느님이 여자에게 속눈썹을 주었다는 것 역시 잘 알고 있었다. 머리카락이 직모는 아니었다. 흑인의 머릿결이었지만, 색은 밝은 편이었다. 마치 햄을 묶는 끈 색깔 같았다. 그 끈하고는 달랐지만. 끈으로 햄을 묶는 경우, 그 끈에는 햄 냄새가 밴다. 그녀의 머리카락은 어깨 위로 풍성하고 묵직하게 내려앉아 큰 모자챙 아래에서 한결 밝아 보였다.

"와우, 와우, 와우." 아까 그 찰리 존스가 데이지를 향해 달려가면서 소리를 질렀다. "천국이 휴업 중인가 봐, 베드로 성인이 자기 천사들을 여기 보내준 걸 보니. 그대 앞에서 안달이나 죽을 것 같은 남자가 셋이나 있지만, 그대에게 반한 또 다른 남자가 여기 있다오."

이쯤에 나머지 독신 남자들이 모두 데이지 주변을 에워쌌다. 데이지는 우쭐대는 동시에 얼굴을 붉혔다.

"나한테 누군가 목을 매고 있다니 처음 듣는 말이에요." 데이지는 고개를 저었다. "누군지 알고 싶군요."

"저기, 데이지, 짐 있잖아요, 짐하고 데이브하고 럼이 당신 때문에 서로 잡아먹으려고 안달이에요. 이 자리에서 몰랐다는 말은 하지 말아요."

"정말 그렇담, 입이 무거운 사람들이군요. 나한테는 암말 안 한걸요."

"에헴, 참 빨리 말하는군. 자. 저기 바로 베란다에 짐하고 데이브가 있고 럼은 상점 안에 있소."

사람들은 데이지가 불편한 기색을 하자 와 하고 큰 소리로 웃었다. 이제 두 총각은 경쟁을 벌여야 했다. 다만, 이번에는 모두 어느 정도 사실이라는 것을 알고 있었다. 하지만 베란다에 모여 있는 누구나 다 그 연극이 좋다고 했고 엑스트라가 필요할 땐 거들었다.

데이브가 말했다. "짐은 데이지를 사랑하지 않아. 짐은 나만큼 당신을 좋아하지 않는다고."

짐이 화가 나서 고함을 질렀다. "누가 데이지를 안 사랑한다고? 내 얘기를 하는 줄 몰랐는걸."

데이브: "좋아, 그럼. 지금 여기서 증명을 해보자고. 바로 지금 누가 가장 데이지를 사랑하는지 증명해보자고. 자네는 얼마나 데이지를 기다릴 수 있어?"

짐: "20년!"

데이브: "봤죠? 저 검둥인 당신을 사랑하지 않아요. 난 하느님이 내 목을 매달아도 좋소. 내 인생 마지막 날까지 당신을 기다리지 않는다면."

베란다 쪽에서 큰 웃음소리가 오랫동안 이어졌다. 이제 짐이 시험을 할 차례였다.

"데이브, 만일 데이지가 너랑 결혼하는 멍청한 짓을 한다면, 너는 뭘 해줄 건데?"

"나랑 데이지는 그 얘기를 이미 끝냈어. 하지만 네가 원하면 말해줄게. 나는 데이지에게 여객 열차를 사줄 거야."

"흥! 그게 다야? 난 데이지에게 증기선을 사주고 선원들까지 고용해줄 거야."

"데이지, 짐이 하는 말에 속아 넘어가지 마요. 저쪽은 당신한테 아무것도 해줄 생각이 없어요. 어휴, 그 낡아빠진 증기선이라니! 데이지, 나는 언제든 당신이 원한다고 하면 저 대서양바다를 싹 치워 줄게요." 큰 폭소가 터져 나왔지만, 곧 사람들은 무슨 대답이 나올지 숨을 죽이고 기다렸다.

"데이지." 짐이 말했다. "그대는 내 마음과 생각을 다 알지요. 있잖아요, 내가 비행기를 타고 날아가다 그대가 저 아래서 걸어가는 것을 본다면요, 그리고 그대가 집까지 10마일을 걸어가야 한다면 그대를 바래다주러 비행기에서 냅다 뛰어내릴 거예요."

사람들은 허리를 쥐고 웃어댔고 재니도 그 분위기에 휩쓸려 웃었다. 그러자 조디가 완전히 분위기를 깼다.

보글 부인이 베란다 쪽으로 걸어 내려오고 있었다. 보글 부인은 보통 할머니의 몇 배나 많은 나이였지만, 발그레한 교태가 홀쭉한 양 볼에 그득했다. 그녀가 얼굴 앞으로 부채를 부치면서 걸을 때는 달빛 아래 흰 목련꽃이나 나른한 호수가 연상되었다. 확실한 이유는 없었지만, 그냥 그런 느낌이 들었다. 첫번째 남편이 마부였는데 그녀의 환심을 사기 위해 소위 법학을 공부했다고 했다. 마침내 목회자가 되어 죽을 때까지 그녀를 차지할 수 있었다고 했다. 그녀의 두 번째 남편은 폰즈 오렌지 농장에서 일했었는데 그녀를 만나자 목회자가 되려고 애를 썼다. 그는 결국 구역장 이상은 되지 못했지만, 그녀한테 내놓을만한 직함은 되었다. 이 직함은 그녀에 대한 사랑과 자존심을 상징했다. 그녀는 대양을 가로지르는 바람과도 같았다. 그녀는 남자들을 움직였지만, 정박할 항구를 결정하는 것은 배의 조타 장치였다.

이제, 오늘 밤에 그녀가 상점의 계단을 오르고 있었고, 남자들은 그녀가 상점 안으로 들어가는 모습을 빤히 보고 있었다.

"나 원 참, 재니," 스탁스가 짜증을 내며 말했다. "가서 보글 부인이 뭘 찾는지 좀 봐, 뭘 기다리는 거야?"

재니는 연극의 나머지 부분을 보고 어떻게 끝나는지 알고 싶었지만, 시무룩하게 일어나서 상점 안으로 들어갔다. 조금 후 재니는 몹시 발끈해서 잔뜩 불만스러운 표정으로 베란다로 돌아왔다. 이런 표정에 조도 슬그머니 성질이 났다.

짐 웨스턴이 아무도 모르게 1다임을 빌려서 데이지에게 한턱내겠다고 목청을 높였다. 마침내 데이지는 돼지 족발 절임을 얻어먹는 데 동의했다. 재니는 그들이 상점에 들어왔을 때 다른 주문을 받고 있었기 때문에, 럼이 그들을 상대했다. 즉, 럼이 돼지 족발 절임을 가지러 상점 뒤편으로 갔다 왔다. 그렇지만 그는 빈손으로 돌아왔다.

"스탁스 씨, 돼지 족발이 하나도 없네요!" 럼이 외쳤다.

"그럴 리가 없어. 럼. 요전번에 잭슨빌에서 한 박스 주문했었어. 어제 도착했다고."

조는 럼이 있는 쪽으로 다가가 함께 찾아보았지만, 새로 들어온 박스는 보이지 않았다. 그리하여 조는 책상 못에 꽂힌 종이들을 뒤적이며 주문 명세서를 찾아보았다.

"재니, 이번 주문 명세표 어디 됐지?"

"그 못에 꽂혀 있잖아요. 아닌가요?"

"아니, 없어. 당신은 그걸 내가 말한 데 두지 않았군. 당신이 그렇게 길거리 일에나 정신을 빼앗기고 장사를 할 때도 그 생각만 하고 있으니. 하지만 가끔은 일을 좀 제대로 해야 할 거 아냐."

"아휴. 거기 좀 봐요, 조디. 어디 다른 데 뒀을 리가 없어요. 못에 꽂혀있지 않으면, 아마 책상 위에 있을 거예요. 더 찾아보면 눈에 보일 거예요."

"당신이 여기 있는데, 왜 내가 살피고 찾아야 한다는 거야. 내가 말했잖아. 종이를 모두 못에 꽂아 두라고! 당신이 해야 할 일은 내 말을 명심하는 거야. 왜 당신은 내가 말하는 대로 안 해?"

"당신은 명령하려고만 하니까요. 그런데 난 보이는 어떤 것도 당신한테 말할 수 없어요!"

"그러니까 당신은 명령받아야 하는 거야." 그는 매섭게 일갈했다. "내가 그렇게 하지 않으면 참 형편없을 거야. 여자, 아이들, 닭, 소는 그렇게 다뤄 줘야 해. 정말 그래, 그것들은 아무 생각도 없다니까."

"나도 아는 건 있어요. 여자들도 때때로 생각이라는 걸 한다고요."

"그렇지 않아. 자기들도 생각한다고 생각하겠지. 하나를 봐도 열을 안다고. 당신은 열을 봐도 하나도 이해 못 하고."

그런 시간과 장면으로 인해 재니는 자신의 결혼의 진면목을 생각하게 되었다. 어떨 때는 최선을 다해서 말로 싸워보았지만, 좋은 것이 없었다. 그럴수록 조는 더 못되게 굴었다. 조는 재니가 복종하기를 바랐고 이겼다고 느낄 때까지 싸움을 계속했다.

그래서 천천히, 재니는 입을 꾹 다물고 침묵을 익혔다. 이제 결혼의 정령은 침실을 떠나 거실에 머물렀다. 그것은 손님들이 들어와 악수할 때 거기에 있었고, 다시는 침실로 돌아오지 않았다. 그래서 재니는 정령을 상징하는 성당의 마리아 조각상 같은 것을 침실에 들였다. 침대는 더는 재니와 조가 누비고 노는 데이지 꽃동산이 아니었다. 그녀가 졸리고 피곤할 때 드러눕는 장소에 불과했다.

그녀는 다시는 조에게 꽃잎이 열리지 않았다. 이를 알았을 때 그녀는 스물네 살이었고 결혼한 지 7년째였다. 그녀는 이 사실을 부엌에서 조가 그녀의 뺨을 후려쳤을 때 깨달았다. 그 일은 여자라면 모두 때때로 야단맞는 식사 준비 과정에서 일어났다. 그들이 식단을 짜고 재료를 계량하고 요리를 완성하면, 어디선가 부엌에 사는 도깨비가 나와서 바싹 태우고는 척척하고 밍밍한 덩어리를 냄비와 팬에 슬쩍 떨어뜨리는 것이었다. 재니는 요리를 잘했고, 조는 저녁 시간에는 편히 쉬고자 기대하였다. 그래서 빵이 제대로 부풀어 오르지 않고, 생선이 속까지 충분히 익지 않고, 밥이 타버리자, 조는 고막이 울릴 정도로 재니의 얼굴을 후려치고 도대체 머리는 왜 달고 있냐고 욕을 한 후에 씩씩대며 상점으로 돌아갔다.

재니는 그가 떠난 자리에 서서 시간이 얼마나 흘렀는지 모른 채 생각에 빠졌다. 그녀는 그곳에 그렇게 서 있다가 마침내 마음속에서 무엇인가 툭 하고 떨어지는 것을 느꼈다. 그녀는 그게 뭔지 알아보려 자신의 마음을 들여다보았다. 그녀가 조디에 대해 기대하던 이미지가 떨어져 산산이 부서져 있었다. 그러나 그것을 보며 그녀는 그것이 자신의 꿈속에 나타나던 그 생생한 형상이었던 적이 없었다는 사실을 알았다. 그것은 다만 자신의 꿈을 꾸며보려고 놓지 않고 있었던 대상이었을 뿐이다. 그녀는 부서진 형상을 뒤로하고 자신의 마음을 더 깊이 들여다보았다. 그녀에게는 다시는 자신의 남자들에게 꽃가루를 묻히려고 잎을 활짝 연 꽃들이 존재하지 않았다. 그리고 꽃잎이 있던 자리에 반짝이던 갓 열린 열매도 존재하지 않았다. 그녀는 이제까지 조디에게 말하지 않은 생각과 조디에게 알리지 않았던 다양한 감정들이 있다는 사실을 알았다. 그녀의 심장 한편에 단단히 쌓여 있어 결코 조디가 모르게 존재하던 생각과 감정들. 그녀는 자신이 아직 모르는 어떤 남성을 위해 그 감정들을 간직해온 것이었다. 이제 그녀의 심장은 바깥과 안쪽이 달랐으며, 그녀는 갑자기 이 둘을 어떻게 분리해야 할지를 알았다.

재니는 몸을 씻고 세탁한 옷을 입고 머리 두건을 썼다. 그리고 조디가 사람을 보내 부르기 전에 먼저 상점에 나갔다. 이는 심장 바깥에 있는 것들에 대한 복종이었다.

조디는 베란다에 나와 있었고 베란다는 하루 중 그맘때 늘 그렇듯이 이튼빌 사람들로 북적였다. 조디는 항상 그렇듯 토니 로빈스 부인과 희롱하고 있었고 이윽고 재니가 상점에 들어왔다. 재니는 조디가 로빈스 부인과 실없이 농담하면서도 옆 눈으로 자신을 흘끔거리는 것을 보았다. 조디는 재니와 다시 잘 지내고 싶었다. 그의 과장된 웃음은 로빈스 부인과의 대화 때문만이 아니라 재니의 관심을 끌기 위한 것이기도 했다. 그는 다시 편하게 지내길 바랐지만 어디까지나 자신의 방식대로 화해하기를 원했다.

"허 참, 로빈스 부인, 왜 여기에 와서 남 신문도 못 보게 하는 거요?" 스탁스 시장은 성가시다는 시늉을 하면서 신문을 내려놓았다.

로빈스 부인은 가련한 몸짓과 목소리를 꾸며냈다.

"배가 고파서요, 스탁스 씨. 진짜로요. 저와 저희 애들도 배가 고파요. 토니가 제게 먹을 걸 주지 않아요!"

이것이야말로 사람들이 고대하던 장면이었다. 베란다에 있던 사람들이 웃음을 터뜨렸다.

"로빈스 부인, 토니가 매주 토요일마다 여기에 와서 가장답게 음식물을 사 가는데 어떻게 부인은 배가 고프다고 하지요?

부끄러운 줄 아세요."

"토니가 정말 그런 것들을 사 간다면요, 스탁스 씨, 그걸 도 대체 어디다 쓰는지 정말 모르겠어요. 그 사람은 집에 아무것 도 가져오지 않고 저와 제 아이들은 너무 배가 고파요. 스탁스 씨! 제발 저랑 애들이 먹을 고기를 조금만 주세요."

"필요 없다는 건 알지만, 어쨌든 이쪽으로 들어오세요. 부 인 때문에 신문을 못 읽을 거 같으니."

토니 부인은 극도로 감격에 겨웠다. "고마워요, 스탁스 씨. 시장님은 정말 훌륭하세요! 제가 아는 분 중 가장 훌륭하신 신 사예요. 황제 같아요!"

소금에 절인 돼지고기 상자가 상점 뒤쪽에 있었다. 그리로 가는 동안 토니 부인은 너무 흥분한 나머지 조디의 구두 뒤축 을 밟기도 하고, 때로는 약간 앞지르며 걸었다. 그녀는 마치 누 군가 고기 담은 그릇을 가져오는 것을 보는 굶주린 고양이 같 았다. 약간 뛰어가다가, 또는 조를 살짝 건드리기도 하면서 그 녀는 시종일관 재촉하는 소리를 내었다.

"그렇다니까요, 정말로. 스탁스 씨, 시장님은 훌륭하세요. 저와 제 불쌍한 아이들에게 마음을 써주시다니. 토니는 우리 에게 먹을 걸 주지 않아요. 그래서 우린 너무 배고파요. 토니는 절 먹여 살리지 않아요!"

이제 고기 박스 앞에 도달했다. 조는 커다란 고기 칼을 십어 들고 옆구리 살을 골랐다. 토니 부인은 그의 주위에서 덩실 덩실 춤을 출 기세였다.

"거기 맞아요. 스탁스 씨! 이만큼만 주세요." 그녀는 한쪽 손목과 손바닥을 펼쳐 보였다. "저랑 애들은 너무 배가 고파요!"

스탁스는 그녀 행동에 아랑곳하지 않았다. 그런 행동을 너무 많이 보아왔다. 그는 훨씬 작은 범위를 표시하고는 거기에 칼집을 내었다. 그걸 본 토니 부인은 낙망해서 바닥에 쓰러질 듯했다.

"아니, 세상에나! 스탁스 씨. 정말 저랑 애들한테 고 정도만 주실 건 아니죠, 그죠? 아이고, 우린 너무 배고파요!"

스탁스는 동요하지 않고 포장지에 손을 뻗었다. 토니 부인은 그 고기가 마치 방울뱀이라도 되는 듯 뒤로 펄쩍 물러났다.

"받지 않겠어요! 그 쪼끄만 걸 저랑 애들이 어떻게 먹어요! 세상에, 전부 다 가지고 있으면서도 손에 꽉 쥐고 베풀지 않는군. 이런 나쁜 인간!"

스탁스는 다시 고기를 박스 안에 넣고 뚜껑을 덮으려고 시늉했다. 그러자 토니 부인이 번개와 같은 속도로 고기를 낚아채어 문 쪽으로 걸어갔다.

"인정머리라곤 털끝만큼도 없는 사람. 불쌍한 여자와 애들이 굶어 죽어도 눈 하나 깜짝 안 할 인간. 하느님이 잡아갈 거야, 조만간, 그렇게 인색하게 굴면."

그녀는 씩씩대며 상점 계단을 내려가 집으로 갔다. 어떤 이들은 웃었고 어떤 이들은 몹시 화를 냈다.

"내 마누라가 저랬다면," 월터 토마스가 말했다. "당장 무덤 속에 처박았을 거야."

"들어오는 돈일랑 모두 모아 저 여자한테 물건을 사 바치길 좋아하는 남자라면 더욱 그렇죠. 토니처럼." 코커가 말했다. "나라믄 우선 저놈의 여편네한테 토니처럼 돈을 쓰는 일은 어떤 여자한테두 안 할 거유."

스탁스가 돌아와 자기 자리에 앉았다. 그는 잠시 멈춰 토니의 외상 장부에 고깃값을 달아두었다.

"저기, 토니가 나더러 자기 마누라 말을 받아주라고 하더군. 토니는 마누라 성격을 바꿔보려고 북부에서 여기까지 왔는데, 그게 쉽지 않았다더군. 그렇다고 마누라를 버리지 못하겠고, 또 죽일 생각도 없으니 그냥 참고 사는 수밖에 없다는 거야."

"그건 토니가 지 마누라를 너무 좋아해서 그러는 거여유," 코커가 말했다. "내 마누라면 작살을 내줬을 텐디. 작살을 내든 쥑여버리든. 원 동네 사람 다 보는 데서 남자 망신을 주다니."

"토니는 그 여자 털끝 하나 안 건드릴걸. 여잘 패는 건 병아리 새끼를 밟아버리는 것하고 같다나. 여자가 때릴 데가 어딨냐면서 말야." 조 린제이가 빈정대며 말했다. "하지만 나라면 병아리 새끼가 갓 태어났다고 하더라도 밟아버리겠어. 마누라가 남편에게 밑도 끝도 없는 나쁜 맘을 가졌으니 그 모양이지."

"당연히 그렇구말구," 짐 스톤이 맞장구를 쳤다. "바로 그래서 그런 거라구."

재니는 이전에 한 번도 해보지 않은 일을 했다. 바로, 그들의 말을 막아선 것이었다.

"가끔 신은 여자들에게도 다가와서 자기 속내를 말하죠. 신이 나에게 그러더군요. 자기가 처음엔 당신들을 영리하게 만들지 않았는데 이제는 똑똑해져 있는 것을 보고 놀랐대요. 그리고 당신들이 여자에 대해서 안다고 하지만 사실은 그 절반도 모르고 있음을 깨닫는다면 당신들이 얼마나 놀랄지도 궁금하다고요. 당신들은 상대할 대상이 여자나 병아리밖에 없으면, 자기들이 신이라도 된 듯이 아무렇게나 굴더군요."

"정말 수다스럽군, 재니." 스탁스가 말했다. "가서 체스판 가져와, 병정들도 꼭 챙겨서. 샘 왓슨, 한 판 두지. 자네 오늘 잘 걸렸어."

제7장

　세월은 재니의 얼굴에서 모든 투지를 앗아갔다. 한동안 재니는 자신의 영혼에서 투지가 사라졌다고 생각했다. 조디가 무엇을 하든지, 그녀는 침묵했다. 그녀는 무엇을 말하고 말하지 말아야 할지를 배웠다. 그녀는 마치 길바닥에 난 바큇자국 같았다. 바닥 아래에 충만한 생명력이 있음에도 불구하고 끊임없이 바퀴에 짓이겨졌다. 가끔 그녀는 이제까지 살아온 것과는 다른 미래의 삶을 상상해보곤 했다. 하지만 대부분 그녀는 하던 대로 살았다. 그녀의 감정은 마치 숲속의 나무 그림자가 햇살에 비춰 움직이듯 왔다 갔다 했다. 그녀는 조한테서 돈으로 살 수 있는 것들 외에는 받지 않았으며, 하잘것없다고 여겨지는 것들만 그에게 내어주었다.

　때로 그녀는 해가 떠오르는 시골길을 생각하고 비상을 꿈꾸곤 했다. 어디로? 무엇을 하러? 하지만 서른다섯은 열일곱의 갑절이나 되는 나이였으며 절대 같은 상황이 아니었다.

"조가 그리 형편없는 인물일지 몰라도" 그녀는 스스로에게 말했다. "말로는 그렇지 않다고 해야 해. 그가 괜찮은 인물이어야 내가 살아갈 의미가 있지. 거짓으로라도 그렇다고 하자. 그렇지 않으면 인생이란 집과 상점 외에 아무것도 아닌 게 돼버리잖아."

그녀는 책을 읽지 않아서 자신이 한 방울 이슬로 졸아든 세계이자 하늘이었다는 것을 몰랐다. 인간은 자신의 똥 무더기를 벗어나 고통 없는 높은 곳으로 가려고 애를 쓰는 법이다.

그러던 어느 날 재니는 가만히 앉아서 자신의 그림자가 가게 일을 하며 조디에게 쩔쩔매는 모습을 바라보게 되었다. 그동안 자신은 내내 나무 그늘에 앉아서 머리카락과 옷자락 사이로 불어 드는 바람결을 느끼고 있었다. 마치 고독 속에서 한여름의 휴식을 즐기는 사람처럼.

처음에 그녀는 이런 일에 놀랐지만, 머지않아 일상적인 일이 되자 놀랍지도 않았다. 마치 중독되는 듯했다. 어떤 면에서 이는 좋은 일이었다. 그녀가 일상사와 타협하는 일이니까. 향수든 소변이든 가리지 않고 무심히 흡수하는 흙처럼 그렇게 그녀는 모든 것을 담담히 받아들였다.

그러던 어느 날 재니는 조가 앉으려 하지 않는다는 것을 눈치챘다. 조는 그냥 의자 앞에 서 있다가 풀썩 주저앉곤 했다. 그 일로 인해 재니는 조를 고스란히 살펴보았다. 조는 이제 예전의 젊은이가 아니었다. 이미 그에게선 무엇인가 죽어간다는 느낌이 왔다. 그는 다시는 무릎에 힘을 주고 곧게 서 있지 못했다. 걸을 때도 구부정했다. 목 뒤 경추가 굳어있었다. 그의 배는 부유함을 상징하며 불쑥 튀어나와 한때 마을 사람들 앞에서 기세등등하게 위협해댔지만, 이제는 옆구리에 찬 물주머니처럼 출렁였다. 그것은 이제 조의 신체 부위가 아닌 듯했다. 눈동자도 약간 흐릿했다.

조디도 역시 알고 있음이 분명했다. 어쩌면, 그는 재니보다도 더 먼저 알고, 그녀가 알아채길 두려워하는지도 몰랐다. 그가 재니의 나이에 대해 내내 언급하기 시작했기 때문인데, 그는 마치 자신이 늙어갈 때 재니가 젊기를 바라지 않는 것 같았다. 그는 항상 "밖에 나갈 때는 어깨에 뭘 좀 덮고 나가. 당신은 절대 영계가 아냐. 이제 늙어빠진 암탉이라고" 했다. 어느 날 재니가 크로케 게임을 하고 있는데 그녀를 게임장 밖으로 불러냈다. "그건 젊은 사람이 하는 운동이야, 재니, 그렇게 나대다가는 내일 아침 자리에서 일어나지도 못할 거라고." 그가 그런 식으로 재니를 속일 수 있다고 생각했다면 오산이었다. 처음으로 재니는 남자의 머릿속을 읽을 수 있었다. 그 간교한 생각이 머릿속의 동굴과 협곡을 지나다니다 입 밖으로 튀어나오는 과정을 다 들여다보았다. 그녀는 조가 상심한다는 것을 알기에 그냥 말없이 봐주었다. 그저 잠시만 신경을 써주고 나서 제쳐두면 그만이었다.

상점은 이제 끔찍한 곳이 되었다. 조는 등의 통증이 심할수록, 그리고 근육이 지방으로 분해되고 지방이 뼛속으로 녹아들수록, 재니에게 더욱 성질을 냈다. 특히 상점에서 그랬다. 사람이 많을수록 조는 사람들의 시선을 자신에게서 다른 곳으로 돌리려 일부러 재니를 심하게 조롱했다. 그러던 어느 날 스티브 믹슨이 씹는담배를 사러 왔는데 재니가 담배를 잘못 자르고 말았다. 하여튼 재니는 그 담배 절단기가 싫었다. 다루기가 빽빽했다. 재니는 어설프게 절단기를 움직이다 그만 표시되지 않은 곳을 잘라버렸다. 믹슨은 별로 신경 쓰지 않았다. 다만 재니를 조금 놀려주려고 잘린 담배를 치켜들었다.

"여봐요, 시장 형님, 형님 부인께서 이렇게 만들어 놨소." 담배는 우스꽝스럽게 잘려있었고, 이를 본 모두 웃었다. "여자와 칼은……. 그게 어떤 칼이라도, 여자와 어울리지 않는 법이지요." 여자를 놀리는 재미에 유쾌한 웃음이 더 크게 퍼져나갔다.

조디의 얼굴엔 웃음기라고는 없었다. 그는 우편물 코너에서 황급히 나와서는 믹슨이 들고 있던 담배를 낚아채어 다시 잘랐다. 표시된 부분을 정확하게 잘라내고는 재니를 노려보았다.

"아니 원 세상에! 늙어빠질 때까지 가게를 지키고 서서 지금껏 이깟 담배 하나 제대로 자르지도 못하다니! 그 툭 불거진 눈깔로 날 왜 보고 서 있는 거야, 궁둥이는 장딴지까지 늘어져 가지고선!"

순간 사람들은 큰 소리로 웃었지만 생각해보고는 곧바로 웃음을 거뒀다. 조의 말은 얼핏 듣기에 매우 우스웠지만 조금만 생각해보면 민망한 말이었다. 이 말은 마치 번잡한 길에 지나가던 여자가 잠시 한눈을 파는 사이 누군가가 그녀의 속옷 자락을 들춰 보이는 것과 같았다. 역시나, 재니도 조디의 얼굴 앞에 자세를 똑바로 하고 마주 섰다. 이전에는 한 번도 일어난 적이 없는 사건이었다.

"내 행동과 외모를 함께 싸잡아 말하지 말아요, 조디. 담배를 자를 일에 대해 말하려면 그 말부터 하라고요. 내 엉덩이가 위에 붙었든 아래고 쳐졌든 그건 그다음 문제예요."

"뭐……. 뭐라고 했어, 재니? 머리가 돌았군."

"아니, 내 정신은 멀쩡해요."

"머리가 돌지 않고서야, 그런 말을 씨부렁거리다니."

"당신 먼저 내 옷 속 얘기를 들춰냈잖아요. 내가 먼저 그런 게 아니라고요."

"당신 왜 이러는 거야, 대관절? 외모 좀 비난받았다고 발끈할 나이가 아니라고. 누가 구애라도 해오는 젊은 나이가 아니잖아. 당신은 노인네야. 거의 사십 대리고."

"그래요, 나는 마흔 살이 다 되어가고 당신은 이미 오십이 죠. 왜 당신은 자기 나이에 대해선 말 못 하고 내 나이만 들먹 이는 거예요?"

"그렇게 돌아버릴 일인가, 내가 당신을 다시는 젊다고 하지 않았다 해서. 여기 있는 사람 누구도 당신을 신붓감으로 여기 지 않아. 당신처럼 늙은 여자를."

"그래요, 난 절대 젊은 여자는 아니지만 그렇다고 해서 늙 은 여자도 아니에요. 나이만큼 되어 보이죠. 하지만 나는 아직 진짜 여자예요. 난 느껴요. 당신이라는 인간이 말할 수 있는 것 보다 더 많아요. 당신 그 뚱땡이 배를 여기서 내밀고 으스대기 만 하지만 사실은 목청만 크지요. 어이구! 이 몸이 늙어 보인 다구요! 당신이 바지춤을 내려 보면 인생이 골로 갔음을 알 텐 데."

"아이고 하느님 아버지시여!" 샘 왓슨이 헉 소리를 냈다. "집안 꼴이 난장판인 밤이로군."

"뭐……. 뭐라고 했어?" 조가 발끈했다. 방금 잘못 들었기 를 바라면서.

"부인 말 들었잖소, 못 알아먹었소." 월터가 비웃었다.

"그런 말을 듣느니 차라리 고문을 당하는 편이 낫겠어," 리 지 모스가 딱하다는 듯 말했다.

그러자 조는 모든 것을 실감했고 그의 허영심은 홍수 같은 핏물을 뿜어댔다. 재니는 모든 남자에게 소중한, 불가항력적인 남성성이라는 환상을 조에게서 박탈해낸 것이었다. 끔찍한 일이었다. 마치 사울의 딸이 다윗에게 했던 그런 일. 하지만 재니가 한 행동은 그보다 더했다. 재니는 조의 허울뿐인 갑옷을 모든 남자들 앞에서 들춰 보였고, 사람들은 웃었고, 앞으로도 계속 웃을 것이다. 앞으로 조가 자신의 소유물을 아무리 자랑한다 해도, 사람들은 그 자랑거리와 조를 같은 선상에서 생각하지 않을 것이다. 그들은 그 소유물만 부러워할 뿐, 그것을 가진 조는 동정할 것이다. 조가 남을 판단하는 자리에 있다 해도 마찬가지일 것이다. 데이브, 럼, 그리고 짐 같은 건달들조차 조와 자리를 바꾸려 하지 않을 것이다. 힘이 다 빠진 남자가 대관절 다른 남자들 앞에서 무슨 말발이 설 수 있을까? 별 볼 일 없는 예닐곱 머슴애들도 입바른 말은 하겠지만 잔인한 동정의 눈길을 보낼 것이다. 이제 살아봤자 별 볼 일 없었다. 야심을 가져봤자 쓸데없었다. 재니의 잔인한 속임수! 겉으로는 그리 복종하는 척하면서 내내 그를 비웃고 있었다! 그를 조롱하고, 이젠 모든 마을 사람들을 한통속으로 만들었다. 조 스탁스는 이 상황을 뭐라 표현할지 몰랐다. 하지만 그 느낌은 알고 있었다. 그래서 그는 재니를 온 힘을 다해 휘갈긴 후에 가게 밖으로 내쫓아 버렸다.

제8장

그날 밤 이후 조디는 자기 짐을 싸서 아래층에 있는 방으로 내려가 잤다. 실재로 재니를 미워하지는 않았으나, 재니가 그렇게 생각하길 바랐다. 그는 자신이 입은 상처를 핥으러 방에 기어들어 갔다. 두 사람은 상점에서도 별로 말을 하지 않았다. 잘 모르는 사람들은 아마 위기가 지나갔다고 느꼈을 정도로 상점은 매우 조용하고 평화로웠다. 하지만 그 정적은 풍전 등화 같았다. 그래서 무엇이든 이 상황에 대해 새로이 생각하고 무슨 말이든 새로운 말을 해야 했다. 재니는 그렇게 살고 싶지 않았다. 왜 조는 창피당한 것에 대해 그토록 분노하는 걸까, 자기는 재니에게 언제나 그러면서? 그것도 몇 년째. 아무튼, 목이 긴 수저로 밥을 먹어야 한다면, 그렇게 해야만 할 것이다. 조디는 악마의 주문 같은 분노에서 언제든 깨어나 재니에게 다른 사람처럼 새로이 대할지도 모른다.

그런데 재니는 조의 몸 여기저기가 자루처럼 부풀어 오르는 것을 알았다. 자루들은 마치 다리미판에 매달린 것 같았다. 작은 자루 하나는 눈가에서 광대뼈 위에 얹혀 있었다. 그런가 하면 깃털을 적게 채운 자루는 귓불부터 턱 밑까지 걸쳐져 있었다. 그리고 축 늘어진 자루 하나는 아랫배 아래에 달려 있다가 그가 앉으면 넓적다리 위에 얹혔다. 그런데 이런 자루들조차도 시간이 지나감에 따라 마치 촛농처럼 흘러내리기까지 했다.

그는 새로운 동지들을 사귀기도 했다. 조는 자신이 이전에는 무시했던 사람들에게 관심을 두는 듯했다. 조는 이전에 언제나 자연요법 의사들 부류는 무시하곤 했는데, 이제는 앨터몬트 스프링스에서 왔다는 돌팔이 의사를 거의 매일 만났다. 두 사람은 재니가 가까이 가면 작은 목소리로 말하거나 대화를 멈췄다. 이것이 재니에게 예전의 모습으로 보이기 위한 필사적인 희망에서 비롯한 행동이었다는 것을 재니는 몰랐다. 재니는 단지 조가 건강해지기 위해선 의사, 그것도 좋은 의사가 필요한데 왜 그가 돌팔이에게 치료를 맡기는 것인지 안타까웠다. 그녀는 조가 음식을 먹지 않아서 걱정했는데 나중에 보니 늙은 데이비스 부인에게 음식을 시키고 있었다. 재니는 사신이 그 늙은 부인보다 음식을 잘하고 주방일도 더 깔끔하게 한다는 것을 알고 있었다. 그래서 재니는 조를 위해 소뼈를 사 고아서 수프를 만들어보았다.

"아냐, 됐어." 조는 잘라 말했다. "나아지려고 엄청 애를 쓰는 중이야, 보다시피."

재니는 처음에는 막막했고 그다음에는 마음이 아팠다. 그래서 곧장 단짝인 피비 왓슨을 찾아가서 마음을 털어놓았다.

"내가 해코지를 할 거라고 조가 생각하는 걸 보느니 차라리 죽어버리고 싶어," 재니는 흐느끼며 피비에게 말했다. "물론 내가 더 바랄 것 없이 좋았던 것만은 아니잖아. 너도 알지. 조가 얼마나 자기가 이룬 일을 가지고 으스대는지, 하지만 하늘에 계신 신이 아시듯이 난 그 어느 사람에게도 상처를 주진 않아. 그건 너무 속 좁고 못된 짓이야."

"재니, 이런 일은 금방 사라져서 네가 알 사이가 없을 거 같았는데……. 실은 그 소동이 있고 난 뒤에 마을에서 이상한 말이 돌아다녔어. 조가 사람 구실을 못 하게 되었다는 거야. 그리고 그렇게 만든 장본인이 바로 너래."

"피비, 오랫동안, 나는 낚싯바늘 같은 데에 꿰인 거 같았어. 하지만 이건……, 이건……, 아, 피비! 어쩜 좋으니?"

"모르는 시늉 하면서 지내는 수밖에 없어. 인제 와서 헤어지거나 이혼할 수도 없는데. 그냥 집에 가서 우아하게 예전대로 살면서 아무 말 하지 마. 말해봤자 믿는 사람도 없을 거야."

"조디하고 이십 년을 살았는데 인제 와서 독살자라는 누명을 쓰다니! 난 죽을 거 같아. 피비. 속이 문드러져 죽겠어."

"그건 조디의 환심을 사려고 스스로를 영험한 의사라고 자처하는 쓰레기 같은 검둥이가 지어낸 거짓말이야. 조디가 아프다는 걸 이미 알면서……. 아무나 아는 사실이지만, 아마도 너희 사이에 잡음이 있다는 걸 듣고 있던 차에, 기회를 잡은 거지. 지난여름엔 그 바퀴벌레 같은 작자가 이 동네서 두더지를 팔고 다녔었는데!"

"피비, 조디가 그런 거짓말을 믿는다는 게 믿기질 않아. 그런 부류 인간들을 무시하던 사람인데. 조디는 나를 힘들게 하려고 그걸 믿는 척하는 거야, 그런데도 가만히 서서 웃는 척해야 하다니, 아주 죽어버릴 것만 같아."

그 후 몇 주 동안 재니는 자주 울었다. 조가 기력이 너무 빠져서 가게 일도 할 수 없이 침대 속에 머물렀다. 하지만 단호하게 재니가 자신의 방에 못 들어오게 하였다. 사람들이 집에 들락거렸다. 이 사람 저 사람이 국이 담긴 그릇 등을 들고 와서는 조의 부인인 재니에게 눈길도 주지 않고 집에 들어왔다. 이전에는 시장의 사택에서 허드렛일 등을 찾으려 기웃대던 사람들이었다. 그들이 이제는 조의 절친으로서 집 안팎을 활보하며 드나들었다. 그들은 상점에 와서 재니가 무엇을 하는지 으스대며 관찰을 하고는 집 안에 있는 조에게 보고를 했다. 이런 말을 하였다. "스탁스 씨가 다시 기력을 찾고 일어나 스스로 주변 일들을 할 수 있을 때까지 돌보미가 필요하답니다."

그러나 조디는 다시 일어서지 못했다. 재니는 샘 왓슨에게 부탁해서 병실 상황을 전달받고, 샘이 병실에서 일어나고 있는 일들을 말하자, 재니는 조가 거절할 새도 없이 올란도에서 의사를 데려오게 하였다. 조에게는 왕진을 요청한 사실을 얘기하지 않았다.

"이건 시간문제예요." 의사가 재니에게 말했다. "신장들이 기능을 다 멈추면, 살 수 있는 가망이 없어요. 남편분은 이 년 전에 병원서 검사를 받아야 했었어요. 이제는 너무 늦었습니다."

그렇게 재니는 죽음을 생각하기 시작했다. 죽음. 서쪽에 산다는 거대한 사각 발가락의 그 이상한 존재. 죽음은 벽도 지붕도 없는 단상처럼 네모반듯한 집에 산다고 한다. 죽음에 무슨 덮을 지붕이 필요할 것이며, 어떤 바람이 그의 존재를 거슬러 불어오겠는가? 죽음은 높은 자기 집에 서서 아래 세상을 내려다본다. 예의 주시하며 꼼짝도 하지 않고 칼을 뽑아 들고 자신에게 명령하러 오는 사신을 온종일 기다리며 서 있다. 공간과 시간이 존재하기 전부터 그렇게 시간은 서 있었던 것이다. 재니는 이제 곧 죽음의 날개에서 빠진 깃털 하나를 마당에서 발견할 것이다. 그녀는 슬프고 두려웠다. 불쌍한 조디! 거기서 혼자 싸우게 둘 수 없다. 그녀는 샘을 통해 방문 의사를 보냈지만, 조는 거절하였다. 그 의사들이란 일상적인 병들을 잘 고칠 수 있을지는 몰라도, 이 병에 대해선 몰랐다. 이 영험한 의사들이 자신의 기를 해치는 것들을 찾아내서 없애기만 하면 회복될 것이다. 그는 어쨌든 죽지 않을 것이다. 이러한 내용이 그의 생각이었다. 그렇지만 샘은 다른 말을 하고 있었기에, 그녀는 알고 있었다. 그리고 만약 샘이 말하지 않았더라도, 그다음 날에 그녀는 모든 것을 알게 되었을 것이다. 왜냐하면 그날 아침 조의 집 앞마당에는 종려나무와 멀구슬나무 아래로 사람들이 모이기 시작했기 때문이다. 전에는 감히 발을 들여놓을 엄두를 못 냈을 사람들이 슬그머니 들어와 집 안으로는 들어오지 않고 서 있었다. 그냥 나무 그늘에 쪼그리고서 무엇인가를 기다리고 있었다. 날개 없는 새처럼 소문은 이미 온 도시에 그늘을 쳤던 것이다.

재니는 그날 아침 일어나 조한테 가서 속 시원히 말을 트기로 마음먹었다. 그러나 그녀는 사방의 벽이 자신을 압박해 오는 것만 같아 오랫동안 앉아있었다. 벽들이 그녀를 옥죄고 있었다. 하지만 그렇게 떨고 있는 사이 그가 떠나버릴 수도 있다는 두려움에 재니는 조급해졌고, 금방 그녀는 조의 방에 들어갔다. 생각만큼 유쾌하고 편안히 말문을 열지는 못했다. 혀끝에 뭔가 묵직한 것이 달린 듯했다. 게다가 조디, 아니 조 역시 맹렬히 그녀를 노려보고 있었다. 우주 밖 존재의 시선과 같은 너무도 차가운 시선이었다, 그녀는 마치 10억 광년 너머에 있는 사람한테 말을 걸어야 하는 것 같았다.

조는 누군가, 혹은 무언가 올 것을 기대하는 사람처럼 문쪽을 향해 옆으로 누워있었다. 표정은 어딘지 변해 있었다. 기가 빠져 있으면서도 눈빛이 날카로웠다. 얇은 이불 안으로는 부기가 꺼진 뱃살이 마치 쉴 곳을 찾는 힘없는 짐승처럼 아래로 처져 있었다.

더러운 침대보를 보자 재니는 조디에 대한 자부심에 상처를 입었다. 조디는 언제나 아주 말끔한 사람이었다.

"여긴 왜 왔어, 재니?"

"당신을 보러요. 어떻게 지내는지 궁금해서."

그는 수렁에 빠져 죽어가는 돼지가 주변의 귀찮은 것들을 쫓아내는 듯한 소리로 낮게 그르렁거렸다. "당신 보기 싫어 여기 있는 건데, 그게 아무 소용도 없군. 여기서 나가. 난 쉬어야해."

"아뇨, 조디. 당신과 이야기하려고 여기 왔고, 그러니 말 좀해야겠어요. 우리 둘을 위해서요."

그는 다시 그르렁대면서 반듯이 돌아누웠다.

"조디, 내가 아주 좋은 아내인지 아닌지는 모르겠어요, 하지만 조디."

"그건 당신이 누구에게나 못돼먹어서야. 사람이라면 공감능력이 있어야지. 당신이 짐승이냐고."

"하지만 조디, 난 당신에게 정말 잘하고 싶었어요."

"너를 위해 그리도 잘했는데. 사람들 앞에서 날 조롱해? 공감 능력이라고는 눈곱만큼도 없어!"

"아니에요, 조디. 내가 공감하지 못해서가 아니라고요. 난 충분히 다 느낀다고요. 단지 난 표현할 기회가 없었을 뿐이에요. 당신이 기회를 주지 않았어요."

"바로 그거야, 항상 내 잘못이지. 내가 기회를 안 줬어! 흥, 재니, 그게 내가 유일하게 바라고 원했던 것인데. 이제 내 탓을 해!"

"그런 말이 아니에요. 조디. 난 이제 아무도 탓하지 않아요. 그냥 내가 어떤 사람인지 당신에게 설명하고자 하는 것뿐이라고요, 너무 늦기 전에."

"너무 늦어?" 그가 낮게 말했다.

그는 공포에 질려 눈을 부릅떴다. 그녀는 그 경악하는 표정을 보고 대답했다.

"그래요, 조디. 그 바퀴벌레 같은 돌팔이가 돈 때문에 한 거짓말은 잊어요. 당신은 죽어요. 살 수가 없어요."

연약한 조디의 몸속에서 깊은 흐느낌이 새어 나왔다. 처음에 그것은 큰 북소리처럼 낮게 깔려 나왔다. 그러다 갑자기 그 흐느낌 소리가 마치 트롬본 소리처럼 높아졌다.

"재니! 재니! 내가 죽는다고 하지 마. 난 그런 생각해본 적 없어."

"의사를 불렀다면, 조디, 죽을 지경까지 되지는 않았을 거예요……. 하지만 이제 그 얘기를 해봤자 아무 소용이 없죠. 사실 내가 말하고 싶었던 게 그거예요. 조디. 당신은 도무지 내 말을 안 듣죠. 나와 20년을 살아놓고도 나를 채 절반도 알지 못하죠. 알 수 있었는데도 당신은 당신 손으로 이룩한 것들을 숭배하고 주변 사람들을 밟고 올라서는 데만 혈안이 되어 당신도 충분히 할 수 있었던 많은 것들을 놓친 거예요."

"나가, 재니, 여기 다신 오지 마……."

"내 말 안 들을 줄 알았어요. 당신은 무엇이든 다 움직이지만 어떤 것도 당신을 움직일 수는 없죠……. 죽음조차도. 하지만 난 여기서 나가지도 침묵하지도 않겠어요. 그래요, 한번은 당신도 죽기 전에 내 말을 들어야 할 거예요. 평생을 짓밟고 뭉개면서 당신 고집대로 살았으면서, 이젠 코앞에 죽음이 닥쳐서도 그 점에 대해 들으려 않는군요. 여보세요, 조디. 당신은 내가 함께 도망쳐왔던 그 조디가 아니에요. 그가 죽고 남은 껍질이죠. 난 당신과 함께 행복한 가정을 이루기 위해 도망쳐 나왔어요. 하지만 당신은 내 모습 그대로를 만족하지 않았죠. 그래요! 내 마음은 당신 틀에 맞추느라 쥐어 짜였던 거예요."

"닥쳐! 벼락 맞아 죽을 인간!"

"그러면 좋겠죠. 그런데 지금 당신은 바로 이걸 깨닫기 위해 죽는 거예요. 다른 사람으로부터 사랑과 공감을 얻고 싶으면 자신이 먼저 다른 사람을 위해줄 줄 알아야 한다는 걸요. 당신은 자기 자신 외엔 그 누구의 처지도 생각해 주지 않았어요. 그 고집스러운 자기 목소리만 듣느라고요."

"저 망할 주둥아리!" 조디의 온 얼굴과 양팔에 땀방울이 솟구쳤다. "꺼져버려!"

"당신 명령에 대한 그 모든 묵인과 순종……. 난 그걸 바라고 당신과 뛰쳐나온 게 아니었어요."

조디의 목구멍에서 발악하는 소리가 났다. 그러나 그의 멍한 두 눈은 방 안 귀퉁이를 바라보고 있었다. 이윽고 재니는 이 헛된 몸부림이 자신 때문이 아님을 알았다. 사각 발가락의 존재가 얼음 같은 칼날로 조디의 숨통을 끊어냈고 조디의 두 손은 고통스럽게 저항하다 허공에 멈춰버렸다. 재니는 조의 두 손을 그의 가슴 위에 모아 얹은 뒤 그의 얼굴을 오랫동안 바라보았다.

"지배자의 자리는 조디에게도 힘들었지." 그녀가 크게 중얼거렸다. 수년 만에 처음으로 그에 대한 연민을 느꼈다. 조디는 그녀와 주위 사람들에게 가혹했지만, 삶은 그 자신에게도 힘들었던 것이다. 가엾은 조! 만약 그녀가 뭔가 다른 방법을 알았더라면 그의 표정은 달라졌을지도 몰랐다. 하지만 도대체 다른 어떤 방법이 있었을지 그녀는 알지 못했다. 그녀는 남자들이 목소리를 낼 때 어떤 일이 일어날지 곰곰이 생각해보았다. 그리고 그녀 자신에 대해서도 생각해보았다. 소녀 시절에, 그녀는 거울에 비친 자기 자신에게 말을 걸곤 했었다. 참 오래전 일이었다. 그녀는 자신을 더 자세히 보고 싶어졌다. 그녀는 옷장 앞에 서서 거울에 비친 자신의 피부와 이목구비를 찬찬히 살펴보았다. 그 소녀는 간데없고, 아름다운 여인이 그 자리를 대신하고 있었다. 머리쓰개를 벗겨 내고 풍만한 머리카락을 내려뜨렸다. 그 무게와 길이와 찬란한 아름다움이 거기 있었다. 그녀는 자신의 모습을 꼼꼼히 살핀 후 다시 머리를 묶어 틀어 올렸다. 그리고 사람들이 기대하는 그런 얼굴로 표정을 굳히고 다듬고는 창문을 열어젖힌 뒤 외쳤다. "이리들 좀 와주세요! 조디가 죽었어요! 남편이 내 곁을 떠났어요."

제9장

조의 장례식은 이제까지 오렌지카운티에서 검둥이들의 눈으로 본 장례식 중 가장 멋졌다. 전동 운구차, 캐딜락과 뷰익 승용차들. 헨더슨 박사는 자신의 링컨 차를 타고 참석했다. 손님들이 멀리 각지에서 모여들었다. 그런 다음 멤버가 아닌 사람들은 꿈도 꿀 수 없는 권력과 영예를 암시하는 비밀 조직의 금색, 붉은색, 자주색 표식이 모여들었다. 농장의 말과 노새를 부리는 사람들이, 형제자매의 등에 업혀 나온 아기들이 모여들었다. 엘크스 밴드가 교회 정문에 대열하여 '주의 품에서 평안히'를 웅장한 드럼 소리에 맞추어 연주하니, 긴 줄로 늘어선 사람들이 적절히 발을 맞춰 안으로 들어갈 수 있었다. 교차로의 그 작은 황제는 권위를 떨치며 처음 등장한 것처럼 그렇게 오렌지카운티를 떠나고 있었다.

재니는 뻣뻣하게 굳은 얼굴로 베일을 쓰고 장례식장에 나타났다. 베일은 마치 돌이나 강철 장벽 같았다. 베일 바깥에서 장례가 진행되고 있었다. 죽음과 매장에 관한 모든 것이 언급되고 수행되었다. 끝. 마지막. 작별. 어둠. 심연. 소멸. 영원. 바깥에서는 통곡하는 소리, 울부짖는 소리도 났다. 그러나 이 값비싼 검은 베일 안쪽에는 부활과 생명이 있었다. 그녀는 외부의 어떤 것에도 신경을 쓰지 않았고, 죽음 같은 것도 그녀의 평화를 방해하지 못했다. 재니는 조의 장례식 쪽을 바라보고 있었지만, 정작 마음으로는 세상 가득한 봄날을 마냥 쫓아가고 있었다. 오래지 않아 장례식은 마무리되었고, 재니는 집에 돌아갔다.

그날 밤 잠자리에 들기 전 재니는 머리쓰개를 모조리 태워버렸다. 다음 날 아침에는 머리를 한 타래로 땋아 허리 아래까지 찰랑대며 늘어뜨린 채 집 안을 돌아다녔다. 그것이 사람들이 본 그녀의 유일한 변화였다. 그녀는 이전 그대로의 방식으로 상점 일을 보았고 다만 저녁에는 이전과 다르게 베란다에 나와 앉아 사람들의 이야기를 듣고 늦게 오는 손님은 헤저키아를 내보내 응대하게 하였다. 재니는 주변의 일들을 당장 변화시킬 이유가 없었다. 그녀는 여생을 자신이 하고 싶은 대로 하며 보낼 수 있을 것이다.

낮에는 대부분 상점에 머물렀지만, 저녁이 되면 재니는 큰 집에 있었다. 집에서는 외로움의 무게로 삐걱대는 소리가 밤새 들렸다. 그럴 때면 재니는 자리에서 깬 채 외로움에 질문을 던졌다. 혹시 이곳을 떠나 고향으로 되돌아가 엄마를 찾아보고 싶은가. 할머니의 묘소에 가보고 싶은가. 어릴 적 놀던 곳에 가서 둘러보고 싶은가. 재니는 그런 식으로 자신의 마음속을 들여다보자 자신이 거의 본 적도 없는 엄마에게 아무 관심이 없다는 것을 알았다. 재니는 할머니가 싫었으나 그 감정을 오랜 세월 동안 연민이라는 명분으로 덮어두고 있었음을 깨달았다. 재니는 사람들을 찾아 지평선 멀리 큰 여행을 떠날 채비를 하였다. 그녀가 사람들을 발견하고 또 그들이 그녀를 발견하는 일은 온 세상에 아주 중요한 일이었다. 하지만 그녀는 마치 똥개처럼 매질을 당하고 다른 사물들을 쫓아가도록 뒷길로 떠밀려 갔다. 그것은 모두 사물을 어떻게 보는가에 달려 있었다. 어떤 사람들은 진흙 웅덩이를 보고도 범선이 떠다니는 대양을 상상할 수 있었다. 하지만 내니는 그와 반대로, 단편적인 조각에 집착하는 사람들에 속했다. 내니는 신의 가장 큰 피조물인, 그 수평선— 사람이 아무리 멀리 간다고 해도 수평선은 언제나 저 멀리 펼쳐질 것이다—을 아주 작게 만들어서 숨 막히도록 갑갑하게 재니의 목에 묶어두었다. 재니는 사랑이라는 이름으로 자신을 옭아 비틀어둔 그 노파가 미웠다. 대부분 사람은 서로 사랑하지 않았다, 그리고 이런 비틀린 사랑은 너무 끈끈해서 심지어 같은 혈육끼리도 이를 극복할 수가 없었다. 재니는 자기 자신에게서 보석을 발견했고 사람들이 그녀를 볼 수 있는 곳에 돌아다니고 여기저기 빛을 발하고 싶었다. 하지만 그녀는 팔리기 위해 낚싯바늘에 꿰인 채로, 시장 바닥에 전시되었다. 신이 처음 인간을 창조했을 때, 그는 언제나 노래하며 빛을 발하는 재료를 사용해서 인간을 만들었다. 그런 후, 몇몇 천사들이 질투한 나머지, 인간을 수백만 개의 조각으로 토막 내었으나, 인간은 여전히 빛나며 나지막이 노래했다. 그러자 천사들은 인간을 부수어 불씨들로 만들어버렸다. 그러나 그 하나하나의 불씨는 반짝이며 노래를 불렀다. 그래서 천사들은 그 불씨들을 진흙으로 덮어버렸다. 외로움에 싸인 불씨들이 서로를 찾아 헤맸는데, 진흙은 귀먹고 벙어리였다. 그렇게 굴러다니는 다른 진흙 덩어리처럼, 재니는 스스로 반짝이려 노력했다.

재니는 곧 자신이 과부에다 재산가라는 이유로 사우스 플로리다에서 대단한 도전의 대상이 되었음을 알았다. 조디가 세상을 떠난 지 한 달도 되지 않아, 조디와 잘 알지 못했던 남자들이 먼 거리도 마다 않고 달려와 재니의 안부를 묻고 조언하는 일이 빈번했다.

"여자란 혼자서는 아주 가엾은 존재입니다." 재니는 자주 이런 말을 들었다. "여자는 도움과 원조가 필요해요. 신은 여자가 혼자 서려 노력하게끔 만들지 않았어요. 당신은 혼자 이리저리 휩쓸리는 일에 익숙하지 않아요, 스탁스 부인. 부인은 보살림을 잘 받고 지냈죠, 남자가 필요해요."

재니는 이렇게 호의를 보이는 남자들이 우스웠다. 세상에는 혼자 지내는 여자들이 많다는 것을 알기 때문이었다. 그리고 재니는 그 남자들이 만난 최초의 과부가 아니었다. 하지만 그 여자들은 대부분 가난했다. 게다가 재니는 혼자 지내는 것이 기분전환 삼아 좋았다. 이런 자유로운 기분이 좋았다. 이런 남자들은 그녀가 알고 싶은 부류의 사람들이 아니었다. 그녀는 로건이나 조를 겪어보았기에 이런 부류의 남자들을 알고 있었다. 재니는 자신의 주변에 죽치고 앉아 열심히 사랑하는 척 자신만만하게 고양이 같은 웃음을 흘리는 몇몇 남자들을 때려주고 싶었다.

어느 날 저녁 아이크 그린이 상점 현관에 운 좋게 그녀와 단둘이 앉아있을 때 진지하게 말을 시작했다.

"부인은 결혼에 매우 신중해야 해요, 스탁스 부인. 부인의 조건을 보고 달려드는 저 이상한 사람들 말입니다."

"결혼이요!" 재니는 거의 소리를 질렀다. "조의 몸이 아직 식지도 않았는데. 난 결혼이라고는 생각해본 적도 없어요."

"하지만 생각할 거예요. 부인은 혼자 살기에는 너무 젊고, 또 이렇게 아름다운 부인을 남자들이 혼자 놔둘 리가 없어요. 부인은 결혼하게 되어 있어요."

"그렇게 안 될 거예요. 내말은, 지금은 그런 생각을 할 수가 없어요. 조가 떠난 지 두 달도 안 되었어요. 아직 무덤에 자리를 잡지도 않았을 텐데."

"지금은 그리 말씀하시지만, 두 달 후에는, 달라질 거예요. 그때는 조심해야 합니다. 여자들은 쉽게 이용당하지요. 최근 이 마을에 와 진을 치고 있는 저 떠돌이 검둥이들에게는 호락호락하게 굴면 안 되지요. 그들은 먹을 것을 왕창 보고 달려드는 돼지 떼들하고 똑같아요. 부인에게 필요한 사람은 바로 주변에서 부인을 잘 알고 있는, 그래서 부인의 재산을 전반적으로 관리해 줄 그런 남자예요."

재니는 벌떡 일어섰다. "세상에 아이크 그린. 정말 못 말릴 사람이군요! 당신이 하는 말은 정말 입에 담기에 적절치 않아요. 나는 들어가서 헤저키아를 좀 도와야겠어요. 그 애는 방금 들어 온 설탕을 재고 있거든요." 그녀는 황급히 상점 안으로 들어가 헤저키아에게 낮게 말했다. "나는 집에 갈게. 저 늙은 오줌싸개가 가면 알려줘. 그때 다시 나올게."

6개월이 지나고 재니는 검은 상복을 벗었다. 그리고 아무도 그녀의 집 안에 발을 들여놓지 않았다. 그녀는 때로는 상점에서 얘기도 하고 웃기도 하였지만, 그보다 더 나갈 생각은 없는 것 같았다. 상점 일을 제외하면 그녀는 즐거웠다. 머리로는 분명 자신이 주인이라는 걸 알고 있었지만, 그러나 어째서인지 지금도 자신은 조를 모시는 점원이라는 느낌을 받았고 금방이라도 조가 들어와서 간섭할 것 같았다. 처음 세입자들에게 집세를 받을 때 그녀는 거의 사과를 했다. 마치 자신이 약탈하는 사람처럼 느껴졌다. 그렇지만 그 사람 다음부터는 헤저키아를 대신 보내서 그런 감정을 숨겼다. 헤저키아는 마치 열일곱 살 먹은 조의 모습 같았다. 헤저키아는 조가 죽은 후에 담배를, 그것도 시가를 피우기 시작하더니 시가를 조처럼 한쪽 이빨로 꽉 조여 무는 흉내를 내었다. 기회가 생길 때마다 그는 조의 회전의자에 앉아 자신의 홀쭉한 배를 볼록해지도록 내밀었다. 재니는 헤저키아의 악의 없는 행동을 보고 웃으며 못 본 척했다. 어느 날 그녀가 상점의 뒷문으로 들어오다가, 그가 트립 크로퍼드에게 고함치는 소리를 들었다. "안 돼요 정말, 그렇게는 못 한다고요! 나 원 참. 지난번 쌀값도 아직 안 갚았잖아요. 나 원 참. 물건값을 치르기 전에는 다신 물건을 내주지 않을 거예요. 나 원 참. 여기는 플로리다 무료 배급소가 아니에요. 여긴 이튼빌이에요. 이튼빌." 또 어떤 날은 헤저키아가 생전에 조가 입에 달고 살던, 자신은 말만 많고 적당히 살아가는 마을 사람들과는 다르다고 했던 구절을 그대로 따라 하는 소리도 들었다. "나는 배운 사람이야, 내 문제는 내가 알아서 해." 재니는 그저 웃었다. 그의 말에 상처 입는 사람도 없는 데다가, 그가 없이 그녀 혼자 어떻게 해야 할지도 몰랐기 때문이다. 그는 그것을 알아채고서는 그녀를 어린 누이처럼 대하기 시작했다. 마치 "이 불쌍한 꼬마. 이 오빠에게 다 맡겨라. 오빠가 다 해결해줄게."라고 말하는 것 같았다. 주인 의식을 가지고 그는 정직하게 굴었다. 없어지는 것이라고는 이따금 눈깔사탕이나 구강 청정제 센-센 한 통을 슬쩍 가져가는 것이 다였다. 센-센은 다른 남자애들에게 주거나, 또는 암탉 같은 여자애들을 품을 때 술 냄새를 없애려 사용하는 용도였다. 상점과 여주인을 관리하는 일에 이 남자애는 신경이 거슬렸다. 이 일을 해내기 위해 가끔은 술이 필요했다.

재니가 흰옷을 입고 애도하는 시기로 접어들자, 그녀를 숭배하는 사람들이 마을 안팎에서 생겼다. 모두가 솔직하고 노골적이었다. 그 사람 중에는 부자도 있었다. 하지만 아무도 상점 밖에서까지 그녀와 관계를 진척시키지 않는 듯했다. 그녀는 너무 바빠서 그들을 집에서 대접할 수 없다고 했다. 그들은 재니를 마치 일본 왕후라도 되는 듯 공손하게 대했고 예의를 갖추었다. 그들은 조셉 스탁스 미망인에게 욕망을 언급하는 일이 맞지 않다고 느꼈다. 영예와 존경에 관한 말이 어울린다고 생각했다. 그러나 그들이 하는 모든 말과 행동은 재니의 무관심에 부딪혀 튕겨 나가 허공으로 흩어졌다. 재니와 피비 왓슨은 서로 왕래하며 가끔 함께 호숫가에 앉아 낚시했다. 재니는 아무 생각 없이 그저 자유를 즐기고 있었다. 샌포드에 있는 어느 사업가가 피비를 통해서 자기 생각을 전달했고, 재니는 그 얘기를 재밌게 들었지만 별로 동요하지 않았다. 그 남자랑 결혼하는 것도 괜찮겠는데. 하지만 서두를 일 없지. 그런 일은 생각할 시간이 필요하지. 아니, 재니는 피비에게 자신이 고려하고 있는 척하였다.

"죽은 조 때문에 걱정하는 게 아니야. 피비. 그냥 이런 자유가 좋아."

"쉿! 누가 들을지도 몰라, 재니. 남편 죽은 거 슬퍼하지도 않는다고 사람들이 말하면 어쩌려고."

"맘대로 말하라고들 해, 피비. 나는 슬픔이 느껴질 때까지만 애도하면 된다고 생각해."

제10장

어느 날 헤저키아가 야구를 보러 가겠다고 휴가를 달라고
했다. 재니는 천천히 다녀오라고 했다. 그녀는 하루쯤은 혼자
서 상점 문을 닫을 수 있었다. 헤저키아는 창문과 출입문을 잘
단속하라고 말한 후에 윈터 파크로 신나게 향했다.

상점은 온종일 한산했다. 많은 사람이 경기를 보러 떠났기
때문이었다. 재니는 일찍 문을 닫기로 했다. 이렇게 늦게까지
문을 열어둘 필요가 없었다. 그래서 6시에는 문을 닫기로 마음
먹었다.

5시 30분에 웬 키 큰 남자가 상점에 들어왔다. 재니는 계산
대에 기대서서 포장지에 무심히 낙서하고 있었다. 그 남자 이
름은 모르지만 어딘지 낯이 익었다.

"안녕하세요, 스탁스 부인." 그가 마치 서로 농담을 재미있
게 한 적이 있다는 듯이 씩 웃으며 말을 건넸다. 재니는 내용도
듣기 전에, 그 남자를 미소 짓게 한 그 이야기가 벌써 맘에 들

었다.

"안녕하세요," 재니는 유쾌하게 대답했다. "그쪽이 유리하네요, 저는 그쪽 이름을 모르니까요."

"저는 부인처럼 사람들에게 잘 알려지지 않았으니까요."

"상점 일을 하다 보면 주변 사람들에게 저절로 알려지는 거 같아요. 어디선가 뵌 분 같은데요."

"아, 저는 올란다에서 멀지 않은 데 살아요. 아무 때나 처치 스트리트에 오시면 저를 볼 수 있어요. 혹시 담배 있나요?"

재니는 진열대 유리문을 열었다. "어떤 거요?"

"카멜이요."

그녀는 담배를 주고 돈을 받았다. 그는 담뱃갑을 풀어 한 개비를 두툼한 자줏빛 입술로 물었다.

"어디 담뱃불 좀 붙일 수 있을까요, 부인?"

두 사람은 웃었고 재니는 성냥 상자를 새로 뜯어 주방용 성냥 두 개비를 건넸다. 그는 나갈 때가 되었는데, 나가지 않았다. 그는 카운터에 한쪽 팔꿈치를 괴고 재니의 얼굴을 빤히 쳐다보고 있었다.

"왜 부인은 경기장에 가시지 않았나요? 다른 사람들은 다 갔는데."

"글쎄요, 저 말고도 여기 옆에 계신 분도 안 가신 거 같은데요. 방금 담배도 팔았고요." 그들은 다시 웃었다.

"내가 멍청해서요. 완전히 착각했거든요. 경기가 헝거포드에서 열리는 줄 알았죠. 그래서 차를 얻어 타고 딕시 로를 타고 오다 이튼빌 교차점에서 내려 여기까지 걸어왔는데, 글쎄 와 보니 경기는 윈터파크에서 열린다는 거예요."

이 말에도 두 사람은 웃었다.

"그래서 이제 어떻게 하실 건데요? 이튼빌에 있는 차들은 모두 거기로 가버렸는데요."

"부인과 체스 한판 어떨지요? 이기기 어려운 상대 같은데."

"그럴 거예요. 저는 체스를 둘 줄 모르니까요."

"체스를 별로 안 좋아하시는군요?"

"아뇨, 체스 좋아하는데요, 음, 다시 생각해 보니 제가 체스를 좋아하는지 아닌지 잘 모르겠어요. 아무도 체스 두는 걸 가르쳐주지 않았으니까요."

"오늘이 그런 말씀을 하는 마지막 날일 거예요. 여기 체스판은 있지요?"

"그럼요, 여기 남자들이 체스를 얼마나 좋아하는데요. 단지 전 배울 기회가 없었어요."

그는 체스판을 펼쳐서 게임의 규칙을 얘기하기 시작했고 그녀는 속에서 무언가 뜨거운 것이 피어오르는 걸 느꼈다. 누군가 재니가 놀기를 원하다니. 누군가 그녀가 놀기를 당연시하다니. 정말이지 그건 기분 좋은 일이었다. 그녀는 그를 건너

다보면서 그의 멋진 모습들을 발견할 때마다 가늘게 떨었다. 저 크고 나른한 두 눈과 공중에 아라비아 단도같이 멋진 곡선을 그리는 속눈썹. 얄팍하지만 넓은 어깨와 잘록한 허리선. 아, 멋져라!

그가 재니의 왕을 잡으려 했다! 그녀는 비명을 지르며 그토록 어렵게 따낸 왕을 잃지 않으려 저항하였다. 그리고 자신도 모르게 그의 손을 잡고 막았다. 그는 벗어나려고 정중하게 몸싸움을 벌였다. 즉, 몸싸움을 벌였지만, 숙녀의 손가락이 하나라도 비틀릴까 조심하였다.

"난 그걸 먹을 권리가 있어요. 부인이 그걸 내 앞에 갖다 바친 거라고요."

"그래요. 하지만 난 잠깐 다른 데를 보고 있었어요. 그쪽에서 내 왕의 바로 옆에 자기 것을 두는 걸 못 보았다고요. 억울해요!"

"다른 데를 보면 안 되지요, 스탁스 부인. 집중하는 게 게임의 가장 중요한 거예요! 이 손 놓으세요."

"싫어요! 왕은 안 돼요. 다른 걸 가져가요. 그건 안 돼요."

그들은 밀고 당기며 싸우다 체스판을 엎었고 그걸 보고 웃었다.

"어쨌거나 코카콜라가 당기던 참이었는데." 그가 말했다. "다음에 좀 더 가르쳐 드릴게요."

"가르치러 오는 건 좋아요. 하지만 속이러 오진 마세요."

"이래서 여자들을 이길 수가 없어요. 지는 걸 인정하지 않으니까. 하지만 어쨌든 다시 와서 가르쳐 드릴게요. 좀 지나면 부인도 잘하실 수 있을 거예요."

"그렇게 생각하세요? 조디는 내가 항상 배울 수 없을 거라 했는데. 내 머리로는 무리라고요."

"사람들은 감각으로 체스를 두기도 하지만 그렇지 않은 경우들도 있어요. 하지만 부인은 이해가 빠르세요. 금방 배울 거예요. 시원한 거 한잔 사지요."

"아, 좋아요. 감사합니다. 시원한 건 오늘 많아요. 아무도 사러 오지 않았으니까요. 모두 게임 보러 가서요."

"다음번엔 부인도 게임 보러 가세요. 모두 다 가버렸는데 부인 혼자 여기 있을 필요가 없지요. 설마 돈 내고 자기 물건을 사시나요, 네?"

"그쪽은 정말! 당연히 그렇지 않아요. 그런데 그쪽이 좀 걱정이네요."

"왜요? 제가 이 음료숫값을 못 낼까 봐요?"

"아, 아녜요! 어떻게 집에 가실 건데요?"

"여기서 차를 기다리죠. 차가 오지 않는다고 해도, 이 튼튼한 가죽 신발이 있잖아요. 넉넉잡아도 7마일이에요. 7마일쯤이야 쉽게 걸어요. 문제없어요."

"만약에 나라면, 기차를 기다리겠어요. 7마일은 걷기엔 좀 멀죠."

"부인은 그러실 거예요. 익숙하지 않으니까요. 하지만 저는 그보다 더 멀리 걸어 다니는 여자를 본 적이 있어요. 부인도 걸을 수 있을 거예요. 그래야만 한다면."

"그럴지도 모르죠. 하지만 기차표를 살 돈이 있는 한 전 기차를 타겠어요."

"저는 여자들처럼 기차를 타려고 돈을 주머니에 가득 넣고 다니진 않아요. 타고 싶을 때는 언제나 타니까요. 돈이 있든, 없든."

"인제 보니 대단하신 분이군요. 저기…… 이름이…… 이름을 안 알려주셨어요."

"그렇죠. 그럴 필요가 있을 거라 생각 안 했어요. 우리 엄마가 지어준 이름은 버저블 우즈예요. 사람들은 간단히 티 케이크라고 불러요."

"티 케이크! 그럼 그렇게 달콤한가요?" 재니가 웃었고, 티 케이크는 재니가 한 말의 의미를 생각하느라 눈을 가늘게 떴다.

"아, 제가 잘못한 거 같군요. 부인이 나를 시험해보고 판단하시는 게 좋을 듯해요."

재니의 표정이 웃는 듯하다가 찌푸려졌고 티 게이크는 모자를 고쳐 썼다.

"제가 아주 큰 실수를 한 거 같아요. 그러니 저는 이만 도망가는 편이 나을 거 같아요." 이렇게 말하고는 그는 발끝으로 살금살금 문 쪽으로 가는 시늉을 했다. 그리고는 얼굴 가득 그 매력 넘치는 미소를 지으며 재니를 돌아보았다. 재니는 자기도 모르는 사이에 웃음을 터뜨렸다. "정말 못 말릴 사람이네요!"

그는 돌아서서 재니의 발아래로 모자를 던졌다. "만일 그녀가 내게 이 모자를 던져주지 않는다면, 저는 돌아올 기회가 있을 겁니다." 그는 큰 소리로 말하면서, 마치 기둥 뒤에 숨어 있는 누군가를 가리키는 척하였다. 재니는 웃으며 모자를 집어서 그에게 던졌다. "만약에 그녀가 벽돌을 집어 던진다 해도 그걸로 너를 해치지 못할 거야." 그는 이번에는 보이지 않는 인물에게 말했다. "저 숙녀분은 던질 수 없어." 그리고 그는 그 인물에게 손짓한 후 다시 상상의 기둥 밖으로 뛰어나오는 시늉을 했다. 그러더니 외투와 모자를 걸치고 가게에 이제 처음 들어온 사람처럼 재니에게 다가왔다.

"안녕하세요, 스탁스 부인. 저를 1파운드어치만 주먹으로 때려주시겠어요? 토요일까지는 돈을 치를게요."

"10파운드어치는 필요한 것 같아요. 티 케이크 씨. 제가 가진 매는 모두 줄 테니 돌려줄 생각 말고 다 가져가세요."

그들은 농담을 계속 주고받았고 이윽고 사람들이 상점에 들어오기 시작했다. 티 케이크는 자리를 잡고 앉아 문 닫는 시간까지 다른 사람들과 이야기를 나누고 웃었다. 모두가 떠나자 티 케이크는 말했다. "제가 진작 떠났어야 하는 줄은 알지만, 가게 문을 닫는 것을 누군가 도와야 한다는 생각이 들어서요. 아무도 남지 않았으니 제가 도울게요."

"고마워요. 티 케이크 씨. 사실 제겐 좀 힘든 일이에요."

"티 케이크라는 이름에다 씨 자를 붙이는 사람이 어딨어요! 만일 고상하게 말하면서 저를 우즈 씨라고 부르고 싶다면, 그렇게 하세요. 그런데 만약 절 좀 친근하게 여기면서 티 케이크라고 불러주시면 정말 좋을 거 같아요." 이렇게 말하는 내내 그는 창문을 닫고 자물쇠를 걸었다.

"좋아요. 그럼. 고마워요. 티 케이크. 어때요?"

"부인은 마치 부활절 드레스를 입은 소녀 같군요. 아주 좋아요!" 그는 출입문을 닫고 자물쇠가 단단히 걸렸는지 흔들어보고는 재니에게 열쇠를 건넸다. "오세요, 집으로 들어가시는 것을 보고 나서 저는 딕시로 갈게요."

재니는 종려나무가 늘어선 길을 따라 반쯤 내려가다가 비로소 안전에 대해 생각했다. 어쩌면 이 이방인은 무슨 꿍꿍이가 있을 것이다! 하지만 집과 상점 사이의 어두움 속에서 두려운 기색을 하는 것은 좋지 않았다. 그는 그녀의 팔도 잡고 있었다. 그리고 다음 순간 그 두려움은 사라졌다. 티 케이크는 낯설지 않았다. 평생 알고 지냈던 사람 같았다. 그와 얼마나 얘기가 잘 통했던가! 그는 현관문 앞에서 모자를 살짝 들어 올리며 잘 자라는 인사를 하고 곧 사라졌다.

재니는 베란다에 나와 앉아서 달이 떠오르는 것을 바라보았다. 곧 호박색 노란 달빛이 땅 위에 흐르며 대낮의 갈증을 풀어주고 있었다.

제11장

　재니는 헤저키아에게 티 케이크에 관해 묻고 싶었지만, 혹시 그에게 관심이 있다고 오해를 받을까 두려웠다. 무엇보다도 티 케이크는 그녀보다 너무 어린 것 같았다. 아마 스물다섯 안팎이지만 그녀는 마흔 살 전후였다. 또 그는 가진 것도 많아 보이지 않았다. 아마도 그는 그런 식으로 접근해서 재니의 재산을 몽땅 벗겨 먹을 심산인지도 몰랐다. 그러니 그를 다시 만나지 않는 것이 좋을 것 같았다. 그는 아마도 이 여자 저 여자들과 살기만 하고 절대로 결혼하지 않는 그런 부류일 가능성이 컸다. 사실상, 재니는 그가 이곳에 발을 들여놓을 수 없게 냉대를 해서 다시는 얼씬거리지 못하도록 하겠다고 마음먹었다.

　그는 징확히 한 주가 지나서야 재니의 냉대를 받으러 나타났다. 이른 오후였기 때문에 그녀와 헤저키아만 상점에 있었다. 재니는 그들이 노랫가락을 듣고 싶어 하듯 누군가가 콧노래를 부르는 소리가 들려와서 문 쪽을 바라보았다. 티 케이크가 기타 줄을 맞추는 시늉을 하면서 거기에 서 있었다. 그는 미간을 찌푸리고 줄을 죄어 음정을 맞추는 시늉을 하면서 또 만면에 은밀한 장난기를 발산하며 재니를 곁눈으로 바라보았다. 마침내 그녀는 미소를 지었고 그는 으뜸 도를 발성하고는 그 상상의 기타를 옆구리에 끼고 다시 그녀에게로 왔다.

"안녕하세요, 여러분. 오늘 저녁 여러분 모두가 노래를 듣고 싶어 하는 것 같아서 기타를 들고 왔습니다."

"못 말려요, 정말!" 재니가 얼굴을 활짝 펴면서 말했다.

그는 재니의 말에 미소를 지은 후에 상자에 앉았다. "누구 저와 코카콜라 한잔할까요?"

"전 방금 마셨어요." 재니는 의식적으로 확답을 피했다.

"한잔 더 해야 할 걸요, 스탁스 부인."

"왜요?"

"제때 마시지 않은 거니까요. 여기 상자 밑에서 두 병만 가져다줘요."

"그동안 어떻게 지냈어요, 티 케이크?"

"버틸 만했어요. 그보다 못할 수도 있었으니까. 이번 주에는 나흘 동안 벌었고 그 돈이 지금 주머니에 있어요."

"여기 부자가 와있는 거네요. 그러면. 이번 주에 여객 열차를 살 건가요, 아니면 전함을 살 건가요?"

"부인께서 어떤 것을 원하는데요? 부인 마음이에요."

"아, 만약에 저에게 사준다면, 글쎄 저는 여객 열차로 하고 싶군요. 혹시 열차 폭발 사고가 나더라도 나는 그래도 땅에 남아있겠지요."

"정말 전함을 원하면 그렇게 해요……. 난 그게 지금 어디 있는지 알아요. 며칠 전에 키웨스트 근처에서 한 척 보았지요."

"어떻게 구할 건데요?"

"아, 까짓거. 그 장군이라는 사람들은 언제나 노인네들이거든요. 당신이 원해서 내가 배를 가져가겠다는데 어느 노인네가 그걸 막겠어요? 노인네가 모르는 사이에 늙은 베드로처럼 만들어 놓고 감쪽같이 배를 가져올 수 있어요."

두 사람은 그날 저녁도 다시 게임을 하며 보냈다. 마을 사람들 모두 재니가 체스를 두는 것을 보고 놀라면서도 좋아했다. 그중 서너 명은 재니의 뒤에 서서 훈수를 두기도 하고 직접 내색은 안 했지만, 그녀를 보면서 즐거워했다. 마침내 모두 집으로 가고 티 케이크만 남았다.

"상점 문 닫아도 돼. 헤저키아." 재니가 말했다. "난 집에 갈게."

티 케이크는 재니의 곁에 바짝 붙어서 이번에는 현관까지 올라왔다. 그에게 재니는 앉을 자리를 내주었고 아무 일도 아닌 일로 깔깔댔다. 11시가 다 되었을 때 재니는 집 안 어딘가에 파운드케이크가 남아있는 것을 기억했다. 티 케이크는 밖으로 나가 부엌 모퉁이에 있는 레몬 나무에서 레몬을 몇 개 따다가 그녀를 위해 짜주었다. 그래서 그들은 레모네이드도 마셨다.

"달빛이 너무 예뻐서 잠을 자기에 아깝군요." 잔과 접시를 닦은 후 티 케이크가 말했다. "낚시하러 가요."

"낚시요? 이 밤중에?"

"그래요. 낚시. 잉어가 있는 곳을 알고 있어요. 아까 호숫가를 지나다 봤죠. 낚싯대, 어디 있죠? 호수로 낚시하러 가요."

자정이 넘은 시각에 손전등 불빛을 비춰서 벌레를 잡고 사벨리아 호수에 간다는 건 너무 정신 나간 짓이어서 재니는, 마치 규칙을 깨는 어린애가 된 기분이 들었다. 바로 그 점이 재니는 좋았다. 그들은 동트기 전 잉어 두어 마리를 잡아서 집으로 돌아왔다. 그 뒤 재니는 뒷문으로 살짝 티 케이크를 내보내야 했고 그로 인해 재니는 마을 사람들 몰래 마치 어떤 큰 비밀을 간직하는 느낌이 들었다.

"재니 마님," 다음날 헤저키아가 불만스럽게 말을 꺼냈다. "그 티 케이크한테 집에 같이 가자고 하지 마세요. 밤길이 무서우면 제가 같이 갈게요."

"티 케이크가 가면 왜 안 되는데, 헤저키아? 그 사람이 뭘 훔치기라도 했니?"

"도둑질했다는 말은 못 들었어요."

"그 사람이 총이나 칼로 사람들을 해쳤니?"

"누군가를 총으로 쏘거나 칼로 찔렀다는 소리는 못 들었어요."

"그러면…… 그 사람…… 그 사람이 부인이 있다거나 그런 거니? 내가 알 바는 아니지만." 그녀는 숨죽이고 대답을 기다렸다.

"아뇨. 아무도 티 케이크와 결혼하지 않을 거예요. 굶어 죽으려 하지 않고서야. 꼭 비슷한 처지라면 모를까. 티 케이크는 어디에도 가만히 있지 않아요. 물론 옷이야 자주 갈아입죠. 그 긴 다리 티 케이크는 가축우리 같은 집 한 칸조차 없어요. 마님 같은 분이 어울릴 이유가 하나도 없다고요. 아셔야 할 거 같아 말씀드려요."

"응. 좋아. 헤저키아, 정말 고맙다."

이튿날 밤 재니가 현관을 올라갔을 때 티 케이크가 컴컴한 베란다에 앉아있었다. 갓 잡은 송어를 선물로 들고.

"내가 손질을 할 테니, 튀겨주세요. 함께 먹어요." 거절당하지 않을 거라 확신하며 티 케이크가 말했다. 그들은 부엌으로 가서 따뜻한 생선 요리와 옥수수 머핀을 만들어 먹었다. 그러고 나서 티 케이크는 묻지도 않고 피아노 앞으로 가서 블루스를 연주하고 노래를 하였고 어깨 너머로 돌아보며 미소를 던졌다. 그 소리에 빨려들 듯 재니는 깜박 잠이 들었다. 그리고 잠에서 깨어났을 때는 티 케이크가 그녀의 머리를 빗겨주면서 먼지를 털어 주고 있었다. 그래서 그녀는 더욱 편안하고 졸렸다.

"티 케이크, 빗이 어디서 나서 내 머리를 빗겨주는 건가요?"

"내가 가져왔어요. 오늘 밤에는 당신 머리를 만져보고 싶어서 준비했지요."

"왜요, 티 케이크? 왜 내 머리를 빗기는 게 당신에게 뭐가 좋다고? 편안한 거야 나지, 당신이 아니잖아요."

"나도 좋아요. 당신 머리를 만져보고 싶어서 일주일 이상 잠을 못 잤어요. 머리가 정말 아름다워요. 꼭 비둘기 날개에 얼굴을 갖다 대는 느낌이에요."

"아유! 당신은 참 쉽게 만족하는군요. 태어나서 첫울음을 터뜨린 이후로 나는 계속 이 머리를 하고 있었는데, 한 번도 그 때문에 좋았던 적이 없어요."

"당신이 나한테 말하는 것처럼 말해볼게요……. 당신은 만족하기 어려운 사람이에요. 그 입술에도 만족하지 않겠지요."

"맞아요. 티 케이크. 입술은 그 자리에 있을 뿐이고 난 입술이 필요할 때 사용할 뿐이죠, 하지만 내게 특별한 건 아니에요."

"쯧! 쯧! 쯧! 거울 속의 자기 눈을 들여다보고 흡족해한 적이 없는 게 분명해. 다른 모든 사람이 당신의 두 눈을 보고 즐기는데, 정작 자신은 아무것도 못 느끼면서."

"그래요. 난 거울을 들여다보면서 내 눈에 흐뭇한 적이 없었어요. 내 눈을 보고 좋아한다는 사람들을 들은 적도 없고요."

"그거 알아요? 당신은 물병 속에 온 세상을 다 담고 있으면서도 그걸 몰라요. 하지만 내가 그걸 알려주어서 다행이에요."

"그런 말을 수많은 여자에게 했겠지요."

"난 이방인에게 파견된 사도 바울이에요. 사람들에게 보여주고 말해주기도 하죠."

"그럴 거 같았어요." 재니는 하품을 하고 소파에서 일어나려 하였다. "머리 안마를 받고 나니 너무 졸리네요. 침대까지 가지도 못하겠어요." 재니는 곧바로 일어나서 머리를 쓸어 올렸다. 그는 가만히 앉아있었다.

"아뇨, 당신은 졸리지 않아요. 재니 씨. 그저 내가 가길 바라는 거죠. 나를 건달이자 바람둥이라 생각해서 나와 보낸 시간이 아깝다고 생각하는 거예요."

"아니, 티 케이크! 왜 그렇게 생각하세요?"

"내가 말할 때 당신이 그런 식으로 보았어요, 당신 표정이 얼마나 매섭던지 내 수염이 모두 곤두설 지경이었어요."

"당신의 행동이나 말에 화를 낼 이유가 없지요. 당신이 전부 오해한 거예요. 나는 전혀 화나지 않았어요."

"알아요. 그래서 난 더 창피하구요. 당신은 내가 싫은 거죠. 당신 표정은 여기가 아닌 다른 곳에 가 있었어요. 그래요. 당신은 내게 화난 게 아니에요. 오히려 화가 났다면 좋았을 텐데. 그렇다면 당신의 마음을 풀어주려 무언가 할 수 있기 때문이죠. 하지만 이 상황은……."

"내가 좋아하든 싫어하든 신경 쓰지 마세요. 티 케이크. 그런 관심은 아가씨들에게나 주는 거예요. 나는 이따금 만나는 친구일 뿐이잖아요."

재니는 천천히 계단을 향해 걸었고, 티 케이크는 있던 자리에 그대로 앉아있었다. 일단 일어서면, 다시는 그 자리에 돌아올 수 없을 거라고 걱정하면서. 그는 숨을 한번 크게 들이쉬고 멀어져가는 재니를 바라보았다.

"당신에게 말하려 한 것은 아닌데, 적어도 지금은 말 안 하려 했는데, 하지만 당신이 지금처럼 날 대하는 것을 보니 차라리 가시에 찔리는 게 낫겠어요. 난 당신의 포로예요."

계단 기둥에서 재니는 몸을 획 돌렸다. 순간 한 가지 생각이 스치자 그녀는 마치 변신하듯 확 밝아졌다. 하지만 그다음 순간 생각에 이르자 재니는 무너져버렸다. 그는 지금 아무 말이나 하는 거야. 내가 자기한테 반해서 아무 말이나 믿을 거로 생각하고. 다음 생각에 이르자 모두 쓸데없는 생각이라는 차디찬 무력감이 그녀를 내리눌렀다. 자기가 나보다 젊다고 수

작을 부리는 거야. 늙은 바보라고 날 비웃을 준비를 하고. 하지만 아, 내가 열두 살만 더 젊어서 저 말을 믿을 수만 있다면 무엇인들 못 내놓을까!

"아, 티 케이크. 당신은 오늘 생선과 옥수수빵이 맛있었기 때문에 그런 말을 하는 거예요. 내일이 되면 맘이 바뀔 거예요."

"아뇨, 그렇지 않을 거예요. 내가 더 잘 알아요."

"어쨌든 아까 당신이 부엌에서 한 말로 되돌아가면 나는 당신보다 거의 열두 살이나 많아요."

"나도 그것에 대해 전부 따져보고 마음을 잡으려 애를 썼지만 허사였어요. 내가 젊다는 생각은 당신이 함께 있다는 만족감에 비하면 아무것도 아니에요."

"대부분 사람에게 그건 아주 중요해, 티 케이크."

"그런 것들은 편리함과 관련 있지, 사랑과는 아무 상관이 없어요."

"글쎄요. 내일 아침 해가 뜨고 나서도 여전히 그렇게 생각하는지 궁금하네요. 그건 오늘 밤만의 생각일 뿐이에요."

"당신은 당신 생각이 있고, 난 내 생각이 있어요. 당신이 틀렸다는 것에 1달러를 걸겠어요. 하지만 당신은 내기하지 않을 거 같네요."

"지금껏 해본 적이 없어요. 하긴 옛날 어른들이 말하는 것처럼, 아직 살날이 남아있으니 앞으로 무슨 일을 할지 모르지요."

티 케이크는 벌떡 일어나 모자를 집어 들었다. "잘 자요. 재니 씨. 우린 소소한 거부터 큰 거까지 모두 얘기한 거 같아요. 안녕히 계세요." 그는 거의 뛰다시피 집을 나섰다.

재니는 계단 기둥에 기댄 채 너무 오랫동안 생각을 한 나머지 그만 그곳에 서서 잠이 들 뻔했다. 그러나 그녀는 잠자리에 들기 전, 자신의 입술이며, 눈이며, 머리카락을 살펴보았다.

다음 날 내내 집과 상점에서 그녀는 머릿속에 떠오르는 티 케이크에 저항했다. 심지어 그를 비웃기까지 하고 그런 사람과 어울린다는 것을 부끄럽게 여기기도 했다. 하지만 두어 시간 후에 그 갈등은 다시금 반복되었다. 재니는 티 케이크를 여느 남자들처럼 간주해버릴 수 없었다. 그는 여자들이 꿈꾸는 그런 애인 같았다. 그는 꽃에 뛰어든 한 마리의 꿀벌……. 봄날의 배꽃에 뛰어드는 꿀벌 같았다. 발자국을 내디딜 때마다 세상의 향기가 피어오르는 듯했다. 걸음마다 향기로운 허브를 밟는 듯, 그의 주변에는 향기가 풍겼다. 그는 마치 신의 부드러운 눈길과도 같았다.

티 케이크는 그날 밤 오지 않았고 재니는 자리에 누운 채 그를 비웃으려고 애를 썼다. "어디 또 다른 데 가서 미끼를 달아놓고 맴도는 게지. 매정하게 굴길 잘했어. 길거리에 나도는 그런 쓰레기 같은 검둥이한테 뭘 바라겠어? 아마 다른 여자와 살면서 나를 바보로 만드는 게 분명해. 제때 정신 차려서 다행이야." 재니는 그런 식으로 자신을 위로하려 했다.

다음 날 아침 재니는 문 두드리는 소리에 잠이 깼다. 티 케이크였다.

"안녕, 재니 씨. 잠이 깼기를 바라요."

"그럼요, 티 케이크. 안으로 들어와서 모자를 저기 둬요. 아침 일찍 무슨 일이에요?"

"해 뜨고 난 후 새벽에 한 내 생각을 당신에게 말해주고 싶어서요. 해 뜨고 난 후 느낀 내 감정을 당신이 알 필요가 있어요. 밤에는 그걸 정말이지 이해시킬 수가 없었어요."

"당신은 정말 못 말려요! 그게 이 새벽에 여기 온 이유라고요?"

"그럼요. 당신한테 이렇게 분명히 말하고 보여줘야 해요. 그래서 지금 왔어요. 그리고 딸기도 좀 따왔어요. 좋아할 거 같아서요."

"티 케이크, 당신을 어떻게 생각해야 할지 모르겠어요. 정말 못 말리는 사람이에요. 들어와서 아침이라도 들고 가세요."

"시간이 없어서요. 일하러 가야 해요. 여덟 시까지는 올란다에 도착해야 해요. 자세한 얘기는 이따 할게요."

그는 훌쩍 도로 아래로 뛰어 내려가 사라졌다. 그러나 그날 밤, 재니가 상점에서 돌아왔을 때 그는 모자를 얼굴 위에 덮은 채 해먹 위에 몸을 쭉 뻗고 자는 척하고 있었다. 재니가 그를 불렀다. 그는 못 들은 척했다. 코를 더 크게 골았다. 재니가 해먹으로 다가서자 그는 재니를 덥석 품에 끌어다 안았다. 잠시 그녀는 그의 품에 안겨 그곳에 함께 누워 있었다.

"티 케이크, 당신은 어떤지 모르겠지만 나는 배고파요. 가서 저녁을 좀 먹어요."

그들은 집 안에 들어갔고, 처음으로 그들의 웃음소리가 주방이며 온 집 안에 퍼졌다.

다음 날 아침 재니는 숨이 막힐 듯한 티 케이크의 입맞춤에 잠에서 깨어났다. 티 케이크는 재니가 품에서 빠져서 날아가 버릴까 봐 두려운 것처럼 그녀를 꼭 껴안고 쓰다듬었다. 그러다 그는 급하게 옷을 입고 시간에 맞춰 일하러 갔다. 그는 재니가 절대 아침을 차리지 못 하게 하였다. 그는 재니가 쉬기를 바랐다. 그래서 그대로 누워있게 하였다. 진심으로 재니는 그에게 아침을 차려주고 싶었지만, 그가 집을 나선 후 한참 뒤까지 침대에 누워있었다.

땀구멍마다 어찌나 가쁜 숨이 뿜어 나오던지 티 케이크가 여전히 방에 머무는 것 같았다. 그녀는 그를 느낄 수 있었다. 그가 방을 여기저기 뛰어다니는 모습이 눈에 선했다. 오랫동안 노곤한 행복감에 몸을 맡기고 누워있었다. 그리고 마침내 자리에서 일어나 티 케이크가 바람을 타고 뛰어오르도록 창문을 활짝 열었다. 그렇게 만사는 시작되었다.

선선한 오후 무렵에 특히 연인들에게 보내지는 지옥의 악마가 재니의 귀에 도착했다. 의혹. 그러자 상황이 허락하고 상상력이 꿈꿀 수 있는 모든 종류의 두려움이 그녀를 사방에서 공격했다. 생전 처음 느끼는 감정이었지만, 그에 못지않게 고통스러웠다. 티 케이크가 그녀에게 확신을 주면 좋으련만! 티 케이크는 그날도 다음날도 돌아오지 않았다. 그래서 재니는 심연에 빠져서 빛이라고는 들어 온 적이 없는 아홉 번째 어둠 속으로[5] 떨어졌다.

그러나 나흘째 되던 날 오후에 티 케이크는 다 찌그러진 차를 한 대 몰고 나타났다. 그는 마치 수사슴처럼 뛰어내리고, 상점 현관 기둥에 차를 묶는 시늉을 했다. 미소를 한가득 띠고. 재니는 그를 숭배하기도 했고 동시에 증오하기도 했다. 자신에게 그토록 고통을 주고도 또 어쩌면 저리도 사랑스러운 미소를 띠며 나타날 수 있는가? 그는 가게 안으로 들어서며 살짝 재니의 팔을 꼬집었다.

"당신을 태우고 다닐 걸 가져왔어요." 그가 그 은밀한 미소

---

5 단테의 《신곡》에 나오는 유다가 갇혀있는 가장 어두운 지옥을 말함.

를 지으며 그녀에게 말했다. "모자를 쓸 거면 하나 가져와요. 장을 보러 갈 거예요."

"제가 바로 여기 상점에서 찬거리를 파는데요. 혹시 아는지 모르겠지만. 티 케이크." 그녀는 쌀쌀맞게 보이려고 했지만, 자신도 모르게 웃고 있었다.

"특별한 경우를 위해서 우리에게 필요한 것들은 아니죠. 당신은 보통 사람들을 위한 물건을 팔잖아요. 우리는 바로 당신을 위해 장을 볼 거예요. 내일 주일 학교에서 가는 야유회가 있어요…… 당신은 까먹었겠지요……. 그래서 우리는 먹을 것을 한가득 싸서 가야 해요."

"잘 모르겠어요. 티 케이크. 어쨌든 지금 당신이 할 일을 말할게요. 집에 가서 날 기다려요. 곧바로 갈게요."

상황을 봐가면서 그녀는 뒷문으로 빠져나가 티 케이크를 만났다. 미리 너무 좋아할 필요는 없다고 스스로를 타일렀다. 어쩌면 그는 그냥 예의상 말을 해봤을 것이다.

"티 케이크, 정말로 나와 함께 야유회 가고 싶은 게 확실해요?"

"당신을 데려가려고 돈을 모았는데……. 꼬박 두 주를 개처럼 일했는데……. 그런데 기껏 당신은 나한테 와서 자기와 함께 가기를 원하느냐고 묻다니! 윈터 단지나 올란다에 데려가서 필요한 것들을 사주려고 그 고생을 다하고 차를 구해왔는데, 자기와 함께 가기를 원하느냐고 묻다니!"

"화내지 마요, 티 케이크. 난 그냥 당신이 예의상 이러는 건 싫어서 하는 말이었어요. 만약에 누구 딴 사람 데려가고 싶다면, 난 괜찮아요."

"아니, 그렇지 않아요. 만약 정말 괜찮았으면 그런 말을 하지 않겠죠. 자기 느낌을 용기를 내서 말 해봐요."

"좋아. 그럴게요. 티 케이크, 난 정말 당신하고 가고 싶어요. 하지만, 아, 티 케이크, 나한테는 마음에 없는 말은 하지 말아요!"

"재니, 내가 만일 거짓말을 하는 거면, 신이 날 죽여도 좋아. 이 세상에 당신보다 나은 사람은 아무도 없어. 당신이 천국으로 가는 열쇠를 쥐고 있어요."

제12장

야유회를 다녀오고 나서야 마을 사람들은 상황을 알아채곤 분개하기 시작했다. 티 케이크와 스탁스 시장 부인이! 그렇게 많은 남자 중에 하필이면 티 케이크 같은 놈과 놀아나다니! 다른 건 제쳐두더라도, 조 스탁스가 죽은 지 9개월밖에 안 되었는데 그 여자는 연분홍 리넨 치마를 펄럭이며 야유회를 다니다니. 잘 다니던 교회 출석도 안 하고. 티 케이크와 차를 타고 샌퍼드에 푸른색 옷을 좌르르 차려입고 갔었다니! 창피해라. 하이힐을 신고 10달러짜리 모자를 쓰고 돌아다니다니! 어린 계집애처럼, 티 케이크가 입으란다고 꼭 푸른색 옷만 입는 꼴 좀 봐. 불쌍한 조 스탁스. 장담컨대 그는 무덤에서도 편치 않을 거야. 티 케이크와 재니가 낚시를 갔대. 티 케이크와 재니가 올란도에 영화를 보러 갔다더군. 티 케이크와 재니가 춤추러 갔다네. 티 케이크가 재니 집 앞마당에 화단을 만들고 재니보라고 씨를 뿌렸다더군. 주방 옆의 그 나무를 재니가 싫어한다고 베어버렸다더군. 티 케이크가 자동차를 빌려서 재니에게 운전을 가르친대. 티 케이크와 재니가 체스를 뒀대. 쿤 캔 카드 놀이를 했대. 상점 베란다에 아무도 없으면 오후 내내 플립 카드놀이를 한대. 하루가 멀다 하고, 한주가 멀다 하고.

"피비" 어느 날 밤, 샘 왓슨이 잠자리에 들면서 피비에게 말했다. "당신 친구는 확실히 그 티 케이크에게 홀딱 넘어간 거 같아. 처음에는 내 귀를 의심했지."

"아휴, 걔가 별 뜻이 있는 건 아녜요. 내가 보기엔 샌퍼드의 그 사업가를 염두에 두고 있는 거 같던데요."

"누군가 있다고. 왜냐하면 요즘 들어 표정이 환하더라니까. 거의 매일 새 옷을 입고 머리 모양도 다르게 하잖아. 뭔가 있으니까 그리 머리 모양을 내는 거야. 여자가 그렇게 머리 모양을 매만질 때는 누군가 보여줄 남자가 있어서 그런 거야."

"물론 걔 맘이죠. 하지만 샌퍼드의 그 혼처는 좋은 기회인데. 부인하고 사별을 한데다 재니를 데리고 살 그 집도 멋지더라고요. 조가 남겨준 집보다 더 낫던데."

"당신이 재니에게 그걸 일깨워줘. 티 케이크는 재니의 재산을 들어먹기밖에 더하겠어. 사실 티 케이크가 원하는 게 그거겠지만. 조 스탁스가 열심히 모아 둔 걸 날려 버리는 거 말이야."

"그렇겠죠. 하지만 만일 그렇다 해도 재니는 자기 일은 자기가 알아서 하는 여자예요. 재니는 이제 자기가 하고 싶은 일은 누구보다도 잘 알 거구요."

"오늘 과수원에서 남자들이 그 얘기를 하면서 재니와 티 케이크 둘 다 욕하더군. 그 사람들 생각이 티 케이크가 지금은 재니한테 돈을 쓰고 있지만 그건 나중에 재니가 돈을 쓰게 하려고 그런다는 거야."

"흥! 흥! 흥!"

"아, 그 사람들이 전부 샅샅이 알더라니까. 그 사람들 말처럼 그리 나쁠 리는 없겠지만, 사람들이 그렇게 말을 하고 있고 재니한테는 아주 좋지 않은 상황으로 가고 있어."

"그건 질투하는 거고 나쁜 맘을 품은 거예요. 그 남자 중 몇몇은 티 케이크가 한다고 생각하는 그 짓을 하고 싶어 하는 거라고요."

"목사가 하는 말이, 티 케이크는 헌금 낼 돈으로 기름값을 대려고 재니를 좀처럼 교회에 보내지 않는다는 거야. 교회에서 먼 곳으로만 끌고 다닌다고. 어쨌든 재니는 당신 단짝 친구니까, 그녀가 어떤지 한번 살펴봐. 이것저것 귀띔을 해서 만일 티 케이크가 재니의 돈을 훔치려 한다면 알아챌 수 있도록 말이야. 난 재니를 좋아하고 재니가 타일러 부인 꼴이 되는 걸 정말 못 보겠다고."

"아이고, 하느님! 안되지요! 내일 가서 재니랑 얘기를 좀

해야겠네. 재니는 지금 지가 무슨 일을 하는지 아무 생각이 없다니깐."

다음 날 피비는 이웃집 정원에 들어가는 암탉처럼 재니의 집으로 조심스레 다가갔다. 길가는 사람들을 볼 때마다 멈춰서서 얘기를 나누고 이집 저집 베란다에 서서 잠시 숨을 돌리는 등…… 구불구불 돌면서 앞으로 나아갔다. 그래서 재니를 만나야겠다는 확실한 의도는 마치 우연인 것처럼 보였고 길을 가는 도중에 만나는 사람들에게 자기 생각을 전할 필요가 없었다.

재니는 피비를 반갑게 맞았고 잠시 뒤 피비는 말을 꺼냈다. "재니, 모두 다 네 얘기를 하고 있어. 티 케이크가 너를 네가 전에 다니지 않던 곳으로 데리고 다닌다고 말이야. 야구 경기며, 낚시며. 티 케이크는 네가 그보다 더 수준이 높다는 걸 모르나봐."

"조디가 날 그리 만들었지. 나는 그렇지 않았어. 아냐, 피비, 티 케이크는 절대 내가 원하지 않는 곳에 데리고 다니는 게 아니야. 난 항상 많은 곳을 돌아다니고 싶었는데 조디가 그렇게 하는 걸 막았지. 내가 상점에 있지 않을 때 조디는 내가 그냥 두 손 포개고 저기에 가만히 앉아있기를 바랐어. 그리고 난 그렇게 앉아있을 때면, 사면의 벽이 죄어 와서 내 안의 모든 생기를 다 짜내는 것 같았어. 피비, 배운 여자들은 자리에 앉아서 생각할 게 무척 많을 거야. 누군가 그 여자들에게 앉아서 뭘 할지를 알려주었지. 하지만 나한테는 아무도 그걸 알려준 적이 없어서 난 앉아있으면 여전히 걱정돼. 난 나 자신을 온전히 활용하고 싶어."

"하지만, 재니, 티 케이크, 그 사람은 감옥에 들락거리지는 않지만, 그 사람은 땡전 한 푼 없어. 그가 그저 네 돈을 보고 쫓아다니는 것 같지는 않니……? 그 사람은 너보다 나이도 어린데?"

"그 사람은 아직 나한테 한 푼도 달라고 한 적이 없어. 그리고 만약 그 사람이 내 돈을 좋아한다고 해도 그건 우리 모두하고 다르지 않아. 내 주변에 모여 있는 나이 많은 남자들도 결국은 똑같은 걸 원하는 거잖아. 이 마을에는 나 말고도 과부가 세 명이나 더 있는데, 왜 그 여자들을 쫓아다니지는 않는 건데? 그 여자들은 돈이 없기 때문이야. 그게 이유라고."

"사람들은 네가 색깔 고운 옷을 입는 걸 보고 네 죽은 남편에 대한 예의가 아니라고들 생각하고 있어."

"슬프지도 않은데 왜 상복을 입어야 하는데? 티 케이크는 내가 푸른색 옷을 입는 걸 좋아하고, 그래서 내가 그렇게 입는 거야. 조디는 살아 있을 때 한 번도 내게 옷 색깔을 골라준 적이 없어. 세상 사람들이 애도의 색이라고 흰색과 검은색을 고른 거지, 조가 고른 게 아니라고. 난 다른 모든 사람을 위해 입었어."

"어쨌든, 조심해, 재니. 이용당하지 마. 젊은 남자애들이 나이 많은 여자한테 어떻게 하는지 알고 있잖니. 그들은 줄곧 자기가 얻고 싶은 것만 구하다가 그걸 얻었다 싶으면 옥수수밭의 칠면조처럼 사라져 버린다고."

"티 케이크는 그런 식으로 말하지 않아. 그는 영원히 나와 함께 하려고 해. 우린 곧 결혼하기로 했어."

"재니, 너는 성인 여자야. 그러니 지금 네가 무슨 일을 하려는지 알고 있기를 바라. 나는 네가 주머니쥐처럼 되지 않기를 바라고 있어. 나이가 들수록 분별력이 약해지니까. 네가 샌포드의 그 남자랑 결혼하면 더 좋을 텐데. 그 사람은 네 재산에 더 보탬이 될 재산이 있잖아. 재산을 더 불릴 수도 있고. 나쁘진 않은 사람인데."

"그래도 난 티 케이크와 살 거야."

"응, 네가 그리 정했다면 아무도 어쩔 도리가 없지. 하지만 넌 아주 위험한 모험을 하는 거야."

"아냐, 내가 이전에 경험한 모험 이상은 아니야. 그리고 다른 사람들이 결혼할 때 하는 모험 그 이상도 아니고. 결혼으로 인해 사람들은 변하고, 때로는 자신들도 몰랐던 내면의 더러움이나 저속함을 밖으로 드러내기도 하고. 너도 그거 알지. 어쩌면 티 케이크도 그렇게 될지 몰라. 그렇지 않을 수도 있고.

어쨌든 난 준비 되었고 기꺼이 그 사람을 겪어보려고 해."

"그럼, 결혼은 언제 하는데?"

"그것까지는 몰라. 상점이 팔려야 하고, 그러고 나서 우리는 결혼하러 어디론가 갈 거야."

"상점을 왜 팔아?"

"티 케이크는 조디 스탁스가 아니니까, 그가 그리되려고 했다면, 모든 게 엉망일 거야. 그런데 내가 결혼을 하는 순간부터 사람들은 그를 스탁스와 비교하겠지. 그래서 우리는 어디론가 가서 티 케이크의 방식대로 완전히 다시 시작할 거야. 이건 무슨 사업을 벌인다거나, 사회적인 지위와 재산을 쫓는 게 아니니까. 이건 사랑 게임이야. 나는 할머니의 방식대로 살아왔어. 이제는 내 방식대로 살 거야."

"그게 무슨 뜻이니?"

"할머니는 사람들, 즉 흑인들이 앉아서 쉬고 싶을 때 마음대로 앉아 쉴 수 없는 시절에 태어나셨어. 그래서 백인 마님처럼 베란다에 나와 앉아있는 것은 할머니한테 정말 멋진 일이었어. 그런 걸 내게 원하셨던 거야……. 어떤 대가를 치러야 하는지는 괘넘치 않았지. 높은 의자에 올라앉아라. 할머니는 아무 일을 하지 않는 그 자리에 올라앉은 후에는 무엇을 할 것인지 생각할 틈이 없었어. 목표는 거기에 앉는 거였어. 그래서 난 할머니가 시키는 대로 높은 의자에 올라앉았지. 하지만, 피비,

그 위에서 난 시들어 죽을 뻔했어. 마치 온 세상이 탈출을 외치는데 난 아직도 그 평범한 소식을 듣지 못한 것 같은 기분이었지."

"그럴 수도 있겠지, 재니. 하지만 그래도 난 그 생활을 딱 일 년만이라도 해보고 싶어. 내가 있는 곳에 비하면 그곳은 천국 같은데."

"그렇겠지."

"하지만, 어쨌든, 재니, 상점을 팔고 낯선 사람과 떠나는 일은 신중해야 해. 애니 타일러가 겪은 일을 생각해봐. 얼마 되지도 않는 재산을 갖고 후 플링이라는 어린애와 탐파로 도망갔던 일. 그건 생각해 볼 만한 문제야."

"그건 정말 그래. 하지만 난 타일러 부인이 아니고 티 케이크는 후 플링이 아냐. 그리고 그는 내게 낯선 사람이 아냐. 우린 이미 결혼한 거와 다르지 않아. 공공연하게 만들고 싶지는 않지만. 바로 너니까 말하는 거야."

"난 병아리와 같아. 병아리는 물을 마셔도 오줌을 안 싸지."

"아, 네가 아무 말 안 할 거라는 건 알아. 우리는 부끄럽지 않아. 그저 큰 소동을 일으킬 준비가 아직 안 되어있을 뿐이야."

"말하지 않는 편이 좋을 거야, 그런데 재니, 넌 정말 큰 모험을 하는 거야."

"겉보기와 다르게 그리 큰 모험은 아냐, 피비. 난 티 케이크 보다 나이가 많아. 그래. 하지만 그 사람은 나이를 따지는 것이 단지 생각일 뿐이라는 사실을 알려주었어. 만일 사람들이 같은 생각을 한다면 잘살 수 있어. 그래서 처음에는 새로운 생각을 해야 했고 새로운 말을 해야 했어. 그렇게 하는 것이 익숙해지고 나니 우리 두 사람은 잘 지내. 그 사람은 내게 완전히 새로운 말을 알려준 거지. 잠깐만 기다려봐. 티 케이크가 골라준 파란색 공단 드레스를 입고 내가 그 사람 곁에 서는 날을. 하이힐 구두와 목걸이, 귀걸이, 그가 내게 골라준 모든 걸 말이야. 곧 어느 날 아침에, 얼마 후에 말이야, 네가 날 불러도 나는 떠나고 없을 거야."

제13장

　잭슨빌. 티 케이크는 편지에서 잭슨빌이라 했다. 그는 전에 그곳 철도 매점에서 일했으며 그의 옛 주인이 다음 임금 지급일에 그에게 일자리를 주겠다고 약속했다. 재니는 더 기다릴 필요가 없었다. 기차에서 내리자마자 결혼하러 갈 테니 어서 그 푸른색 드레스를 입고, 서둘러 오라고 했다. 재니를 생각하면 온몸이 설탕처럼 녹아내릴 지경이라고. 어서 와, 아가야, 티 케이크 아빠는 우리 아기라면 무조건 좋아!

　재니가 탄 기차는 너무 이른 시각에 출발했기에 그녀가 떠나는 것을 본 사람은 그리 많지 않았다. 그렇지만 그녀를 본 몇 사람들이 자세한 목격담을 남겼다. 그들은 재니의 모습이 멋져 보였다고 말했지만, 그녀와는 상관없는 일이었다. 언제나 바라보기만 할 수밖에 없는 여자를 사랑하는 것은 어려운 일이다.

　기차는 반짝이는 철로 위를 박자를 맞춰 앞으로, 앞으로 달렸다. 가끔 기관사가 지나가는 마을 사람들에게 경적을 울려 주기도 하면서. 그리고 기차는 재니가 보고 싶어 하고 궁금해 하는 모든 것이 있는 잭슨빌로 속도를 낮춰가며 접어들었다.

크고 오래된 기차역 바로 거기에서 티 케이크가 푸른 양복에 밀짚모자를 쓰고 서 있었다. 그는 우선 그녀를 목사관으로 데려갔다. 그러고 나서 곧장, 지난 두 주 동안 재니를 기다리며 지냈던 방으로 직행했다. 그리고 누구도 본 적 없는 격렬한 포옹과 키스를 퍼부었다. 그 모습에 너무 기뻐서 재니는 겁이 날 정도였다. 그들은 그날 밤은 집에서 쉬었지만, 다음 날 저녁부터는 쇼를 구경하고, 전차를 타고, 시내 곳곳을 둘러보았다. 티 케이크가 모든 비용을 지급했기 때문에 재니는 자신의 속옷 주머니에 넣어둔 200달러에 대해서는 한마디도 하지 않았다. 피비가 재니에게 속옷 주머니를 만들어 달고 만일을 대비해서 그 속에 돈을 몰래 넣어 두라고 고집했던 것이다. 재니는 지갑에는 교통비로 10달러를 넣어두었다. 그것이 전부라고 티 케이크가 생각하도록 하자. 만사가 자기 생각대로 되지 않는 일도 있으니까. 기차에서 내린 후 순간마다 재니는 피비의 충고를 떠올리며 웃었다. 재니는 나중에 티 케이크가 자존심 상하지 않을 거라 확신이 들 때 이 일을 농담 삼아 얘기할 작정이었다. 그렇게 결혼한 후 일주일가량 지난 무렵 재니는 피비에게 사진을 넣은 엽서를 보냈다.

그날 아침 티 케이크는 재니보다 일찍 일어났다. 재니는 잠이 덜 깨서 그에게 아침에 튀겨 먹을 생선을 사 오라고 했다. 그가 다녀올 때쯤이면 잠에서 완전히 깰 거라고 하면서. 티 케이크는 그러겠다고 했고 재니는 다시 등을 돌려 잠을 청했다. 그리고 깨어났을 때 티 케이크는 아직 돌아오지 않았고 시계는 꽤 오랜 시간이 흘렀음을 가리키고 있었다. 그래서 재니는 일어나 세수를 했다. 아마 티 케이크는 잠을 방해하지 않으려고 아래층에서 생선 손질을 하고 있을지도 몰랐다. 그녀는 아래층에 내려갔다. 거기서 집주인 아주머니가 커피를 만들어 주었다. 집주인은 남편이 세상을 떠난 후로 혼자서 모닝커피를 마시는 건 싫다고 했다.

"남편분이 아침에 일하러 나갔나 보죠, 우즈 부인? 아까 일찍 나가시던데. 우리 서로 말동무가 될 수 있겠네요. 그렇죠?"

"아, 그럼요. 새뮤얼스 부인. 부인을 보니 이튼빌에 두고 온 친구 생각이 나네요. 네, 부인은 꼭 그 친구처럼 친절하고 다정하시네요."

그렇게 커피를 마신 후 재니는 주인에게 아무것도 묻지 않은 채 낙심하여 방에 돌아왔다. 티 케이크는 필경 생선을 구하느라 온 시내를 뒤지고 있을 거야. 너무 생각을 많이 하지 않으려고 그 생각에만 집중했다. 12시를 알리는 사이렌 소리가 들리자 재니는 일어나 옷을 갖춰 입었다. 비로 그때 재니는 200

달러가 사라졌다는 사실을 발견했다. 안전핀으로 꽂아둔 그 작은 속 지갑은 의자 옷가지들 아래에 묻혀 있었지만, 그 속에 있던 돈은 방 안 어디에도 없었다. 자신의 분홍색 비단 속 조끼에 안전핀으로 고정한 그 작은 지갑 안에 돈이 없다면 그 어디서도 돈은 찾을 수 없을 거라는 사실을 재니는 알고 있었다. 그러나 그녀는 반복해서 방 안을 뒤지고 다녔고 그렇게 찾는 일 덕분에 그녀는 계속 몸을 움직일 수 있어서 좋았다. 비록 그 자리를 맴맴 돌며 헛되게 찾아다니는 일이었지만.

하지만 아무리 마음을 잡으려고 해도 사탕수수를 빻는 말처럼 한곳에서 계속 맴돌 수는 없었다. 그래서 재니는 방바닥에 주저앉았다. 앉아서 방 안을 둘러보았다. 방의 내부는 마치 악어 입 같았다…… 무언가를 꿀꺽 삼켜버릴 듯 쩍 벌어진 악어 입. 창문 밖에는 마치 울타리를 쳐서 높은 창공으로 날아오르지 않도록 고정해두어야 할 것 같은 잭슨빌이 펼쳐져 있었다. 잭슨빌은 너무 커서 안락하지 않았고 재니 같은 사람을 필요로 하지도 않았다. 밤과 낮 내내 재니는 걱정으로 피가 말랐다.

정오가 다 될 무렵 재니는 애니 타일러와 후 플렁의 일이 생각났다. 애니 타일러는 쉰두 살에 과부가 되었고 멋진 집과 보험금을 물려받았다.

타일러 부인은 머리를 염색하고 스트레이트로 풀었고, 불편한 새 의치를 낀데다 가죽처럼 뻣뻣하고 거친 피부에 덕지 덕지 분칠하고 낄낄거렸다. 그녀는 십대 후반이나 이십대의 남자애들과 연애를 했고, 그들에게 옷과 신발, 시계를 사주며 돈을 썼지만, 그들은 모두 자신들이 원하던 것들을 가지자마자 그녀를 떠났다. 그녀가 가지고 있던 현금을 다 써버리자, 후 플렁이 나타나서는 이전에 만났던 남자애들은 다 건달들이었다고 욕을 하면서 그녀의 집 주변을 어슬렁댔다. 그가 바로 타일러 부인에게 집을 팔고 함께 탐파로 떠나자고 설득한 작자이다. 마을 사람들은 그녀가 다리를 절며 떠나는 것을 보았다. 발에 꼭 끼는 작은 하이힐을 신어서 그녀의 발은 온통 물집이 잡히는 형벌을 받는 듯하였다. 그녀의 몸은 꼭 끼는 코르셋 때문에 허릿살이 턱 밑까지 밀려 올라와 있었다. 하지만 그녀는 깔깔 웃으면서 확신에 차서 떠났다. 재니가 그랬던 만큼이나 확신을 하면서.

그로부터 2주 후 애니 타일러는 북부 행 완행열차에서 짐 꾼과 차장의 부축을 받으며 메이트랜드 역에 내렸다. 머리카락이 가닥가닥 희끗희끗하거나 거무스름하거나 푸드락 붉으락 하였다. 싸구려 염색약 때문에 생긴 모든 부자용이 머리카락에 남아있었다. 하이힐 구두는 그녀의 지친 두 발처럼 구부러지고 휘어져 있었다. 코르셋은 입지 않아 늙은 여자의 몸뚱이는 적나라하게 늘어져 덜덜 떨리고 있었다. 모든 것이 늘어져 보였다. 그녀의 턱은 귓전에서 목을 따라 마치 휘장처럼 늘어져 있었다. 덜렁대는 젖가슴과 뱃살, 심지어 종아리 살도 거의 발목까지 내려와 있었다. 그녀는 그르렁 소리를 낼 뿐 절대로 낄낄대지 않았다.

애니 타일러는 낙망했고 자존심도 사라졌으며, 무슨 일인지 묻는 사람들에게 상황 설명을 했다. 후 플렁은 허름한 거리에 있는 허름한 집의 허름한 방으로 그녀를 데려갔고 다음 날 결혼식을 올리겠다고 약속했다. 그들은 그 방에서 이틀을 지냈는데, 다음날 그녀가 눈을 떴을 때 후 플렁이 그녀의 돈을 가지고 가버렸다는 사실을 알았다. 그녀는 자리에서 일어나서 여기저기 찾아보고 다녔지만, 그를 찾는다는 것은 자기 힘으로는 가당찮은 일이었다. 그녀가 깨달은 것이라곤 자신이 새 술을 담기에는 너무 낡은 부대라는 사실뿐이었다. 다음날이 되자 애니 타일러는 배가 고파서 거리로 나섰다. 거리에 서서 웃고 또 웃고, 그러고 나서는 웃고 구걸하다가, 나중에는 구걸만 하였다. 세상에 나가 온갖 상처를 받으며 일주일을 보냈을 때, 같은 고향 젊은이가 그녀를 우연히 보았다. 애니 타일러는 그에게 자초지종을 말할 수 없었다. 그저 지갑을 도난당했음을 기차에서 내리자마자 알았다고 말했다. 당연히 젊은이는 그 말을 믿었고 그녀를 자신의 집에 데려가 하루 이틀 쉬도록 한 후에, 집으로 돌아갈 수 있는 차표를 마련해주었다.

사람들은 그녀를 자리에 눕히고 오칼라에 사는 시집간 딸에게 연락했다. 딸은 연락을 받자마자 달려왔고 어머니가 편히 눈을 감도록 자신의 집에 데려갔다. 애니 타일러는 평생 무언가를 오랫동안 기다렸으나, 발견하자마자 그로 인해 죽은 것이었다.

애니 타일러의 일이 여러 장의 사진처럼 재니 잠자리 주변을 밤새 맴돌았다. 어쨌든 재니는 이튿날로 돌아가서 조롱과 동정의 대상이 되지는 않을 것이다. 지갑에 아직 10달러가 있고 은행 계좌에는 1,200달러가 있었다. 그렇지만, 오, 하느님, 티 케이크가 어딘가에서 다쳐서 쓰러져있고 제가 그것을 모르고 지나가지 않도록 해주세요. 그리고 하느님, 제발 그 사람이 저 이외에 다른 여자를 사랑하지 않게 해주세요. 어쩌면, 하느님. 저는 사람들 말처럼 바보일지도 모릅니다. 그렇지만 하느님, 저는 너무 외로웠어요, 그리고 기다렸어요. 예수님. 저는 너무 오랫동안 기다렸답니다.

재니는 깜박 졸다 깨어났다. 태양은 어둠을 가르는 정찰병들을 자신보다 먼저 보내어 길을 밝히고 있었다. 태양은 세상의 문지방 위를 내다보면서 장난스럽게 살짝 붉은빛을 던졌다. 그러나 곧바로 모든 것을 제쳐두고 일어나 세상을 온통 하얀 햇빛으로 뒤덮는 일을 시작하였다. 하지만 티 케이크가 곧 돌아오지 않는다면 재니에게 세상은 항상 어두울 것이다. 그녀는 자리에서 일어났지만, 의자에 가만히 앉아있지만은 않았다. 그녀는 흔들의자에 머리를 기대고 바닥에 쭈그리고 앉았다.

잠시 후 재니의 방 밖에서 누군가 기타를 치고 있었다. 꽤 긴 연주였다. 그리고 멋진 소리였다. 하지만 재니의 울적한 마음에 그 선율은 슬프게 들렸다. 다음 순간 누군가 노래를 부르기 시작했다. "자비롭게 종을 울리소서. 죄지은 사람들을 집으로 불러주소서."

"티 케이크, 당신이야?"

"나라는 걸 잘 알잖아요, 재니. 그런데 왜 문은 안 여는 거예요?"

그런데 그는 기다리지 않았다. 그는 기타를 메고 들어왔다. 그 미소. 기타는 붉은 비단 끈으로 그의 목에 걸려있었고 그 미소는 그의 귀에 걸려있었다.

"지금까지 내가 내내 어디 있었는지 지금 묻지 말아요, 온종일 말해줄게요."

"티 케이크, 나는……."

"세상에, 재니, 왜 마룻바닥에 앉아있는 거예요?"

그는 재니의 머리를 두 손으로 감싸며 의자에 편히 앉았다. 재니는 여전히 아무 말도 하지 않았다. 그는 재니의 머리를 쓰다듬으며 그녀의 얼굴을 들여다보았다.

"뭔지 알겠다. 당신 그 돈에 대해 날 의심했구나. 내가 돈을 가지고 가버렸다고 생각했군. 당신한테 뭐라 하진 않겠지만 당신이 생각하는 거랑은 달라요. 만일 애가 태어나지도 않았는데 엄마가 죽는 일이 생긴다면, 그럴 때는 우리 돈을 그 아이를 위해 쓸 수 있겠지. 당신이 천국 가는 열쇠를 쥐고 있다고 말해준 적이 있지요? 그 말을 믿어도 돼요."

"하지만 당신 계속 나가서 나를 낮과 밤이 가도록 혼자 놔뒀잖아."

"그렇게 나가 있고 싶어서 그랬던 건 아니에요. 하느님께 맹세코, 여자 문제가 아니에요. 당신이 날 잡아매어 둘 힘이 없는 사람이었다면, 애당초 당신을 우즈 부인이라 부르지도 않았을 거예요. 당신을 알기 전에 여자들을 많이 만나고 얘기도 해 봤지. 당신은 세상에서 유일하게 내가 결혼하자고 말한 여자예요. 나보다 나이가 많은 건 중요하지 않아요. 그건 절대 생각하지 말아요. 만약 내가 다른 여자하고 바람이 난다면 그건 그 여자 나이 때문이 아닐 거예요. 그 여자가 당신하고 같은 방법으로 나를 사로잡았기 때문일 거예요……. 그래서 난 어쩔 수 없게 된 걸 거예요."

티 케이크는 재니 옆으로 내려앉아 키스하고는 그녀가 웃을 때까지 그녀의 입술 양 끝을 잡아 장난스럽게 잡아 밀어 올렸다.

"동네 사람들, 여기 좀 보세요," 그는 상상의 구경꾼들에게 소리쳤다. "우즈 자매님이 자기 남편을 버리려고 한대요!"

재니는 그 소리에 웃음을 터뜨리며 그에게 몸을 기댔다. 그러고 나서 그녀도 같은 상상의 구경꾼들에게 소리를 질렀다. "우즈 부인께서 작은 수탉을 잡았는데, 수탉이 어디 다녀와서는 부인한테 고하질 않는다는군요."

"우선, 그런데, 뭐 좀 먹읍시다, 재니. 그러고 나서 얘기해요."

"한 가지 말해둘 건, 앞으로 당신한테 생선 사 오라고 하지 않을 거야."

그는 재니의 옆구리를 꼬집으며 못 들은 척했다.

"오늘 아침엔 우리 둘 다 일을 할 필요 없어요. 새무엘스 부인을 부르고 뭐든 당신 먹고 싶은 것을 만들게 해요."

"티 케이크, 만약에 서둘러서 말하지 않으면, 두들겨 패서 10센트 동전처럼 납작하게 만들 거야."

티 케이크는 말하지 않고 있다가, 아침 식사를 어느 정도 들고 나서야 몸짓을 섞어가며 얘기를 시작하였다.

그는 옷을 입다가 얼핏 그 돈을 보았다. 그는 호기심에 그 돈을 집었고, 튀겨먹을 생선을 사러 나가면서 액수를 세어보려 주머니에 넣었다. 돈의 액수가 얼마인지 알자, 그는 흥분해서 사람들에게 자신을 과시하고 싶은 생각이 들었다. 그가 생선 가게에 도착하기 전, 이전에 기관 차고에서 함께 일했던 동료 한 사람을 만났다. 이런저런 얘기를 나누다가 그는 돈을 약간 쓰기로 마음먹었다. 그는 생전에 그리 큰 액수의 돈을 손에 쥐어본 적이 없었기 때문에, 백만장자가 된다는 것이 어떤 기분인지 알고 싶어졌다. 그들이 철도 상점을 지나 캘러헌으로 갔을 때 그는 그날 밤 모든 사람에게 닭고기와 마카로니 요리를 저녁으로 사주기로 했다. 공짜로 말이다.

티 케이크는 음식을 샀고 그들은 기타를 연주할 사람을 찾아서 모두 춤을 추고 놀 수 있도록 하였다. 그들은 주변 사람들이 모두 오도록 초대를 했다. 그리고 모두 정말 왔다. 커다란 테이블 위로 닭튀김과 빵, 치즈를 잔뜩 올린 마카로니 한 양푼이 차려졌다. 기타 연주자가 연주를 시작하자 그야말로 동서남북, 그리고 호주에서 온 사람들이 모여들었다. 그리고 티 케이크는 문간에 서서 못생긴 여자들이 들어오려고 하면 2달러씩을 손에 쥐여주면서 들어오지 못하도록 막았다. 덩치가 크고 피부색도 우중충한 여자 하나는 얼마나 못생겼던지 들어오지 못하게 막는데 5달러는 주어야 할 것 같았다. 그래서 티 케이크는 5달러를 그녀에게 주었다.

그들은 아주 재밌는 시간을 보내다가 자신을 나쁜 사람이라고 자처하는 남자를 보았다. 그 남자는 닭고기를 모두 자기 앞으로 모아 두고는 그중 산과 모래주머니만 골라 먹으려 하였다. 아무도 그를 말릴 수가 없어서 사람들은 티 케이크에게 그를 그만두게 할 수 있는지 와서 좀 보라고 하였다. 티 케이크는 그에게 가서 말했다. "이봐요, 왜 이러는 거예요, 대관절?"

"난 누가 나한테 뭘 갖다주는 거 바라지 않아. 특히 나한테 먹을 걸 정해주는 거. 내가 먹을 건 내가 정한다구." 그는 계속해서 닭고기 요리 더미를 헤집어 댔다. 그 모습에 티 케이크는 화가 났다.

"이 인간이 간덩이가 부었군. 말해봐, 당신, 어느 우체국에 오줌발을 갈겼지? 정말 알고 싶군."

"당신 지금 뭐라고 한 거야?" 사내가 물었다.

"내 말인즉……. 내가 한턱내는 닭고기를 모조리 끌어다 헤집는 짓을 하는 게 꼭 미연방 정부 우체국에 가서 오줌발 자랑하는 짓처럼 간덩이가 부은 짓이라는 거지. 덤벼, 내 오늘 매운 맛을 보여주고 말 테니."

그래서 사람들은 모두 티 케이크가 그 불한당을 손봐줄 수 있는지 구경하러 밖으로 나갔다. 티 케이크는 사내의 치아를 두 개나 부러뜨렸고 사내는 그 길로 사라졌다. 그리고 나자 어떤 두 남자가 나서서 싸움을 벌였고 티 케이크는 그들을 화해시키려 했다. 그러나 두 사람은 막무가내였다. 둘은 차라리 감옥에 가겠다고 했지만, 사람들은 티 케이크의 생각에 동의했고 두 사내를 화해시켰다. 두 사내는 침을 뱉고 서로에게 구역질을 해대고는 손등으로 입가를 닦았다. 한 사내는 밖으로 나가서 마치 병든 개처럼 작은 이파리를 질겅이며 씹어댔다. 그는 상대를 죽이고 싶은 걸 참고 있다고 했다.

그러고 나자 사람들은 기타 연주자를 놀려대기 시작했다. 그가 연주할 수 있는 곡이 세 곡밖에 되지 않기 때문이었다. 그래서 티 케이크가 기타를 들고 연주를 시작했다. 티 케이크는 이 기회가 반가웠다. 재니를 만난 직후 그녀를 태울 자동차를 빌리느라 기타를 전당포에 맡긴 후 한 번도 기타를 손에 잡은 적이 없기 때문이었다. 그는 음악이 그리웠다. 기타를 사고 싶은 마음이 들었다. 그는 그 자리에서 15달러를 내고 기타를 샀다. 이 기타는 어디서든 65달러 가치는 나갈 것이었다.

날이 밝기 직전에 파티는 끝났다. 그래서 티 케이크는 서둘러 새 부인에게로 돌아왔다. 그는 부자가 된다는 것이 어떤 느낌인지 알았고 좋은 기타를 갖게 되었으며 호주머니에 12달러가 남아있었다. 지금 그가 필요로 하는 것은 재니가 그를 꽉 끌어안고 키스를 해주는 것이었다.

"당신은 당신 아내를 끔찍이 못생겼다고 여기는 것이 틀림없어. 당신이 들어오지 말라면서 2달러를 준 여자들은 그래도 문 앞까지는 갈 수 있었잖아. 난 문 근처에도 가지 못했는걸." 재니가 입술을 삐죽이며 말했다.

"재니, 당신을 데려오기 위해서라면 잭슨빌이 아니라 탐파라도 한걸음에 다녀갔을 거예요. 당신을 데려올까 하고 두세 번 망설였지요."

"그런데 왜 안 데리러 왔어?"

"재니, 내가 그랬다면 따라서 왔을 거예요?"

"당연하지. 당신만큼 나도 잘 놀아."

"재니, 정말 그러고 싶었는데요. 겁이 나더군요. 혹시 당신을 놓칠까 너무 겁이 났어요."

"왜?"

"그 사람들은 지체 높은 양반들이 아녜요. 철도 노동자들과 그 아내들이지. 당신은 그런 부류의 사람들과 어울린 적이 없으므로 내가 당신을 그리로 데려가면 화를 내고 날 떠나 버릴까봐 겁이 났어요. 하지만 난 당신이 여전히 내 곁에 있어 주길 바랐어요. 당신과 결혼하기 전 나는 내 안의 천박함을 당신 앞에 내보이지 않기로 마음먹었어요. 내 나쁜 습관이 도지면 멀리 가서라도 당신 눈에 띄지 않게 하기로. 바로 당신을 내 수준으로 끌어내리는 건 상상도 하지 않았지요."

"나 좀 봐, 티 케이크, 또다시 날 두고 나가 잔뜩 재미를 보고 와서는 내가 고상하다느니 어쩌니 하는 말을 한다면, 당신을 죽여 버리고 말겠어. 알아들었어?"

"그럼 당신 나하고 무엇이든 함께할 거예요, 응?"

"그럼, 티 케이크, 뭐든 상관없이."

"그것이 내가 알고 싶던 모든 것이에요. 지금부터 당신은 내 아내이자 내 여자이고 이 세상에서 내가 필요로 하는 모든 것이에요."

"나도 그러길 바라."

"그리고 내 사랑, 그 200달러에 대해서는 걱정하지 말아요. 이번 토요일이 철도 관련 업자들이 보수를 받는 날이거든. 지금 주머니에 있는 12달러로 200달러, 아니면 그보다 더 큰 돈을 벌어 올 거예요."

"어떻게?"

"내 사랑, 당신이 나를 편하게 해주고 나 자신에 대해서 무슨 말이든 할 수 있는 특권을 주었으니, 말할게요. 당신은 하느님이 만든 최고의 도박꾼 중 하나와 결혼했어요. 카드 게임이건 주사위 게임이건. 난 신발 끈 하나로 제혁 공장을 딸 수도 있어. 내가 도박하는 걸 당신이 와서 본다면 얼마나 좋을까. 하지만 이번 게임은 거친 사내들이 온갖 상스러운 말을 할 거라 당신을 데려갈 수는 없어요. 하지만 시간이 그리 오래 걸리지는 않을 거예요."

그 뒤 한 주일 내내 티 케이크는 주사위 던지는 연습을 했다. 맨 마룻바닥에서, 카펫 위에서, 그리고 침대보 위에서도 주사위를 던졌다. 쪼그리고 앉아서 던지고, 의자에 앉아서도 던지고, 서서도 던졌다. 주사위에 손을 댄 적이 없는 재니로서는 아주 흥미로운 광경이었다. 그리고 그는 카드 한 벌을 들고 섞고 떼고, 섞고 떼고 돌리더니 그러고 나서는 자세히 각 패를 들여다본 후에 다시 그 과정을 반복했다. 그렇게 토요일이 찾아왔다. 그는 밖으로 나가 신제품 자동 칼날 나이프와 카드 두 벌을 사 온 다음, 정오 무렵 재니를 남겨두고 나갔다.

"이제 곧 임금을 지급하기 시작할 거예요. 나는 큰돈이 걸릴 때 게임에 들어가고 싶어. 오늘 난 푼돈을 따러 가는 게 아니에요. 난 그 큰돈을 가져오거나 아니면 들것에 실려 올 거예요." 그는 행운의 상징으로 재니의 머리 위 사마귀에서 털 아홉 개를 잘라서는 행복하게 집을 나섰다.

재니는 자정 무렵까지는 별걱정을 하지 않고 기다렸지만, 그 이후가 되자 두려움이 밀려왔다. 그래서 그녀는 자리에서 일어나 겁에 질려 참담한 기분으로 앉아있었다. 온갖 위험한 상상을 떠올리곤 두려움에 떨면서. 이번 주에 여러 번 그랬듯이 그녀는 자신에 대해 놀라고 있었다. 티 케이크가 도박한다는 게 놀랍지도 않다니. 그건 그의 일부이고 그래서 괜찮았다. 그녀는 오히려 누군가가 비난을 하고 나선다면 그 사람들에게 화가 날 것이다. 늙은 위선자들은 자기들 일에나 신경 쓰고 다른 사람 일에는 신경 쓰지 마시길. 티 케이크가 적은 돈을 따려고 하는 건 별거 아니다. 위선자들이 항상 혓바닥으로 거짓말을 해대는 것보다는.

티 케이크의 발톱 아래에는 소위 기독교인이라는 작자들의 마음속보다 좋은 품성이 더 많이 있지. 그녀는 남편에 대해 뒷담화를 하는 늙은 위선자들의 말은 아예 듣지 않는 것이 더 좋았다! 제발, 예수님, 그 더러운 검둥이들이 그녀의 남자를 해치지 않게 해주세요. 만일 그런 일이 일어난다면, 주님, 그녀에게 좋은 총을 주셔서 그들을 쏴버릴 수 있게 해주세요. 티 케이크가 나이프를 가지고 간 것은 사실입니다. 하지만 그건 순전히 자신을 보호하려고 그런 거예요. 아시다시피, 티 케이크는 파리 한 마리 못 죽여요.

세상의 벌어진 틈으로 아침 햇살이 슬며시 들어올 때쯤, 재니는 희미하게 문 두드리는 소리를 들었다. 그녀는 달려나가 문을 활짝 열어젖혔다. 티 케이크가 선 채로 잠이 든 것처럼 그곳에 있었다. 왜 그런지 모르게 그의 모습은 섬뜩했다. 재니는 제대로 세우려고 그의 팔을 잡았고 그는 비틀거리며 방으로 들어와 푹 쓰러졌다.

"티 케이크! 우리 아기! 무슨 일이야, 내 사랑?"

"칼에 찔렸어. 그게 다야. 울지 마. 이 옷 좀 빨리 벗겨줘."

그는 두 번밖에 찔리지 않았다고 했지만, 재니는 그를 완전히 벗긴 다음 샅샅이 살펴보고 어느 정도 치료를 해야만 했다. 그는 상처가 더 악화하지 않는 이상 의사를 부르지는 말라고 했다 어쨌든 출혈 이외에 큰 문제는 없을 것이다.

"말했듯이 돈을 땄어. 자정쯤 200달러를 땄기 때문에 여전히 판돈이 많이 걸려있는데도 그만두려고 했어. 하지만 사람들이 잃은 돈을 다시 딸 기회를 원했기 때문에 난 다시 판에 들어갔지. 늙은 더블 어글리가 곧 돈을 다 잃고는 싸움을 걸어올 거라는 것을 알았어. 그래서 그가 돈을 다시 딸 기회를 얻도록 나는 자리로 돌아가 앉았어. 그리고 만약에 그가 주머니 속의 면도칼을 꺼내 들 것 같으면 금방 그를 지옥으로 보내버릴 요량이었지. 내 사랑, 요즘 사람들은 면도칼 가지고 휘둘러대지 않아. 면도칼로 설치는 사람은 신형 자동 칼날 나이프를 가진 상대한테 당할 테니까.

"그러나 더블 어글리는 면도칼로도 자기는 충분히 빠를 수 있어서 다치지 않을 거라 허풍 떨었지만, 그건 내가 더 잘 알고 있었지.

"그렇게 4시쯤 나는 그 사내들의 돈을 완전히 싹쓸이했어⋯⋯. 다만 두 사내가 식료품 살 돈이 남았을 때 자리를 떴고, 또 한 사내는 운이 좋았지. 그래서 나는 일어나 다시 작별인사를 했어. 다들 기분이 좋지는 않았지만, 모두 공정한 게임이었음을 인정했어. 난 그들에게 공정하게 기회를 주었으니까. 그런데 더블 어글리만 인정하지 않았어. 내가 주사위를 바꿔치기했다고 우겼지. 나는 돈을 주머니 깊숙이 눌러두고 왼손으로 모자하고 외투를 집어 들고 오른손은 계속 칼에 대고 있었어. 그가 무슨 소리를 하든 별다른 행동을 하지 않는다면 무시할 생각이었어. 내가 모자를 쓰고 한쪽 팔을 외투에 집어넣으며 문 쪽으로 갔지. 바로 내가 몸을 돌려 바깥쪽 계단을 바라보는 순간 그놈이 달려들어 내 등을 두 번 찔렀어.

"우리 아기, 난 외투 소매에 끼웠던 다른 팔로 순식간에 놈의 넥타이를 붙잡았어. 그리고는 밥 위에 고기 소스 끼었듯 순식간에 놈을 덮쳤지. 그놈은 벗어나려고 발버둥을 치다가 면도칼을 놓쳤고. 놈은 도망가려 고함을 지르더군. 하지만 우리아기, 나는 그놈을 이리저리 뒤집으려 바짝 쥐었지. 그러다가 그놈을 현관 계단 위로 던져버리고 최대한 빠르게 당신에게 달려온 거야. 칼이 그리 깊이 들어가진 않았을걸. 그놈은 나를 무서워해서 아주 가까이 들러붙지는 못했으니까. 반창고 같은 걸로 잘해봐 줘. 하루 이틀이면 괜찮아질 테니."

재니는 소독약을 바르며 울었다.

"울 사람은 당신이 아니에요, 재니. 울 사람은 그놈의 늙은 마누라지. 당신은 내게 행운을 주었어요. 바지 왼쪽 주머니를 봐. 아빠가 뭘 가져왔는지. 당신한테 가져다준다고 했지요? 난 거짓말 안 해요."

그들은 함께 돈을 셌다……. 322달러였다. 마치 티 케이크가 경리 담당자를 털어 온 것 같았다. 그는 그녀에게 200달러를 주면서 그것을 원래 있던 비밀 장소에 두라고 했다. 그러자 재니는 은행에 있는 나머지 돈에 대해 말을 꺼냈다.

"그 200달러를 나머지 돈과 함께 은행에 두어요, 재니. 행운의 주사위 같은 사람. 나는 누가 도와주지 않아도 내 여자쯤은 먹여 살릴 수 있어. 지금부터는, 내가 주는 돈으로 먹고 입도록 해요. 내가 가진 게 없다면 당신도 아무것도 안 가지는 거야."

"난 괜찮아."

그는 점점 의식이 가물거렸지만, 장난스럽게 재니의 다리를 꼬집었다. 그가 바라는 대로 재니가 상황을 받아들이는 것이 기뻤기 때문이다. "들어봐요, 마마, 상처가 아물기 시작하면, 우리는 정신 나간 일을 할 거예요."

"그게 뭔데?"

"습지로 갈 거예요."

"습지가 뭔데? 어디 있는데?"

"아, 저 아래 클루이스턴과 벨 글레이즈 근처에 에버글레이즈가 있는데, 그곳에서는 사람들이 온갖 사탕수수와 콩, 그리고 토마토 같은 걸 길러요. 사람들은 거기서 돈을 벌고 즐기고 별생각 없이 살죠. 우린 그리로 가야 해."

티 케이크는 잠에 빠져들었고 재니는 그를 내려다보며 자아를 잊어버릴 정도로 열렬한 사랑을 느꼈다. 그렇게 재니의 영혼은 숨어있던 곳에서 살짝 빠져나왔다.

제14장

재니의 낯선 시야에 에버글레이즈의 모든 것은 크고 새로웠다. 커다란 오키초비 호수, 커다란 콩, 커다란 사탕수수, 커다란 잡초, 커다란 모든 것. 북부에서라면 허리춤 정도까지 자랄만한 잡초들이 이곳에서는 8피트, 심지어는 10피트 길이로 자랐다. 땅이 매우 비옥해서 모든 것이 무성히 자랐다. 야생 수수들이 그곳에서 빽빽이 자라고 있었다. 흙길은 아주 비옥하고 거무스름해서 반 마일분의 흙이면 캔자스의 밀밭도 비옥해질 수 있을 듯했다. 길 양옆에 늘어선 야생 사탕수수는 나머지 세상을 가려주고 있었다. 사람들 역시 거칠었다.

"시즌이 9월에나 시작되지만, 방을 얻으려 미리 온 거예요." 티 케이크가 설명했다. "지금부터 2주 후에 이곳에 아주 많은 사람이 몰려오기 때문에 방을 찾을 수 없고, 그냥 잠만 잘 수 있는 곳만 찾게 될 거예요. 지금 우리는 욕조가 딸린 호텔 방을 구할 수 있을 거예요. 징말이에요. 목욕을 매일 하지 않으면 습지에서 살 수가 없어요. 습지는 마치 개미처럼 가렵게 해요. 여기서 욕조 딸린 방은 한군데밖에 없어요."

"우리는 여기서 뭐 하는데?"

"낮에는 콩을 딸 거예요. 밤에는 기타치고 도박하고. 콩을 따고 도박하면 괜찮을 거예요. 좀 전에 밖에 나가서 이 근처에서 최고의 농장주를 만나서 일을 하나 얻었어요. 다른 사람들이 여기 도착하기 전에. 시즌 중에는 여기서 언제나 일을 구할 수는 있지만, 항상 좋은 사람과 일을 하게 되는 건 아니거든요."

"언제 일을 시작하는데, 티 케이크? 여기 사람들도 모두 일을 기다리는 것처럼 보여."

"맞아요. 다른 일과 마찬가지로 여기 큰 농장 주인들도 각자 시즌을 시작하는 날이 있어요. 우리 주인은 씨앗이 충분하지 않아서 몇 부셸[6]을 더 구하고 있지요. 그러고 나면 씨를 뿌릴 거예요."

"부셸이라고?"

"맞아요, 부셸. 이건 푼돈을 벌려는 농사가 아니에요. 가난한 사람들은 끼지도 못하죠."

바로 다음 날 티 케이크는 잔뜩 흥분해서 방에 뛰어 들어왔

---

6 1부셸은 약 35 리터.

다. "주인님이 다른 사람을 하나 더 샀다고 호수로 내려가래요. 거기에 먼저 도착하는 사람들을 위해 집을 마련했대요. 어서 가요!"

그들은 차를 빌려 타고 9마일 길을 덜컹거리며 달려와 숙소에 도착했다. 그 숙소는 크고 넓게 펼쳐진 오카초비 호수에서 너무 가까웠다. 호수와 숙소 사이에는 제방만이 놓여있었다. 티 케이크가 콩을 심는 동안 재니는 오두막을 살기 좋은 집으로 바꾸느라 부산하게 움직였다. 일과가 끝나면 낚시했다. 가끔 그들은 에버글레이즈의 인적이 드문 길에서 인디언들과 마주치곤 했는데, 인디언들은 길고 좁은 굴속에서 나름의 삶을 평화롭게 살고 있었다. 마침내 콩이 열렸다. 이제는 콩을 수확하기까지 기다리는 것 외에 달리 할 일이 없었다. 티 케이크는 재니를 위해 기타 연주를 자주 했지만, 여전히 할 일이 충분하지 않았다. 아직은 도박할 필요가 없었다. 밀려드는 사람들은 가난했다. 그들은 돈이 없었고, 돈을 벌려고 온 사람들이었다.

"좋은 생각이 있는데, 재니, 우리 총을 사서 이 근방에서 사냥해요."

"그거 좋은 생각인데, 티 케이크. 알다시피 내가 총을 쏘지 못한다는 것만 빼면. 하지만 당신과 함께 가고 싶어."

"아, 어떻게 하는 건지 배우면 돼요. 총 다루는 방법을 당신이 배우지 말아야 한다는 법은 없어요. 설사 사냥감을 결코 발견하지 못한다고 하더라도, 죽여줘야 하는 악당이 주변에 항상 있기 마련이니." 그는 웃었다. "팜비치에 가서 돈 좀 쓰고 옵시다."

매일 그들은 총 쏘는 연습을 했다. 티 케이크는 재니가 정확하게 조준할 수 있도록 작은 물건들을 쏘게 하였다. 권총과 엽총, 그리고 소총. 사람들이 모여서 구경했다. 몇몇 사람들은 자기도 총을 한번 쏘게 해 달라고 부탁하기도 했다. 이 장소는 이제 습지에서 가장 재미있는 곳이 되었다. 특별한 밴드가 와서 춤곡을 연주하지 않는 한, 선술집이나 도박장보다 나았다. 그리고 사람들은 재니가 사냥하는 방법에 주목했다. 재니는 매의 몸을 상하게 하지 않고 쏘아 떨어뜨릴 수 있었다. 매의 머리만을 쏘아 맞히는 것이다. 티 케이크보다 더 잘 쐈다. 그들은 언제든지 늦은 오후에 나가서 사냥한 것을 잔뜩 메고 돌아왔다. 어느 밤에는 배를 타고 나가서 악어를 사냥했다. 인광이 푸르게 번뜩이는 악어의 눈에 대고 그들은 어둠 속에서 총을 겨눴다. 그들은 몸이 피곤해질 때까지 재미있게 놀고 악어가죽과 이빨을 팜비치에 내다 팔 수 있었다.

이제는 날미다, 수많은 노농자가 몰려들었다. 어떤 사람들은 걸어오느라 발이 부어 신발을 끌고 절뚝이며 걸어왔다. 신발을 신지 않고 끌고 오는 건 힘들다. 어떤 이들은 마차를 타고 위쪽 조지아에서 왔고 어떤 사람들은 동쪽, 서쪽, 북쪽, 그리고 남쪽에서 트럭 짐칸을 타고 왔다. 홀로 다니는 뜨내기 노동자들도 있고 싸구려 소형차에 가족과 개를 싣고 지친 얼굴로 도착한 남자들도 있었다. 콩을 따러 여러 날과 여러 밤을 서둘러 모여들었다. 냄비들, 이부자리, 덕지덕지 땜질한 스페어타이어를 바깥에 주렁주렁 달고, 자동차는 다닥다닥 붙어 앉은 희망에 찬 사람들을 실은 채 엔진 소리를 내며 습지로 향했다. 사람들은 배우지 못해서 못나 보이고, 가난해서 마음에 상처가 많았다.

이제는 밤새도록 선술집에 쨍그랑 소리와 사람들의 아우성이 들렸다. 피아노를 죽어라 쳐댔다. 블루스 음악을 즉석에서 작곡하여 연주했다. 매시간 사람들은 춤추고, 치고받고, 노래하고, 울고, 웃고, 사랑했다가는 헤어졌다. 낮에는 돈 때문에 일하고, 밤에는 사랑 때문에 싸웠다. 비옥한 검은 흙은 몸에 달라붙어 개미처럼 피부를 물어뜯었다.

결국 잠을 잘 수 있는 장소가 동이 났다. 남자들은 큰 모닥불을 지피고 불 하나에 오륙십 명씩 모여 잤다. 하지만 그 자리의 땅 주인에게 돈을 지급해야 했다. 땅 주인은 하숙집처럼 모닥불을 지필 땅값도 받았다. 그러나 아무도 개의치 않았다. 그들은 돈을 많이 벌었다. 심지어 애들까지도 돈을 벌 수 있었다. 그러니 돈을 많이 썼다. 다음 달, 다음 연도에 관해서 그들은 생각하지 않았다. 미래의 일을 미리 당겨 현재의 일과 섞어 생각할 필요는 없었다.

티 케이크의 집은 일종의 자석처럼, 이 '현장'의 비공식적 중심점이었다. 티 케이크가 현관에 앉아서 기타를 치고 있으면 사람들이 가던 걸음을 멈추고 그 소리를 듣고, 그런 날 밤에는 선술집에 가지 않기도 했다. 그는 언제나 즐겁게 웃고, 재미있는 일도 많이 벌였다. 그는 언제나 콩 밭에서 일하는 사람들을 유쾌하게 해주었다.

재니는 집에 머물면서 동부콩과 쌀을 큰 솥에 넣고 끓였다. 때로는 커다란 팬에 설탕을 많이 뿌린 까치콩을 깔고 그 위에 베이컨 조각을 올려서 구웠다. 티 케이크가 이 음식들을 아주 좋아했기 때문에 재니는 주중에 두세 번 만들었고, 두 사람은 이 요리를 일요일에 다시 만드는 일도 있었다. 재니는 항상 디저트도 만들어 두었다. 티 케이크는 디저트를 먹으면 남자들이 기운이 난다고 말했기 때문이다. 때로 재니는 방 두 개짜리 집을 말끔히 치운 후에 사냥을 나가서 티 케이크의 저녁 식사로 토끼 튀김을 만들어 두기도 하였다. 그녀는 티 케이크가 몸이 가려워하며 작업복을 입은 채 긁도록 두지도 않았다. 뜨거운 물 주전자를 미리 준비하고 그를 맞았다.

그러다가 티 케이크가 예상치 않은 시간에 갑자기 부엌에 불쑥 들어오기 시작했다. 어떤 때는 아침에서 저녁 사이에 들어왔다. 또 가끔은 오후 두 시 경에 들어와서 반 시간가량 그녀와 장난을 치고 뒤엉켜 놀다가 일하러 슬그머니 나가곤 했다. 그래서 어느 날 그녀가 물었다.

"티 케이크, 당신은 왜 다른 사람들이 일하는 시간에 집에 와요?"

"당신이 어떤지 보러오는 거지. 내가 나간 사이에 건달이 와서 당신을 업어갈지도 모르니."

"건달 따위에는 관심 없어요. 아마 내가 당신을 속이고 있다고 여겨서 날 감시하는 모양이군."

"아니에요, 아냐, 재니. 그건 내가 더 잘 알아요. 그렇지만 당신이 그런 생각을 하니까 솔직히 말할게. 재니, 난 당신이 없으면 온종일 외로워. 당신도 이제부터는 다른 여자들처럼 밖에 나와 일을 하면 좋겠어……. 그래서 내가 이렇게 집에 오는 시간도 아낄 수 있게."

"티 케이크, 당신 정말 엉터리! 그 잠깐도 나 없으면 안 된다니."

"잠깐이 아니라구. 거의 하루 죙일인데."

그래서 바로 다음 날 아침 재니는 티 케이크와 함께 콩을 따러 갈 준비를 했다. 그녀가 바구니를 들고 일을 나가자 사람들이 숨을 죽이며 웅성거렸다. 그녀는 이미 습지에서 특별한 존재가 되어있었다. 사람들은 대부분 재니가 스스로를 아주

고상한 사람이라고 생각하는데도 티 케이크가 그녀로 하여금 "일을 하도록 바람을 잡은"거로 생각했다. 하지만 온종일 그들이 주인이 보지 않는 틈을 타서 장난하고 놀자, 재니는 금세 인기를 끌었다. 이따금 그들은 들판 사람들 모두와 장난을 했다. 그런 후에는 티 케이크가 저녁 준비를 도왔다.

"밖에서 함께 일하자고 했다고 해서 내가 당신에게 무신경하다고 생각하지는 않지요, 재니?" 티 케이크는 재니와 함께 일을 한 첫 주가 끝날 무렵 들판에서 물었다.

"아, 아니야, 내 사랑. 난 일하는 게 좋아. 온종일 집에 앉아 있는 것보다 훨씬 좋아. 상점 일은 힘이 들었지. 하지만 여기는, 일하고 집에 와서 사랑을 나누는 일밖에는 없잖아."

매일 밤 그들의 집에는 사람들이 넘쳐났다. 다시 말해, 현관문 앞이 항상 만원이었다. 어떤 사람들은 티 케이크의 기타 연주를 들으러 왔다. 어떤 사람들은 이런저런 이야기를 나누려고 왔다. 하지만 대부분 도박판이 벌어지거나, 혹은 앞으로 벌어지는 경우를 위해 모여들었다. 어떨 때는 티 케이크가 돈을 많이 잃기도 했다. 호숫가에는 대단한 도박꾼들이 몇 명 있었기 때문이다. 때로 티 케이크가 판돈을 따서 재니는 그의 기술에 자부심을 느꼈다. 그러나 신술집 두 군데를 제외하고 일터에서의 모든 것은 재니와 티 케이크 두 사람을 중심으로 돌아가고 있었다.

가끔 재니는 그 큰 집과 상점에서 지내던 예전의 시절을 생각하며 혼자 웃곤 하였다. 그녀가 푸른색 청 작업복에 무거운 신발을 신고 있는 것을 이튼빌 사람들이 보면 어떨까? 그녀 주변을 둘러싼 사람들과 그녀의 마룻바닥의 주사위 도박판을 본다면! 재니는 그곳의 친구들이 안쓰러웠다. 그렇지만 그 외의 사람들은 경멸했다. 이전에 현관 베란다에서 그랬던 것처럼 이곳 남자들도 큰 소리로 논쟁한다. 그런데 이곳에서만, 그녀는 귀를 기울이고 함께 웃고 심지어 원하기만 하면 논쟁에 끼어들 수도 있었다. 그녀는 다른 사람의 이야기를 듣고 스스로 대단한 이야기를 만들어 낼 수도 있었다. 재니는 듣기를 좋아하고 남자들 자신도 듣는 것을 좋아했기 때문에 그들을 노름판에서 '바보 같은 소리'를 하고 '사기꾼인 것처럼' 굴었다. 아무리 거칠게 놀아도, 사람들은 좀처럼 화를 내지 않았다. 모든 것이 웃자고 하는 행동이었기 때문이다. 모두 에드 도커리, 부티니, 숍 드 보텀이 카드 게임을 하는 것을 보기를 좋아했다. 에드 도커리가 어느 날 밤 패를 돌리다가 숍 드 보텀의 카드를 넘겨보더니 숍이 스스로 이길 거로 생각하고 있다는 것을 알았다. 그가 소리쳤다. "내가 저 계획을 깨버리겠어." 숍이 쳐다보고 말했다. "산가지⁷를 박아둬." 부티니가 물었다. "뭐 하려

---

7 카드 게임에서 쓰는 점수 계산용 집.

고? 어서 하라고!" 사람들 모두 다음 카드가 나오는 것을 바라보고 있었다. 에드는 막 카드를 뒤집으려 했다. "지옥을 싹 쓸어버리고 그 빗자루도 태워버릴 테다!" 그는 1달러를 꺼내서 탁하고 탁자 위에 올렸다. "너무 잘난 체 말라고, 에드," 부티니가 막아섰다. "자네 얼굴이 노랗게 뜨는군." 에드는 카드 귀퉁이를 잡았다. 솝은 1달러를 내놓았다. "자네 관에 대고 한 방 더 쏴야겠군. 그 장례식 참 슬프겠지만 내 알 바 아니지." 에드가 말했다. "이 인간이 지옥을 들먹이고 있는 거 보이지?" 티 케이크가 솝의 옆구리를 쿡 찌르며 돈을 걸지 말라고 했다. "조심하지 않으면 총알받이가 될 거야." 솝이 말했다, "아, 저 자식은 곱슬머리 빼고는 곰보다 나을 게 전혀 없어. 난 진흙 물 속을 들여다볼 수 있고 마른 땅속도 볼 수 있어." 에드가 카드를 뒤집으면서 외쳤다. "재커라이어, 내가 말하는데, 그 무화과나무에서 내려오라고. 넌 아무짝에도 쓸모가 없어." 아무도 그 카드에 관심이 없었다. 모두 다음 카드가 두려웠다. 에드는 주위를 빙 둘러보고는 게이브가 등 뒤에 서 있는 걸 보고는 소리쳤다. "저리 가, 나에게서 떨어져, 게이브! 넌 너무 까매. 너 때문에 더 덥잖아! 솝, 기회가 될 때 그 내기를 그만두고 싶지?" "아니, 이봐, 내기 돈을 고정시킬 다리가 한 천 개쯤 있으면 좋겠어." "그래, 내 말을 안 듣겠다 이거군, 응? 멍청이 검둥이들에겐 공짜 학습. 정 그렇다면 뭐 내가 한 수 가르쳐주지. 나는 큰길로만 가지 샛길로는 안 다녀." 에드가 다음 카드를 던졌고 솝은 패배했다. 모두 소리를 지르고 웃었다. 에드는 웃으며 말했다. "습지를 떠나라! 너는 아무것도 아냐. 그게 다야. 펄펄 끓는 물도 네 얼굴만큼 달아오르지는 않을걸." 에드는 웃음을 멈추지 않았다. 왜냐하면 너무 겁이 났기 때문이다. "솝, 부티니, 너희 덕에 내가 돈을 땄어. 시어스 로벅 백화점에 돈을 보내서 옷을 해 입어야지. 크리스마스 날에는 내가 너무 옷을 많이 껴입어서 죽었다고 의사가 진단할지도 몰라."

제15장

재니는 질투라는 게 어떤 기분인지 알았다. 어떤 자그마한 뚱뗑이 계집애가 티 케이크에게 들판과 숙소에서 지분대기 시작했다. 티 케이크가 무슨 얘기라도 하려고 하면, 그 여자애는 반대 입장을 취하면서 그를 치거나 밀어내고 도망가서 티 케이크가 따라오게끔 하였다. 재니는 그녀의 의도를 간파했다……. 그를 사람들에게서 꾀어내려는 것이다. 그런 짓을 2, 3주 동안 계속한 후 넌키는 점점 더 대담해졌다. 넌키는 티 케이크를 장난스럽게 때렸고 이에 티 케이크가 그녀를 손가락으로 건드리기라도 하면 그녀는 티 케이크에게 기대어 넘어지거나 땅에 쓰러져서 일으켜 세워줘야만 했다. 넌키는 거의 속수무책이었고, 그녀를 제 발로 일어서게 하려면 힘을 써서 부축해야 했다. 또 한 가지 문제는, 티 케이크는 재니가 기대하는 대로 넌키를 그 자리에서 물리치지 않는 것처럼 보인다는 점이었다. 재니는 약간 신경질이 나기 시작했다. 사소한 걱정의 씨앗이 나무처럼 무성하게 자라나고 있었다. 언젠가 티 케이크도 마음이 약해질지 모른다. 어쩌면 이미 티 케이크가 은밀히 부추겼고 그래서 넌키가 보란 듯이 행동하고 있는 건지도 모른다. 다른 사람들도 눈치를 채기 시작했고, 그래서 재니는 더욱 불안했다.

어느 날 그들은 콩밭과 사탕수수밭 사이에서 작업하고 있었다. 재니는 티 케이크보다 조금 앞서 나가면서 다른 여자들과 수다를 떨며 일하는 중이었다. 문득 돌아보았을 때 티 케이크가 보이지 않았다. 넌키도 없었다. 재니는 즉시 알아챘다.

"티 케이크는 어딨나요?" 재니는 숍 드 보텀에게 물었다.

숍 드 보텀은 사탕수수밭 쪽으로 손짓을 하더니 금방 사라졌다. 재니는 아무 생각도 나지 않았다. 그저 직관대로 움직였다. 그녀는 황급히 사탕수수밭으로 달려갔고 저 아래 다섯 번째 이랑에서 티 케이크와 넌키가 뒤엉켜 있는 것을 보았다. 재니는 두 사람이 알아보기도 전에 모습을 드러냈다.

"여기서 뭐 하는 거야?" 재니는 분노에 차서 싸늘하게 일갈했다. 그들은 황급히 서로에게서 떨어졌다.

"아무것도," 티 케이크가 창피해서 얼굴을 붉히며 서 있었다.

"저기, 여기서 뭐 하는 거냐고? 왜 다른 사람들 있는 데 있지 않고?"

"넌키가 내 서츠 주머니에서 전표를 빼 가길래 그걸 돌려

받으려 따라온 거예요." 티 케이크가 몸싸움 통에 너덜너덜해진 전표를 들어 보이며 설명했다.

재니는 넌키를 붙잡으려 했지만, 넌키는 도망쳐버렸다. 재니는 구부정한 사탕수수를 뛰어넘어서 넌키를 쫓아갔다. 하지만 넌키는 잡힐 것 같지 않았다. 그래서 재니는 집으로 돌아갔다. 그날, 들판의 풍경과 행복해 보이는 사람들을 그녀는 견디기 힘들었다. 그녀는 천천히 생각에 잠겨 집으로 돌아갔다. 얼마 지나지 않아 티 케이크가 재니에게 가까이 와서 말을 붙이려 하였다. 그녀는 티 케이크에게 한 방을 날려 그의 말을 끊었고 그들은 이 방 저 방으로 옮겨 다니며 싸웠다. 재니는 계속 그를 때리려 했고, 티 케이크는 계속 그녀의 손목을 잡으면서 그녀가 어디든 너무 멀리 가지 못하도록 막았다.

"당신, 그 애랑 붙어먹은 게 분명해!" 그녀는 분노에 차서 씩씩댔다.

"그렇지 않아!" 티 케이크가 대꾸했다.

"분명히 그랬어!"

"아무리 터무니없는 거짓말이라도, 믿으려고 하면 뭘 못 믿겠어!"

그들은 계속 싸웠다. "아까는 내 마음을 후벼 파더니, 이제는 내 귀에 피멍을 들이는군! 이 손 놓으라고!" 재니는 입에 거품을 물었다. 하지만 티 케이크는 결코 그녀를 놓지 않았다. 그들은 온몸이 땀과 열기로 범벅이 될 때까지 한데 엉켜 싸웠다. 두 사람의 옷이 찢겨 나갔다. 티 케이크는 그녀를 마룻바닥에 던지고 그녀를 품고는 형언할 수 없는 것을 육체로 표현하면서 자신의 뜨거운 피로 그녀의 저항을 녹여냈다. 그는 키스를 퍼부었고 마침내 그녀는 몸을 구부려 그의 몸을 받아들였다. 그러고 나서 두 사람은 달콤한 노곤함 속에서 잠에 빠져들었다.

다음 날 아침 재니는 여느 여자처럼 물었다.

"아직도 넌키를 사랑해?"

"아니, 절대로, 당신도 잘 알잖아요. 난 그 애를 원한 적이 없어요."

아냐, 당신 그랬어, 라고 재니는 말하지 않았다. 그의 말을 믿었기 때문이다. 그녀는 티 케이크가 아니라고 하는 말을 듣고 싶었다. 패배한 넌키를 보며 승리를 외쳐야만 했다.

"당신이 근처에 있는데 내가 그 쪼끄맣고 땅딸한 애를 데리고 뭘 하겠어? 부엌 난로 근처에 세워두고 그 머리에 장작이나 패면 모를까 아무짝에도 쓸모가 없어. 당신은 남자에게 나이 드는 것도 잊게 하고 죽는 것도 잊게 하는 특별한 사람이야."

제16장

시즌이 끝나고 사람들은 왔던 때와 같이—무리를 지어 떠났다. 티 케이크와 재니는 습지에서 한 시즌을 더 일하려고 남아 있기로 했다. 그들은 저장해 두었다가 가을에 농장주들에게 팔 말린 콩 몇 부셸을 모아 둔 다음에는 별로 할 일이 없었다. 그래서 재니는 주변을 돌아보고 시즌 중에는 눈여겨보지 않았던 사람들과 사물들을 살펴보았다.

가령 여름 동안에 그녀는 바하마의 드럼 치는 사람들이 내는 미묘하면서도 강렬한 리듬을 들었고, 가서 그들이 춤을 추는 모습을 구경했다. 그녀는 시즌 중에 다른 사람들이 그랬던 것처럼 소위 '소들[8]'을 조롱하며 웃지 않았다. 그녀는 그들을 참 좋아해서 다른 사람들의 놀림을 받을 정도로 티 케이크와 함께 매일 그곳에 갔다.

---

8   바하마 사람들을 일컫는 말.

재니는 이때 터너 부인을 만났다. 그녀는 시즌 중에 터너 부인을 몇 번 본 적이 있었지만, 얘기를 나눈 적은 없었다. 그들은 이제 서로 왕래하며 친한 친구가 되었다.

터너 부인은 출산한 여성처럼 피부가 우유색이었다. 어깨는 약간 둥그스름했다. 그리고 그녀는 자신의 골반을 의식하고 있음이 분명했다. 항상 자기 눈으로 볼 수 있게 골반을 약간 앞으로 내밀었기 때문이다. 티 케이크는 터너 부인이 안 보는 데서 그녀의 체형을 놀려댔다. 그는 터너 부인의 몸매는 암소한테 뒤에서 발로 차여서 그리되었을 거라 말했다. 그녀의 체형은 마치 납작한 다리미판에 물건을 걸어놓은 것과 같다는 것이다. 또한 그 똑같은 소가 그녀가 아기일 때 입을 밟아서 턱과 코가 서로 맞닿을 정도로 입이 커지고 납작해졌다고 했다.

하지만 터너 부인은 자신의 몸매와 외모에 전적으로 만족했다. 그녀는 코끝이 살짝 뾰족한 것에 자부심이 있었다. 자신의 얇은 입술은 또 다른 자랑거리였다. 심지어 얇은 부조같이 납작한 엉덩이조차 또 하나의 자부심이었다. 그녀가 보기에 이 모든 것들이 자신을 다른 검둥이들과 구분시켜주는 것들이었다. 그런 이유로 터너 부인은 재니와 친해지고 싶었다. 커피에 크림을 섞은 듯한 재니의 얼굴빛과 고급스러운 머릿결 때문에 터너 부인은 재니가 들판에서 일하는 다른 여자들처럼 작업복을 입고 있다는 사실을 용서해주었다. 그녀는 재니가 티 케이크처럼 검은 피부의 남자와 결혼했다는 사실은 용서할 수 없었지만, 그녀는 이 사실이 곧 치유될 수 있으리라 생각했다. 이를 위해 자신의 남동생이 태어난 것이 아니겠는가. 그녀는 티 케이크가 집에 있을 때는 오래 머물지 않았지만, 우연히 재니가 집에 혼자 있을 때 들르게 되면, 몇 시간이고 수다를 떨며 머물렀다. 그녀가 싫어하는 주제는 검둥이였다.

"우즈 부인, 내가 가끔 우리 남편한테 하는 말이 있는데, 나는 어떻게 자기 같은 숙녀가 자기 집에 언제나 그 천박한 검둥이들이 얼쩡대는 걸 견디는지 모르겠어."

"그 사람들은 전혀 걱정할 필요가 없어요. 터너 부인. 사실, 그 사람들 이야기는 재미있지요."

"자기는 나보다 비위가 강해. 어떤 사람이 우리 남편한테 여기로 내려와 식당을 차리라고 했을 때, 나는 이렇게 서로 다른 흑인 종족이 같은 동네에 모여 살 수 있다는 사실은 꿈도 꾸지 않았어. 알았다면 절대 오지 않았겠지. 나는 피부가 검은 사람들에 익숙하지 않아. 우리 아들 말이 흑인들은 번개를 몰고 다닌대." 그들은 잠깐 웃었다. 이런 얘기를 많이 나눈 후에 터너 부인이 말했다. "자기가 결혼했을 때 필경 남편분이 부자였던 게지."

"왜 그렇게 생각하세요, 터너 부인?"

"자기 같은 여자를 잡았으니 말이야. 자기는 나보다 비위가 강해. 나는 흑인하고 결혼하는 건 상상만 해도 끔찍한데. 이미 흑인들은 너무 많아. 우리는 사람들 피부 색깔을 더 밝게 만들어야 한다고."

"아니에요, 우리 남편은 자기 자신 말고는 가진 게 없어요. 부인도 그 사람하고 친해지면 좋아하게 될걸요. 난 그 사람을 사랑해요."

"이런, 우즈 부인! 믿을 수가 없군. 자기 눈에 뭐가 씌운 거야. 그럼, 그렇고말고."

"그래요, 그건 사실이에요. 그 사람 없이는 난 못 살아요. 내가 무슨 짓을 하게 될지 모르겠어요. 그는 아주 작은 것으로 지루한 시간을 여름날과 같이 신나게 만들어놓죠. 그러면 우리는 그 사람이 만든 행복 속에서 살다가 더 행복한 일이 생기구요."

"자기는 나랑 다르네. 난 검은 깜둥이들을 견딜 수가 없어. 나도 검둥이를 싫어하는데 검둥이를 싫어하는 백인들을 욕할 게 아니지. 또 하나는 나나 당신 같은 사람들이 검둥이들과 어울리는 거 보기 싫어요. 우리는 급이 다르잖아."

"그래서는 안 되죠. 우리는 혼혈이고 백인뿐만 아니라 흑인들도 우리 친척이에요. 그런데 왜 그렇게 흑인을 싫어하나요?"

"그들은 참 피곤한 사람들이에요. 항상 웃고 있죠. 그 사람들은 너무 많이 웃고 또 너무 시끄럽게 웃어요. 항상 검둥이들은 노래를 부르잖아요! 항상 백인들에게 원숭이처럼 웃음거리가 되고요. 흑인들 숫자가 그렇게 많지 않다면 인종 문제도 없을 거야. 백인들이 우리를 그들 속에 끼워주었을 거고. 흑인들이 우리를 못 하게 하는 거라고."

"그렇게 생각해요? 물론 그 일에 대해 많이 생각해보지는 않았어요. 하지만 백인들이 우리를 자기들 편에 넣어줄 거라고는 생각하지 않아요. 우리는 너무 가난해요."

"가난 때문이 아냐, 색깔과 외모 때문이지. 어느 누가 유모차에 흑인 아이를 앉히고 싶을까, 버터 우유 속에 파리 같아 보이는데? 어느 누가 시끄러운 흑인 남자와 요란하게 차려입고 거리를 활보하면서 아무것도 아닌 일에 소리 지르고 고함치며 깔깔대는 흑인 여자와 어울리고 싶겠냐고? 모르겠어. 내가 아프더라도 검둥이 의사는 데려오지 말아요. 난 애를 여섯을 낳았는데…… 불행히도 하나밖에 건지지 못했지만…… 한 번도 검둥이 의사에게 내 지갑의 돈을 내어 준 적이 없어요. 백인 의사가 가져갔지. 난 검둥이가 하는 가게에서는 물건 안 사요. 검둥이들은 장사에 대해 아는 게 없어요. 주여, 저를 구원하소서!"

터너 부인은 이제 격렬한 신념에 불타서 거의 소리를 지르고 있었다. 재니는 처음에는 말문이 막혀서 당황하다가 동정심에 혀를 끌끌 차면서 무슨 말을 해야 할지 생각나길 바라고 있었다. 터너 부인은 분명히 흑인들을 자신에 대한 모욕으로 느끼고 있었다.

"날 좀 봐! 내 코는 납작하지도 않고 입술은 두껍지 않아. 난 이목구비가 뚜렷하다고. 내 생김새는 백인과 같다고. 그런데도 나는 다른 흑인들과 똑같은 취급을 당하지. 그건 부당해. 사람들이 우리를 백인으로 치지 않는다고 해도, 우리는 다른 흑인들과 따로 분류되어야 해."

"저는 그런 거 전혀 걱정 안 해요. 그런데 난 그런 생각을 할 두뇌가 안 돼서 그런가 봐요."

"자기는 내 동생을 만나야 해. 걘 정말 똑똑하거든. 머리카락도 곱슬대지 않지. 주일학교 총회에 나가서 부커 T. 워싱턴[9]에 대한 논문도 발표했어. 그를 완전히 뭉개버렸어."

"부커 T.를? 그 사람 굉장히 중요한 사람이잖아요. 그렇죠?"

"그렇다고 여겨졌지. 그가 한 일이라고는 백인들 앞에서 원숭이처럼 굴던 것밖에는 없어. 그래서 사람들이 그를 추켜세웠지. 하지만 '원숭이는 높이 오를수록 엉덩이가 더 잘 보인다'라는 옛말은 자기도 알지. 부커 T. 가 바로 그랬어. 내 동생은 연설할 기회가 생길 때마다 그를 공격했지."

---

9 백인 순종주의자라고 비난받은 흑인 정치 지도자.

"난 그가 대단한 사람이라고 배우면서 자랐어요," 이 말만이 재니가 할 수 있는 말 전부였다.

"그 사람은 우리를 방해했을 뿐이야……. 일밖에 해본 적이 없는 우리 종족들한테 일에 관해서만 얘기하면서. 그는 우리의 적이지. 맞아. 그는 백인 종족의 깜둥이였어."

재니가 배운 모든 것에 따르면, 이런 말은 신성모독이나 다름없으므로 그녀는 가만히 앉아서 아무 말도 하지 않았다. 하지만 터너 부인은 계속 얘기했다.

"내 남동생한테 여기 와서 머물다 가라고 전갈을 넣었지. 지금 일을 쉬는 셈이거든. 그 애를 특별히 좀 만나봐. 자기가 결혼만 안 했어도 정말 그 애랑 잘 어울렸을 텐데. 그 애는 솜씨 좋은 목수라우. 일거리만 있다면."

"네. 그랬을지도 모르죠. 하지만 난 이제 그야말로 결혼한 몸이니, 그런 생각을 할 필요가 없어요."

터너 부인은 그 후에도 자기 자신이나 아들, 남동생이 가지고 있는 몇 가지 다른 견해에 대해 힘주어 말하고 나서야 마침내 자리에서 일어섰다. 그녀는 재니에게 자기 집에 한번 들르라고 간청을 하고 티 케이크에 대해서는 한마디도 하지 않았다. 마침내 그녀가 돌아가자 재니는 저녁을 차리러 서둘러 부엌으로 갔다. 그리고 거기에 티 케이크가 머리를 두 손으로 감싸고 앉아있는 것을 보았다.

"티 케이크, 집에 온줄 몰랐어."

"모르는 줄 알고 있었어요. 여기 오랫동안 앉아서 저 암소가 당신을 나한테서 떼어내려 나를 깎아내리는 소리를 들었어요."

"그러니까, 그게 그 부인이 여기 온 이유야? 난 몰랐는데."

"그렇다니까. 그 여자는 별 볼 일 없는 남동생을 가지고, 당신을 꼬여내서 그놈을 돌보게 하길 바라는 거야."

"흥! 그게 계획이라면 번지수를 잘 못 찾은 거지. 난 이미 배우자가 있는걸."

"고마워요. 부인. 그 여자 정말 끔찍해. 이 집에 얼씬도 못하게 해요. 백인처럼 생겨서는! 머랭처럼 희멀건 얼굴에다가 99가 100에 붙은 것처럼 착 달라붙은 머리 모양을 하고서는! 그렇게 흑인을 싫어하는 걸 보면, 그 여자네 낡은 식당에선 우리 돈이 필요하지 않을 거예요. 이 말을 사람들한테 전해야지. 우리가 그 백인 식당에 가면 대접 잘 받을 거라고. 그 여편네와 그 여편네의 멀대같은 남편한테서! 그리고 아들자식한테서! 그 자식은 그 여편네의 자궁이 장난한 더러운 사기꾼일 뿐이지. 그 남편한테 여편네 단속 잘하라고 해야지. 난 그 여자가 이 집에 얼쩡대는 게 싫어."

어느 날 티 케이크는 터너와 그의 아들을 길에서 마주쳤다. 터너는 존재가 삭제된 사람 같아 보였다. 마치 한때는 분명한 부분이 있었지만, 지금은 시들고 흐려지지 않은 것이 무엇 하나 없는 것처럼. 마치 그는 사포에 문질러져서 기다란 타원형 물체가 된 것처럼 보였다. 티 케이크는 이유 없이 그가 불쌍해졌다. 그래서 그는 마음먹었던 것처럼 모욕을 주지는 않았다. 하지만 모든 것을 다 참아버릴 수는 없었다. 그들은 앞으로 올 시즌에 대해 잠깐 이야기를 나누었다. 그러고 나서 티 케이크가 말했다. "부인께서 할 일이 별로 없는지 우리 집에 자주 오시더군요. 우리 집사람은 할 일이 너무 많아서 누굴 방문할 수도 없고 또 방문하는 사람들에게 일일이 대꾸할 시간도 없어요."

"우리 집사람은 하고 싶은 일이 있으면 시간을 만들어내요. 그 방면으로는 정말 황소고집이죠. 그렇고말고." 그가 소리 높여 헛웃음을 웃었다. "아이들이 더는 엄마를 필요로 하지 않으니, 집사람이 선택한 사람이 있을 때 찾아가는 거지."

"아이들이라고요?" 티 케이크가 놀라 물었다. "저 아드님 아래로 애들이 또 있어요?" 그가 스무 살 정도 되어 보이는 아들을 가리켰다. "다른 동생들은 못 보았어요."

"그 애들 모두 이 아이가 태어나기 전에 죽어서 자네가 못 본 거요. 우리는 자식 복이 없어요. 저 아이를 키울 수 있어서 다행이었지. 저 아이는 고갈된 내 성정의 마지막 한 방이었어."

터너는 다시 힘없이 웃었고, 티 케이크와 그의 아들도 따라서 웃었다. 그런 후, 티 케이크는 그들과 헤어져 재니가 있는 집으로 왔다.

"그 여편네의 남편한테는 그 엉덩이에 뿔 난 여자를 어찌할 방법이 없어요. 당신이 할 수 있는 일은 그 여자가 찾아올 때마다 차갑게 대하는 것뿐이에요."

재니는 그렇게 해보았지만, 퉁명스럽게 말하는 것 이외에는, 터너 부인을 완전하게 단념시키기 위해 할 수 있는 일은 없었다. 터너 부인은 재니와 알고 지내는 것을 영광으로 여겼기 때문에 친분을 유지하기 위해 냉대받은 일은 금방 잊어버리고 용서했다. 그녀의 기준으로는 백인 같아 보이는 사람은 자신보다 잘난 것이므로 때로는 자기보다 백인처럼 보이는 사람이 자기에게 잔인한 것은 괜찮았다. 마치 때로는 그녀가 검은 정도에 따라 자신보다 피부가 검은 사람을 잔인하게 대하는 게 당연한 것처럼. 마치 닭장 안에서 닭들의 위계질서처럼. 채찍질을 해도 되는 사람에게는 비정하게 잔인하고, 그럴 수 없는 사람에게는 철저히 복종할 것. 한번 자신의 우상들을 정하고 우상들의 재단을 만들고 나면 그에 대고 숭배를 하는 것은 당연했다. 충실한 숭배자들이 그랬듯이 그녀 역시 자기의 신한테서 느끼는 모든 비일관성과 잔인성을 받아들여야만 했다. 숭배받는 신들은 모두 잔인하다. 신들은 모두 이유 없이 고통을 뿌린다. 그렇지 않으면 신들은 결코 숭배받지 못할 것이다.

무분별한 고통을 받으며 사람들은 두려움을 알게 되고 두려움이란 가장 신성한 감정이다. 두려움이란 제단을 쌓을 돌들이자 지혜의 시작이다. 어정쩡한 신들은 와인과 꽃으로 숭배받는다. 하지만 진짜 신들은 피를 요구한다.

터너 부인은, 모든 숭배자가 그런 것처럼 도달할 수 없는 것을 위한 재단을 세웠다. 그 도달할 수 없는 것이란 백인의 특성을 의미했다. 그녀의 신은 그녀를 휘갈기고 높은 산꼭대기에서 던져 버리고, 사막 한가운데 갖다 버릴 것이지만, 그녀는 자신의 제단을 저버리지 않을 것이다. 그녀의 조잡한 언어 뒤에는 어떻게 해서든지 그녀와 다른 이들이 숭배를 통해서 자신의 천국을 얻을 수 있을 거라는 믿음이 있었는데, 그 천국이란 다름 아닌 곧은 머릿결, 얇은 입술, 뾰족한 콧날을 가진 백인 천사들의 장소를 의미했다. 물리적으로 불가능한 일이라해도 그녀의 믿음은 절대로 손상되지 않았다. 그건 신비였고 신비를 행하는 것은 신의 일이었다. 그녀의 신념 너머에는 자신이 믿는 신의 재단을 지키려는 광신이 자리하고 있었다. 그녀의 내적인 사원에서 나왔을 때 문 앞에서 이방 검둥이들이 깔깔대고 떠드는 것을 보는 건 비참한 일이었다. 오오, 군기와 칼을 빼든 무시무시한 군대만 있다면!

그래서 그녀는 여자로서의 재니 우즈에게 집착하지 않았다. 그녀는 재니가 가진 백인적인 특징들을 경배했다. 그리고 재니와 함께 있을 때면 그녀는 자신의 피부가 더 하얘지고 머리카락도 더 곧게 펴지는 것 같은, 일종의 진화하는 느낌을 받았다. 그리고 그녀는 티 케이크가 신성한 존재를 더럽히고 자신을 비웃었다는 이유로 그를 싫어했다. 그 비웃음에 자신이 무언가를 할 수 있다면 얼마나 좋을까. 하지만 그녀는 그 방법을 몰랐다. 한번은 그녀가 선술집에서 남녀가 희롱을 한다며 불평하고 있을 때 티 케이크가 그녀의 말을 끊었다. "와, 하느님을 우습게 만들지 마세요. 지금 부인께서 지적하는 것들 모두 하느님이 만드신 거예요."

그리하여 터너 부인은 대개 얼굴을 찡그리고 있었다. 그녀는 마음에 들지 않는 것들이 너무 많았다. 그것에 티 케이크와 재니는 그다지 개의하지 않았다. 그것은 다만 습지의 심심하기만 한 여름날에 무엇인가 얘기할 것을 제공할 뿐이었다. 그렇지 않으면 그들은 기분 전환으로 팜비치와 포트마이어스, 포트로더데일로 짧은 여행을 다녀오기도 했다. 그들도 모르는 사이에 한낮의 열기는 점점 서늘해지고 사람들이 다시 습지로 밀려들기 시작했다.

제17장

이전에 이곳에서 일했던 상당히 많은 사람이 돌아왔다. 그러나 새로 온 사람들도 많았다. 그중 어떤 남자들은 재니를 쫓아다녔고, 내막을 모르는 여자들은 티 케이크를 따라다녔다. 하지만 이를 바로잡는 데는 그리 오래 걸리지 않았다. 하지만 역시나, 때때로 재니와 티 케이크는 서로 질투심에 휩싸이곤 했다. 터너 부인의 남동생이 와서, 그녀가 동생을 소개하려 데려왔을 때, 티 케이크는 정신이 나갈 정도로 화가 났다. 터너 부인이 왔던 그 주에, 티 케이크가 재니를 때렸다. 재니가 잘못해서 티 케이크가 당연히 때린 것이 아니었다. 티 케이크는 재니를 때림으로써, 마음속의 두려움을 털어냈다. 그녀를 때릴 수 있다는 사실로 그는 재니가 자기 사람이라고 확신할 수 있었다. 절대로 무자비하게 때린 건 아니었다. 자신이 주인이라는 사실을 보이기 위해 약간 가볍게 쳤을 뿐이었다. 다음날 사람들이 모두 이 일에 대해 말했다. 이 일로 남자고 여자고 모두 그들을 부러워하였다. 한두 번 따귀를 맞았다고 해서 재니가 마치 죽기라도 할 듯, 티 케이크가 그녀를 안고 다독이는 모습을 보고 여자들은 환상에 빠졌으며, 재니가 티 케이크에게 가련하게 매달리는 모습을 보고 남자들은 꿈을 꾸는 기분에 젖었다.

"티 케이크, 자넨 정말 운 좋은 사내여." 숍 드 보텀이 말했다. "재니가 맞은 곳이 다 보이더군. 장담하건대, 재니는 자네한테 맞으면서도 같이 때리려고 달려들지도 않았겠지. 여기 이 늙고 황소고집 여편네들은 맞으면 밤새 대들고 싸우느라 다음날이면 그들이 맞았는지 어쨌는지조차 알 수 없게 되고 말 거야. 바로 그런 이유로 나는 내 여편네 패는 걸 그만두었어. 도대체 이 여편네들은 때려도 티가 안 난다니까. 오, 재니처럼 나긋나긋한 여자를 한번 갈겨봤으면! 당연히 재니는 큰소리 하나 안 냈겠지? 그냥 울기만 했겠지, 그렇지, 티 케이크?"

"맞아."

"그거 보라고! 우리 집 여편네 같았으면 팜비치 카운티가 다 울리도록 쩌렁쩌렁 소리를 지르고 내 이빨 몇 대를 부러뜨렸을걸. 자네는 우리 집 여편네에 대해 모를 거야. 그 여잔 이빨이 아흔아홉 줄이나 되는 것처럼 입이 크지, 성미를 건드렸다가는 엉덩이 호주머니 높이까지 쌓인 바위 무더기도 밀어낼 거야."

"우리 재니는 고상하고 현명한 여자야. 나는 그녀를 길 가다 우연히 만나 데려온 게 아니야. 크고 좋은 집에 사는 여자를 데려온 거야. 지금도 여기 있는 흑인들을 다 살 수 있는 돈을 은행에 넣어두고 있어."

"설마! 그런데도 다른 사람들과 똑같이 이 습지에 내려와 살다니!"

"재니는 내가 가고자 하는 곳은 어디든지 가거든. 재니는 그런 아내야, 그래서 나는 재니가 좋아. 재니를 때리고 싶지 않았어. 어젯밤에도 재니를 때리고 싶지 않았는데 그 늙은 터너 부인이 자기 남동생을 데려와서는 재니를 나한테서 떼어내려고 하잖아. 재니가 무슨 짓을 해서 때린 게 아니야. 그 사람들에게 누가 재니의 주인인지 보여주려고 했어. 어느 날 내가 부엌에 있는데 그 여자가 재니한테 와서 하는 소리를 들었어. 내 피부가 재니한테 너무 새까맣다는 거야. 재니가 어떻게 나를 참아내는지 이해가 안 간다고."

"그 여자 남편한테 말해."

"흥! 그 남편은 자기 마누라한테 벌벌 떠는 것 같더라고."

"이빨을 몽땅 뽑아 목구멍에 처넣어버려."

"그러면 그 여자가 영향력이 있어 보이잖아. 사실은 그렇지도 않은데. 나는 다만 재니를 내 마음대로 할 수 있다는 걸 그 여자에게 보여 준 거야."

"그러니까 그 여자는 우리 돈으로 먹고 살면서도 깜둥이는 싫어한다는 말이지, 응? 알았어. 앞으로 2주 안에 그 여자를 여기서 내쫓아 주자. 지금부터 사람들을 모아서 그 여자를 내쫓아 버리자고."

"그 여자가 한 짓에 화가 난건 아냐. 아직 아무 짓도 한 건 없으니까. 하지만 그 사고방식에 화가 나. 그 여자와 그 일당은 여기서 나가야 해."

"우리는 자네 편이야. 티 케이크. 자네도 이미 알겠지. 터너네 그 여자는 머리 굴리는 데는 아주 비상해. 아마도 자네 부인이 은행에 돈이 있다는 걸 어디서 듣고 자기 가족으로 삼으려고 그러는 것 같아."

"숍, 그 여자는 돈보다 외모를 갑절이나 더 쳐준다고. 그 여자는 피부색이면 다야. 우리가 매일 만나는 보통 사람들과는 달라. 현실적이지도 않고 어떻게 말로 설명하려고 해도 잘 안되는 여자야."

"그래. 그 여자는 너무 똑똑해서 여기에 사는 건 어울리지 않아. 우리를 멍청한 검둥이 무리라고 생각하는 거지. 엉덩이에 뿔이 났군. 하지만 말도 안 되는 소리지. 그 여자는 고집을 피우다 죽을걸."

노동자들이 전표를 현금으로 바꾸어 받는 토요일 오후, 모두 쿤딕[10]을 사서 마시고 취했다. 해가 저물자 벨 그레이즈는 크게 떠들며 술에 취해 비틀거리는 사람들로 가득 찼다. 상당수 여자도 역시 서로 어울려 흥겹게 놀았다. 경찰 서장은 잘 나가는 포드 차를 타고 이 술집에서 저 술집으로, 그리고 음식점으로 바쁘게 다니며 질서를 잡으려 노력했지만, 체포하는 경우는 거의 없었다. 술 취한 사람들을 다 가두어두기에 감옥이 충분하지도 않은데 굳이 술꾼 몇 사람을 잡아갈 이유가 있겠는가? 그가 할 수 있는 일이라고는 싸움을 말리는 것, 9시 이전에 흑인 마을에서 백인들을 내보내는 것이었다. 딕 스터렛과 쿠드메이가 가장 심하게 취한 것 같았다. 마신 술로 인해 그들은 여기저기 돌아다니면서 밀고치며 크게 소리를 지르고 있었다.

조금 후 그들은 터너 부인의 식당에 도달해보니 그곳에 사람들이 가득 차 있는 것을 알았다. 티 케이크, 스튜 비프, 숍 드 버텀, 부티니, 모터보트 그 이외 모든 익숙한 얼굴들이 그 자리에 있었다. 쿠드메이는 놀랐다는 듯 허리를 꼿꼿이 세우며 외쳤다. "저기, 여기서 다들 뭐해?"

"먹잖아." 스튜 비프가 말했다. "비프스튜 파는 곳에, 당연히 스튜 비프가 있는 거지."

---

10 밀주.

"우리 모두 가끔은 마누라가 해주는 밥에서 벗어나고 싶잖아. 그래서 오늘 밤에는 모두 외식을 하고 있어. 어쨌든 터너 부인 음식이 우리 마을에서 제일 맛나니까."

터너 부인은 식당을 들락거리다가 솝이 이렇게 말하자 얼굴이 밝아졌다.

"마지막에 들어온 두 아저씨는 자리가 날 때까지 기다려야 할 거 같아요. 지금은 자리가 없으니까요."

"괜찮아요." 스터렛이 맞받았다. "생선튀김 좀 주세요. 서서 먹으면 되니까. 커피도 같이 내오시고."

"나도 비프스튜와 커피 한 잔 주세요. 부인, 스터렛도 나만큼 취했어요. 저 사람이 서서 먹을 수 있으면 나도 서서 먹을 수 있어요." 쿠드메이가 술에 취해서 벽에 기댔고 모두가 웃음을 터뜨렸다.

곧이어 터너 부인을 보조하는 아가씨가 주문한 음식을 가져왔고 스터렛은 손에 생선 요리와 커피를 들고 서 있었다. 쿠드메이는 음식이 든 쟁반을 잡으려 하지 않았다.

"아니, 그것 좀 들고 있어요, 아가씨, 내가 좀 먹을게요." 그는 아가씨에게 말했다. 쿠드메이는 포크와 나이프를 집고 막 음식을 먹기 시작했다.

"아무도 아저씨 얼굴 앞에서 음식을 들고 서 있을 시간이 없어요." 아가씨가 쿠드메이에게 말했다. "여기요. 아저씨 거

받으세요."

"그 말이 맞아." 쿠드메이가 그녀에게 말했다. "이리 줘. 숍이 자기 의자를 비워주겠지."

"말도 안 되는 소리." 숍이 대꾸했다. "아직 밥을 먹는 중이라 일어설 수 없어."

쿠드메이는 숍을 의자에서 밀어내려고 했지만, 숍은 버텼다. 그들은 서로 밀고 당기며 의자를 두고 몸싸움을 벌였고 그 와중에 커피가 숍에게 엎질러졌다. 그러자 그는 쿠드메이에게 접시를 던졌고 그 접시는 부티니를 맞혔다. 부티니는 두툼한 커피잔을 쿠드메이에게 던졌고 스튜 비프가 맞을 뻔했다. 그래서 큰 싸움판이 벌어졌다. 터너 부인이 주방에서 달려 나왔다. 그러자 티 케이크가 쿠드메이의 멱살을 잡았다.

"이봐, 자네들, 여기서 소란을 피우면 안 돼. 터너 부인은 너무 고상해서 이런 소란을 겪으실 수 없다고. 사실상, 부인은 이 습지에서 그 누구보다도 고상한 분이시거든." 터너 부인이 티 케이크를 보며 환하게 웃었다.

"그건 알아. 우리 모두 알고 있지. 하지만 부인이 고상하든 말든, 나는 여기 좀 앉아서 밥을 먹어야겠다는 말씀이야. 숍이 다시는 나한테 까불지 못하게 해주겠어. 사내답게 상대해주겠어. 이거 봐, 티 케이크."

"아니, 나도 그렇게는 못 하겠어. 여기서 나가."

"날 쫓아낸다고?"

"내가. 내가 그런다고. 난 여기에 있어, 알아? 터너 부인처럼 고상한 사람들을 존경하지 않을 거면, 나라도 존경하게 만들 거야! 자, 덤벼라, 쿠드메이."

"그 손 놔, 티 케이크!" 스터렛이 소리쳤다. "그는 내 친구야. 우리는 여기 함께 왔으니 나 없이 혼자 못 내보내."

"그럼, 둘 다 꺼져!" 티 케이크는 소리쳤고 쿠드메이를 꽉 잡았다. 도커리는 스터렛을 잡았고 두 사람은 이리저리 옮겨 가면서 몸싸움을 벌였다. 몇 사람이 싸움에 끼어들었고 접시와 탁자가 부서지기 시작했다.

터너 부인은 이 모든 광경을 화가 나서 바라보았다. 티 케이크가 그들을 쫓아내려 해서 이 난리가 난 것이다. 차라리 남아 있게 두는 편이 나았는데. 그녀는 뒤꼍 어디론가 달려 나가 상황을 진정시키도록 남편을 데려왔다. 그녀의 남편은 들어와서 휙 둘러보더니 구석에 있는 의자에 쭈그리고 앉아 한마디 말도 없었다. 그래서 터너 부인은 사람들 속을 헤집고 들어가 티 케이크의 팔을 잡았다.

"이제 됐어, 티 케이크, 도와줘서 고마워, 하지만 이 사람들 놔둬."

"아뇨, 터너 부인, 내가 여기에 있는 한, 이 자들이 고상한 분들 계신 데 몰려와서 소란을 떨지 못하도록 할 겁니다. 어기서 내쫓을 거예요!"

그때쯤 식당 안에 있던 모든 사람이 편을 갈라 싸우기 시작했다. 그러던 중에 터너 부인이 쓰러졌지만 모두 싸우느라 그녀가 밑에 넘어진 것을 몰랐다. 접시가 깨지고 탁자가 뒤뚱거리고 의자 다리와 유리창이 부서졌다. 발로 어디를 디디건 무릎 높이까지 부서진 물건들이 잔뜩 널브러져 있었다. 하지만 티 케이크는 절대로 싸움을 그만두지 않았다. 마침내 쿠드메이가 티 케이크에게 말했다. "내가 잘못했어. 잘못했다고! 자네들이 다 옳은 말을 했는데 내가 귓등으로도 안 들었어. 난 이제 화 안 났어. 화가 안 났다는 걸 보여주려 스트렛과 같이 모두한테 술을 살게. 비커스 할아버지가 파호키 근처에서 맛 좋은 쿤딕을 팔아. 자 모두 가자. 가서 한바탕 마시자고." 모두는 기분이 풀려 떠났다.

터너 부인은 바닥에서 일어나 경찰을 불렀다. 이 여자의 식당을 보세요! 어쩌면 아무도 경찰을 부르지 않았죠? 그러고 나서 그녀는 한쪽 손이 사람들 발에 밟혀 손가락에서 피가 흐르는 것을 보았다. 싸움이 벌어지는 동안 그곳에 없었던 두세 사람이 문간에서 머리를 디밀고 걱정스럽게 바라보았지만, 그 사람들 때문에 터너 부인은 더 화가 났다. 그들에게 썩 가버리라고 했다. 그런 후 터너 부인은 남편이 앙상하고 긴 다리를 꼬고 멀리 구석에 앉아서 파이프 담배를 피우고 있는 모습을 보았다.

"당신이란 인간은 도대체 뭐예요, 터너? 당신은 여기 내 식당에 검둥이들이 무더기로 들어와서 다 부숴버린 걸 보고 있네요. 당신은 어떻게 자기 부인이 발로 짓밟히는 걸 앉아서 보고 있을 수가 있나요? 당신은 결코 좋은 사람이 아녜요. 티 케이크가 날 밀어 주저앉히는 걸 봤죠! 그랬죠, 당신! 그러면서도 손 하나 까딱 안 하다니!"

터너는 파이프 담배를 빼고는 대답했다. "응, 그리고 당신은 내가 얼마나 화가 나 있었는지 보았지, 그렇지? 티 케이크한테 내가 다시는 화나지 않도록 조심하라고 전해." 이렇게 말하곤 터너는 다리를 바꿔서 꼬고는 계속 파이프 담배를 피웠다.

터너 부인은 다친 손으로 힘껏 남편을 때렸다. 그러고 나서 자신의 마음을 30분 동안 토로했다.

"내 동생이 그 난리 중에 이 자리에 없어서 다행이었어요. 아마 그 애는 누군가 죽여 버렸을 거야. 우리 아들도 마찬가지지. 그 애들은 사내다우니까. 마이애미로 가야겠어. 거기 사람들은 세련되었으니까."

그러나 이미 그 아들과 남동생은 식당 밖에서 안으로 들어가지 말라는 강력한 경고를 받은 후 멀리 가고 있었다. 이 사실을 터너 부인에게 알려준 사람은 아무도 없었다. 그들은 얼쩡

댈 시간이 없었다. 부인의 아들과 남동생은 팜비치로 서둘러 떠났다. 그녀는 나중에 그 사실을 알게 될 것이다.

월요일 아침 쿠드메이와 스터렛은 식당에 들러 그녀에게 열심히 용서를 구하면서 각각 5달러를 내놓았다. 쿠드메이는 말했다. "제가 토요일 밤에 술에 취해서 한심한 짓을 했다고 사람들이 말하데요. 전혀 아무 생각이 나질 않아요. 하지만 저는 술만 취했다 하면 아주 엉망진창이 된다고 하더라고요."

제18장

티 케이크와 재니가 글레이즈에서 바하마에서 온 노동자들과 친해진 이후에, '소'[11]들은 차츰 미국인 노동자들에 동화되었다. 그들은 걱정했던 만큼 미국인들이 자신들을 조롱하지 않는다는 사실을 알고서, 춤을 추러 비밀 장소로 숨어드는 일을 그만두었다. 많은 미국 노동자들이 '소'들의 춤을 배웠고 '소'들 만큼이나 그 춤을 좋아했다. 그래서 그 '소'들은 밤이면 밤마다 숙소 지역에서, 거의 티 케이크의 집에서, 춤판을 벌이기 시작했다. 자주, 티 케이크와 재니는 그 불춤을 구경하느라 늦게까지 깨어있어서 티 케이크는 재니를 들판에 나오지 못하게 하였다. 티 케이크는 재니가 쉬기를 원했다.

그러던 어느 오후 재니는 혼자 집에 있다가 세미놀 족[12]한

---

11   바하마 노동자의 별칭.

12   북미 인디언의 종족 이름.

무리가 지나가는 모습을 보았다. 남자들이 앞에서 걸어가고 그 뒤를 여자들이 짐을 지고 무표정하게 마치 당나귀처럼 따라갔다. 재니는 글레이즈에서 이따금 둘씩 혹은 셋씩 짝을 지어 가는 인디언들을 본 적은 있지만, 이번에 지나가는 사람들은 매우 큰 무리였다. 그들은 팜비치 도로 방향으로 꾸준히 전진하고 있었다. 한 시간가량이 흐르자 또 다른 무리가 나타나 같은 방향으로 갔다. 그리고 해가 지기 직전 또 다른 무리가 지나갔다. 이번에는 재니가 그들에게 어디로 가는지 물었고 마침내 남자 중 한 사람이 대답했다.

"높은 곳으로 가요. 참억새가 피었어요. 허리케인이 올 거예요."

그날 밤 모두 인디언의 이동에 관해 이야기했다. 하지만 아무도 걱정하지 않았다. 모닥불을 둘러싼 불춤은 거의 새벽녘까지 계속되었다. 다음 날, 더 많은 인디언이 천천히 꾸준하게 동쪽으로 이동했다. 하늘은 여전히 청명하고 날씨는 좋았다. 콩 수확량도 좋았고, 콩 가격도 괜찮았다. 아마도 인디언들이 틀렸을 수도 있다. 아니 분명히 틀렸을 것이다. 콩을 따서 하루에 7달러, 혹은 8달러를 벌 수 있는데, 허리케인이 몰려올 리는 없었다. 인디언들은 어쨌든 어리석다. 항상 그랬다. 어느 날 스튜 비프가 저돌적이며 오묘한 드럼 소리를 연주했고, 생생하고 조각 같은 기묘한 춤이 이어졌다. 다음날이 되자 더는 인디언들이 지나가지 않았다. 날씨는 찌는 듯 무덥고 재니는 일찍 들판에서 집으로 돌아왔다.

아침이 미동도 없이 밝았다. 아주 미세한, 아기 숨결 같은 바람 한 자락도 불어오지 않았다. 태양의 여명이 밝기 전부터 죽음 같은 하루가 덤불에서 덤불로 인간을 응시하면서 기어갔다.

토끼 몇 마리가 숙소 지역을 가로질러 서둘러 동쪽으로 향했다. 주머니쥐 몇 마리가 살금살금 나와서는 분명히 같은 방향으로 갔다. 한 번에 한두 마리가 보이더니 나중에는 더 많이 나와서 몰려갔다. 그리고 사람들이 들일을 마치고 돌아올 때쯤 동물들은 끊임없이 행렬을 이루며 지나가고 있었다. 이제는 뱀들, 방울뱀들이 숙소 지역을 지나가기 시작했다. 남자들이 뱀 몇 마리를 죽였으나, 떼로 기어 나오는 뱀들을 어찌할 수 없었다. 사람들은 동이 틀 때까지 집에 머물렀다. 밤중에 몇 번이고 재니는 사슴 같은 큰 동물들이 씩씩대는 소리를 들었다. 한번은 표범이 나지막이 우는 소리도 들렸다. 동쪽으로, 동쪽으로 전진. 그날 밤, 종려나무와 바나나 나무가 멀리 떨어져서 빗줄기와 대화하였다. 몇몇 사람들은 겁에 질려서 짐을 싸고는 팜비치로 떠났다. 수천 마리나 되는 수리 떼가 구름 너머로 날아오르더니 내려오지 않았다.

바하마 족의 남자애 하나가 차를 타고 티 케이크의 집에 들러 소리쳤다. 티 케이크는 웃으며 집 쪽을 돌아보면서 걸어 나왔다.

"안녕하세요, 티 케이크."

"잘 있었니, 리아스. 떠나는구나."

"네. 아저씨. 아저씨랑 재니 아줌마도 가실래요? 우리 차에 자리가 하나 남아요. 아저씨랑 아줌마가 가실 건지 먼저 물어보고 나서 다른 사람에게 기회를 돌리든지 어쩌든지 하려고요."

"정말 고맙다. 리아스, 하지만 우리는 여기 남기로 했어."

"인디언들도 떠났어요. 아저씨."

"그건 별로 중요하지 않아. 우리 농장 주인이 떠나는 건 못 봤잖아, 그렇지? 어쨌든 지금은 괜찮아. 내 말은, 이곳 습지는 돈벌이가 정말 괜찮아. 내일이면 날씨가 좋아질 거야. 내가 너라면 떠나지 않을 거야."

"우리 아저씨가 저를 데리러 왔어요. 팜비치에 허리케인 경보가 났대요. 거기는 그렇게 나쁘지 않겠지만. 저기요, 티 케이크, 여기는 너무 지대가 낮아요. 그리고 저 호수가 금세 넘칠 수 있어요."

"아니, 아냐. 얘야. 저기 안에 있는 사람들도 그 얘기를 하고 있어. 몇 사람은 글레이즈에서 여러 해를 지냈어. 이건 그냥 잠시 지나는 바람일 뿐이래. 너는 내일이 되면 다시 온종일 걸려서 돌아오느라 시간 낭비를 할 거야."

"인디언들이 동쪽으로 이동했다고요, 아저씨, 위험해요."

"인디언이 다 아는 건 아냐. 사실을 말하면, 인디언들은 아는 게 별로 없어. 똑똑했으면 그들이 아직 이 나라를 차지하고 있겠지. 백인들은 아무 데도 가지 않았잖아. 위험하다면 백인들도 알겠지. 그러니 그냥 여기 있어. 얘야. 큰 춤판이 여기서 오늘 열릴 거야. 그때쯤이면 날씨도 갤 거구."

리아스는 잠시 머뭇거리다 차에서 내리려 했다. 그러나 그의 아저씨가 리아스를 놓아주지 않았다. "내일 이맘때쯤이면 인디언들을 따라가지 않은 걸 후회할 거요." 그는 콧방귀를 끼고는 차를 몰고 떠났다. 리아스는 티 케이크와 재니를 향해 명랑하게 손을 흔들었다.

"이 세상에서 다시 못 만나면, 나중에 아프리카에서 만나요."

다른 사람들도 인디언, 토끼, 뱀, 너구리들처럼 동쪽으로 서둘러 갔다. 그러나 대다수 사람은 둘러앉아 웃으며 날이 다시 좋아지길 기다렸다.

남자들 몇몇이 티 케이크의 집에 모여 앉아 서로에게 기운을 북돋우는 말을 주고받았다. 재니는 커다란 팬에 콩을 굽고 자신이 스위트 비스킷이라고 부르는 것을 만들었으며, 그들은 모두 충분히 유쾌한 시간을 보내려고 했다.

아주 분위기를 잘 띄우는 사람들이 그 자리에 있었기 때문에 자연스럽게 정복왕 존과 그의 업적에 관한 이야기가 나왔다. 어떻게 그가 이 세상에서 모든 위대한 업적을 이루었으며 죽지도 않고 승천했는지. 그리고 하늘에 오르면서 그가 기타를 연주했고 천사들이 모두 합창하면서 하늘 보좌 주위를 둥글게 돌며 춤을 추었다는 얘기. 그리고 하느님과 늙은 베드로를 제외한 모든 천국 시민이 여리고 성을 돌아 날아오기 경주를 벌였으며 여기서 정복왕 존이 우승했다는 얘기. 그가 지옥에 내려가서는 그 늙은 악마를 무찌르고 거기 사람들에게 얼음물을 주었다는 얘기. 그중에 어떤 사람은 존이 연주한 악기가 입으로 부는 오르간 하프라고 주장했지만 다른 사람들은 그의 말을 들으려 하지 않았다. 그 누가 하프를 얼마나 잘 연주하는가는 상관없이, 하느님은 기타를 더 좋아할 거야. 여기서 이야기의 중심이 티 케이크에게로 옮아갔다. 티 케이크가 기타를 한두 곡 연주하면 어떨지? 글쎄, 좋아. 그럼 한번 들어보자고.

모두가 그 생각에 동의하자, 먹보이가 잠에서 깨어 리듬에 맞춰 노래 가사를 읊기 시작했고 모두 그 가사의 매 구절 마지막 부분을 따라 불렀다.

너네 엄마는 속옷 안 입지
너네 엄마가 속옷 벗을 때 봤지

너네 엄마는 속옷을 술에 담갔지

너네 엄마는 속옷 산타한테 팔았지

너네 엄마한테 산타가 불법이라 했지

더러운 속옷 입는 건 말이지

그러고 나서 먹보이는 발을 움직이며 미친 듯이 춤을 추었고 다른 사람들도 춤을 추게 했다. 춤을 다 추고 나서 먹보이는 바닥에 누워 다시 잠이 들었다. 사람들은 플로리다 플립과 쿤 캔 카드 게임을 시작했다. 그다음에는 주사위 게임을 했다. 돈을 걸지는 않았다. 자신의 능력을 보여주기 위한 게임이었다. 모두 자신의 멋진 장기를 선보였다. 항상 그랬듯이 티 케이크와 모터 보트의 경쟁으로 귀결되었다. 티 케이크는 수줍은 듯 웃고 있었고, 모터 보트는 마치 막 교회 탑 위에서 나온 까만 아기 천사같이 어떤 사람의 주사위로도 놀라운 일을 할 수 있을 거 같은 표정이었다. 다른 사람들은 두 사람의 대결을 보느라 일도 날씨도 다 잊었다. 이건 예술이야. 매디슨 스퀘어 가든에서 천 달러의 판돈을 걸고 하는 게임이라도 이보다 더 숨 막힐 듯 흥미진진할 수 없었다. 매디슨 스퀘어 가든에는 사람이 더 많이 들어갈 뿐이겠지.

얼마 후 누군가 밖을 내다보면서 말했다. "날씨가 전혀 좋아질 거 같지 않은데, 집에 돌아가 보는 게 좋겠어." 모터 보트와 티 케이크는 여전히 게임에 몰두하고 있어서 사람들은 그들을 두고 자리에서 일어났다.

그날 밤 강풍이 다시 불었다. 세상의 모든 것이 마치 스튜비프가 손가락으로 드럼의 가장자리를 칠 때 나는 소리와 같은 짧고 날카로운 소리를 내며 심하게 덜컹거렸다. 아침이 되자 가브리엘 천사가 드럼의 한가운데를 두드리는 것처럼 깊은 소리가 나기 시작했다. 재니가 현관문 밖을 내다보았을 때 서쪽 하늘에서 안개가 뭉쳐서, 하늘의 구름이 모여 있는 곳에서부터, 천둥으로 무장을 하고 세상을 향해서 돌진하고 있었다. 더 요란하게, 더 높게, 그리고 더 낮게, 더 넓게, 소리와 움직임이 넓게 퍼지고, 높게 올라갔다 다시 가라앉고, 어두워졌다.

그 소리 때문에 늙은 오키초비 호수가 잠에서 깨어났고 자리에서 뒤척이기 시작했다. 온 세상이 불만에 찬 투정을 부리는 것같이 호수는 구르며 불평을 시작했다. 숙소에 있는 주민들과 기슭에서 더 멀리 떨어진 저택에 사는 사람들은 큰 호수가 내는 소리를 듣고 깜짝 놀랐다. 그들은 걱정했지만 괜찮을 거로 생각했다. 그 지각없는 괴물을 침대에 묶어 둘 제방이 존재했기 때문이다. 주민들은 저택에 사는 사람들의 판단을 따르기로 했다. 성에 사는 사람들이 안전하다고 생각한다면, 오두막에 사는 주민들은 걱정할 필요가 없었다. 결정은 언제나 그렇듯이 이미 내려진 것이었다. 갈라진 틈새나 메우고 나서

젖은 이불 속에서 덜덜 떨면서 신의 은총을 기다리는 것. 어쨌든 주님께서 아침까지는 저 괴물을 멈추게 하실 것이다. 낮 시간에는 희망을 품기가 수월하다. 원하는 것을 바라볼 수 있기 때문이다. 하지만 그때는 밤이었고 밤이 계속되고 있었다. 밤은 온 세상 전부를 손아귀에 쥔 채 허공을 가로질러 성큼성큼 걷고 있었다.

천둥과 번개가 큰 소리를 내며 지붕 위를 밟아댔다. 그래서 티 케이크와 모터 보트는 게임을 멈추었다. 모터가 천사 같은 시선을 위로 던지며 말했다. "하느님께서 위층에서 의자를 끌어내시나 봐."

"돈 내기는 아니었지만 어쨌든 당신들이 그 빌어먹을 주사위 게임을 그만둬서 좋군," 재니가 말했다. "연세 많으신 주님께서 지금 그야말로 자기 일을 하고 계셔. 그러니 조용히 해야 해."

그들은 더 가까이 모여서 문 쪽을 바라보았다. 그들은 온몸을 꼼짝도 하지 않고 단지 문만 바라보았다. 문밖에 무엇을 보아야 하는지 백인들에게 물어볼 시간은 지났다. 여섯 개의 눈동자가 단지 하느님에게 질문을 하고 있었다.

비명과 같은 바람이 불어 믿을 수 없는 속도로 물건들이 깨지고 내던져지고 날아다니는 소리가 들렸다. 새끼 토끼 한 마리가 마룻바닥의 틈새로 바둥대며 기어 나와서 벽의 그림자

아래 쪼그리고 앉았다. 마치 아무도 이럴 때는 아무도 토끼 고기를 원하지 않는다는 사실을 아는 것 같았다. 호수는 점점 더 미친 듯이 사나워졌고 이제 사람들과 호수 사이에는 제방만이 버티고 있었다.

잠시 바람이 둔해지자, 티 케이크가 재니를 만지며 말했다. "당신 지금 이런 상황에서 벗어나 그 큰집에 그대로 살았더라면 하고 바랄 것 같은데, 안 그래요?"

"아니."

"아냐?"

"그럼, 아니야. 사람들은 어디에 있던지 자기의 때가 오기 전에는 죽지 않아. 난 지금 폭풍우 속에서도 내 남편과 함께 있잖아. 그럼 된 거지."

"고마워요, 부인. 하지만 이제 당신이 죽는다고 생각해봐요. 당신을 이리 끌고 온 나한테 화나지 않아요?"

"아니, 우리는 2년 동안 함께 지냈잖아. 아침에 해가 뜨는 걸 볼 수 있다면, 해가 질 때 죽는 것은 상관없어. 아침에 해를 구경하지 못한 사람들이 얼마나 많은데. 나도 어둠 속을 더듬고 있었지. 그리고 하느님이 문을 열어주셨어."

티 케이크는 마루에 풀썩 앉아 재니의 무릎에 얼굴을 묻었다. "그래, 그럼 재니, 당신은 이제까지 말하지 않은 걸 말하고 있어요. 나는 당신이 그렇게 내게 만족한다는 걸 정말 모르고 있었어요. 내가 생각하기로는……."

바람이 세 배나 강하게 다시 불어와, 마지막으로 촛불을 꺼뜨렸다. 그들은 다른 오두막에 사는 다른 사람들처럼, 함께 앉아서, 그들의 눈은 거친 벽을 뚫어져라 바라보았고 그들의 영혼은 신에게 묻고 있었다. 신이 혹시 자신의 힘과 그들의 미약한 힘을 비교하고 있는 것은 아닌지. 그들은 어둠을 주시하고 있는 듯했지만, 그들의 눈은 신을 바라보고 있었다.

티 케이크가 앞을 가로막는 바람을 헤치고 밖으로 나가자마자, 그는 죽었다고 여겼던 수많은 것이 바람과 물로 다시 살아났고, 살아있다고 여겼던 것들이 죽어버렸음을 알았다. 온 천지가 물이었다. 떠돌이 물고기들이 집 마당에서 헤엄치고 있었다. 3인치만 더 물이 불어나면 물이 집으로 들어올 것이다. 물은 이미 어느 정도 들어와 있었다. 그는 더 나쁜 일이 생기기 전에 글레이즈를 벗어나려고 차편을 알아보기로 했다. 그는 돌아와서 재니에게 계획을 말했고, 재니는 떠날 준비를 하였다.

"보험 서류도 함께 챙겨, 재니. 난 기타와 다른 것들을 챙길 테니."

"서랍 속의 돈은 이미 다 꺼냈지?"

"아니, 그것 어서 꺼내 와. 그리고 테이블보를 잘라서 거기에 돈을 싸. 우리 목까지 물이 올라올 거 같아. 서류를 넣어두게 저 기름먹인 천을 어서 잘라요. 떠나야 해. 너무 늦은 게 아니라면. 호수가 절대 버텨내지 못할 거야."

그는 기름먹인 천을 낚아챈 다음 칼을 꺼내 들었다. 재니는 그가 길게 잘라내도록 천을 똑바로 잡았다.

"하지만 티 케이크, 밖은 너무 끔찍해. 적어도 여기 안에 그냥 있는 게 나을지도 몰라. 나가려 하는 거보다……."

"고정시켜요." 그는 짧게 그녀의 말을 막았다. 그는 다시 밖으로 나갔다. 밖에서 그는 재니가 본 것들보다 더 많은 것을 보았다.

재니는 큰 바늘을 들고 빠르게 박음질을 해서 긴 자루를 만들었다. 신문지를 찾아서 지폐와 서류를 둘둘 만 다음 자루에 집어넣고 입구를 감침질로 막았다. 자루를 작업복 주머니에 완전히 달기도 전에, 티 케이크가 다시 안으로 달려 들어왔다.

"차가 없어, 재니"

"그럴 거로 생각했어! 이제 우리 어쩌지?"

"걸어갑시다."

"이 날씨에, 티 케이크? 마을 입구까지도 못 갈 거야."

"아냐. 당신은 할 수 있어요. 나, 당신, 모터 보트가 함께 팔짱을 끼고 서로 잡아주면 돼요. 어이, 모터?"

"저기 침대에서 자고 있어." 재니가 말했다. 티 케이크는 움직이지 않고 소리를 질렀다.

"모터 보트! 여기서 일어나는 게 좋을 거야! 지옥 물이 조지아에 터졌어. 바로 지금! 너는 이런 상황에서 잠이 오니? 마당에 물이 무릎만큼 올라왔다고."

그들은 거의 엉덩이까지 찬 물살을 헤치고 간신히 동쪽으로 나아갔다. 티 케이크는 기타를 던져 버려야 했고, 재니는 그가 얼마나 마음 아파하는지 보았다. 날아다니는 물건들과 둥둥 떠다니는 위험한 물체들을 피하고, 구멍에 발이 빠지지 않도록 조심하며 전진하다가 마침내 등 뒤에서 뜨뜻한 바람이 느껴질 때쯤, 그들은 비교적 마른 땅에 도달할 수 있었다. 그들은 엉뚱한 방향으로 밀려가지 않도록 서로를 꼭 붙들고 버텨야 했다. 그들은 안간힘을 쓰면서 나아가는 사람들을 보았다. 집 한 채가 무너져 있었다. 여기저기 공포에 질린 소들도 보였다. 그러나 무엇보다도 바람과 물이 함께 몰아닥쳤다. 그리고 호수도 밀려왔다. 호수가 뿜어내는 거대한 소리 속에서 바위와 나무가 갈라지는 소리, 그리고 사람들이 울부짖는 소리가 들렸다. 사람들이 성난 물살에서 빠져나오려고 애를 썼지만, 불가능함을 깨닫고는 비명을 질렀다. 오두막집들이 다닥다닥 붙어있던 제방의 거대한 장벽이 앞쪽으로 밀리며 무너지고 있었다. 10 피트 이상이나 되는 방벽이 우르르 소리를 내면서 위로 솟구치는 물결에 떠밀려서 어마어마한 크기의 도로 압착기처럼 앞으로 밀려 나가는 것이 저만치서 보였다. 그 괴물 같은 짐승이 잠자리에서 일어섰다. 시속 200마일의 바람이 괴물의 쇠사슬을 풀었다. 괴물은 제방을 휘어잡고 숙소 지구로 달려들었다. 괴물 같은 호수는 집들을 잡초처럼 엎어버린 후 자신의 정복자라고 여겼던 대상들을 삼켜 나갔다. 제방을 부수고 집을 무너뜨리고 집 안에 있던 사람들과 목재들을 함께 밀어버렸다. 바다가 발꿈치로 육지를 무겁게 내리누르며 다가오고 있었다.

"호수가 몰려온다!" 티 케이크가 숨을 가쁘게 몰아쉬었다.

"호수가!" 공포에 질린 모터 보트가 소리쳤다. "호수가!"

"우리 뒤에 오고 있어!" 재니가 몸을 떨었다. "우린 날 수도 없는데!"

"그래도 뛸 수는 있어요," 티 케이크가 외쳤고 그들은 뛰기 시작했다. 제방의 터진 틈새로 뿜어 나온 물이 더 빨리 덮쳐왔다. 호수의 거대한 몸체는 아직 저지되고 있었지만, 무너지는 제방의 틈새로 물줄기가 뿜어져 뿌옇게 치솟아 올랐다. 세 사람의 도망자는 약간 높은 곳에 줄지어 있는 오두막들을 지나 달리다 한숨을 조금 돌렸다. 그들은 목청껏 크게 소리쳤다. "호수가 몰려와요!" 그러자 닫혔던 문들이 활짝 열리고 사람들이 뛰어나와 같이 도망가며 똑같은 말을 외쳤다. "호수가 몰려와요!" 그러자 뒤쫓아 오던 호수가 으르렁거리며 앞을 향해 소리를 질렀다. "그래, 내가 간다!", 그리고 도망칠 수 있는 사람들은 도망쳤다.

그들은 둔덕 위에 있는 높은 집에 도착했고 재니가 말했다. "여기서 잠깐 쉬자. 더는 못 가겠어. 너무 지쳤어."

"우리 모두 지친 거지," 티 케이크가 정정했다. "안에 들어가서 이 날씨를 피하자, 죽거나 아니면 쉬거나." 티 케이크가 칼자루로 노크를 했고 다른 사람들은 얼굴과 어깨를 벽에 기대고 서 있었다. 티 케이크는 문을 한 번 두드려 보고 나서 모터 보트와 함께 집 뒤쪽으로 돌아가서 강제로 문을 열었다. 집 안엔 아무도 없었다.

"이 사람들이 나보다 훨씬 현명했어." 티 케이크는 말했고 그들은 바닥에 누워 숨을 헐떡였다. "리아스가 가자고 했을 때 함께 갔어야 했어."

"몰랐잖아요." 재니가 반박했다. "그리고 모르는 건 모르는 거야. 폭풍이 오지 않았을 수도 있었어."

그들은 금방 잠에 빠졌다. 그러다가 재니가 가장 먼저 눈을 떴다. 그녀는 밀려드는 물소리를 들었고 일어나 앉았다.

"티 케이크, 모터 보트, 호수가 몰려오고 있어!"

호수가 진짜 몰려오고 있었다. 더 천천히, 더 넓게, 다가오고 있었다. 호수는 자신을 막아서고 있던 제방을 모조리 짓밟고 납작하게 눌러서 그 높이를 낮추었다. 호수는 지친 매모드처럼 여전히 중얼거리며 투덜대며 다가왔다.

"이 집은 높아. 아마 여기에 절대 닿지는 않을 거야." 재니가 제안했다. "그리고 만약 여기에 물이 들어온다고 해도, 2층까지 닿지는 않을 거야."

"재니, 오키초비 호수는 너비가 40마일에 길이가 60마일이에요. 그건 물의 양이 엄청 많다는 거예요. 이 바람이 저 호수를 이쪽으로 밀어내면, 이 집은 한 번에 잠겨버리는 거예요. 떠나는 게 좋겠어요. 모터 보트!"

"왜 불러, 응?"

"호수가 몰려와!"

"아유, 아냐. 안 그래."

"맞아, 이리로 온다니까! 들어 봐! 멀리서 다가오는 소리가 들리지!"

"그냥, 오라고 해. 난 여기서 기다릴게."

"참나, 일어나, 모터 보트! 팜비치 로로 어서 가보자. 거기는 지대가 높으니까. 거기는 아주 안전할 거야."

"여기도 안전해, 여보게. 가고 싶으면 가. 난 졸려."

"호수가 여기까지 말려오면 어쩌려고 그래?"

"2층으로 가지."

"거기도 다 차면?"

"수영할게. 그래. 그럼 돼."

"그래, 저기, 잘 있어. 모터 보트. 상황이 온통 너무 안 좋아.

있지, 우리 서로 못 만날 수도 있어. 너는 남자라면 꼭 친해지고 싶은 친구야."

"잘 가, 티 케이크. 두 사람 모두 여기 남아서 잠을 자야 하는데, 이렇게 나를 두고 떠날 필요가 없는데."

"우리는 그러고 싶지 않아. 우리랑 같이 가자. 아마 밤에는 여기 물이 가득 찰 거야. 그래서 난 여기 있고 싶지 않아. 가자. 응."

"티 케이크, 난 좀 자야겠어. 꼭."

"잘 지내라. 그럼, 모터. 행운을 빌게. 이 모든 게 지나가고 나면 같이 나소[13]에 가자고."

"당연하지, 티 케이크. 우리 엄마 집은 너네 집이나 마찬가지야."

티 케이크와 재니는 얼마 가지 않아 큰물을 만났다. 그래서 상당히 먼 거리를 헤엄쳐야 했지만, 재니는 한 번에 몇 번밖에 팔을 저을 수 없었기 때문에 티 케이크는 그녀를 붙잡고 헤엄을 쳐야 했다. 마침내 그들은 흙을 쌓아 만든 둑으로 이어지는 산등성이에 닿았다. 바람이 다소 약해지는 듯해서 티 케이크는 쉬면서 숨을 가다듬을 수 있는 장소를 찾았다. 그는 기진맥진했다. 재니는 피곤한데다 다리도 절었지만, 그녀는 소용돌

---

13   서인도 제도 바하마 연방의 수도.

이치는 물속에서 헤엄을 치지는 않았기에, 티 케이크가 훨씬 지쳐 있었다. 하지만 쉴 틈이 없었다. 둑에 닿은 것은 좋은 일이었지만 안전을 보장하지는 않았다. 호수가 몰려들고 있었다. 그들은 식스마일 다리까지 가야 했다. 거기는 높고 안전할 것이다. 아마도.

모든 사람이 둑 위를 걸어가고 있었다. 서두르며, 질질 끌며, 넘어지며, 울며, 희망에 차서 혹은 절망적으로 이름을 부르면서. 비바람이 노인들에게 휘몰아쳤고 아이들도 휘감아댔다. 티 케이크는 너무 지쳐서 가끔 넘어졌고 재니가 그를 부축했다. 마침내 두 사람은 식스마일 밴드 다리에 도착했고 쉴 수 있을 거로 생각했다.

그러나 그곳은 이미 인산인해를 이루고 있었다. 백인들이 그 고지를 완전히 독점하고 있어서 여유가 없었다. 사람들은 다리 한쪽에서 올라가서는 다리 맞은편으로 내려왔다. 그뿐이었다. 몇 마일을 더 걸어갔지만, 마찬가지였다.

그들은 해먹 위에 앉은 자세로 죽은 남자의 곁을 지나쳤다. 그 남자의 주변에는 야생동물과 뱀들이 모여들어 있었다. 함께 위험을 겪고 나니 그들은 동지가 된 것이다. 누구도 다른 편을 정복하려고 들지 않았다.

어떤 남자가 작은 섬 위의 삼나무에 달려있었다. 건물의 양철 지붕이 전깃줄에 엮여 나무에 매달려 있었고 바람에 실려

왔다 갔다 마치 거대한 도끼처럼 흔들리고 있었다. 그 남자는 감히 오른쪽으로 한 발자국도 움직이지 못하고 있었다. 그 강한 도끼날에 자신의 몸이 두 동강 날까 봐 두려웠기 때문이다. 그는 왼쪽으로도 한 발자국도 못 가고 있었다. 커다란 방울뱀 한 마리가 바람 속에서 머리를 쳐들고 몸을 쭉 펴고 있었기 때문이다. 섬과 둑 사이로 물길이 나 있었고, 이 남자는 나무를 꽉 껴안고 도와달라고 소리치고 있었다.

"뱀은 물지 않을 거예요." 티 케이크가 그에게 큰 소리로 말했다. "뱀이 겁에 질려서 똬리를 틀지 못하고 있어요. 바람에 날아갈까 봐 두려워하는 거예요. 그쪽으로 움직여서 헤엄쳐 나와요!"

그러고 나니 티 케이크는 더 걸을 수 없었다. 적어도 당장은. 그는 길가에 몸을 길게 펴고 누워 쉬었다. 재니는 바람을 막아주려 그의 곁에 길게 누웠다. 그는 눈을 감고 피로가 자신의 몸에서 빠져나가도록 하였다. 둑 양옆에는 호수처럼 물이 가득했다. 물에는 죽은 것과 살아있는 것들이 가득했다. 그것들은 원래 물에 속하지 않았다. 눈길이 닿을 수 있는 곳에는 온통 물과 바람이 분노에 차서 일렁일 뿐이었다. 지붕을 덮고 있었던 커다란 타르 종이 한 장이 공중을 날아 둑을 따라 날아가다가 결국 나무에 걸렸다. 재니는 종이를 보자 반가웠다. 종이는 티 케이크를 덮어줄 수 있는 물건이었다. 그녀는 옆으로 기대어 그 종이를 잡을 수 있을 거로 생각했다. 바람은 어쨌든 조금 전보다는 약했다. 바로 저거면 좋겠는데. 불쌍한 티 케이크!

재니는 두 손과 무릎으로 기어가서 마침내 종이의 양 귀퉁이를 잡았다. 그 즉시 바람이 불어와 지붕 종이와 재니를 휙 날려버렸고 재니는 자신의 몸이 둑의 오른편으로 세차게 밀려가는 물 위로 멀리 날아가고 있음을 느꼈다. 그녀는 공포에 차서 비명을 질렀고 지붕 종이를 손에서 놓자 종이는 날아가고 그녀의 몸은 물속으로 곤두박질쳤다.

"티 케이크!" 티 케이크는 재니의 외침을 듣자 벌떡 일어났다. 재니는 헤엄을 치려고 했지만 물을 헤쳐나가기가 너무 어려웠다. 티 케이크는 소 한 마리가 둑을 향해 비스듬히 헤엄쳐오는 것을 보았다. 몸집이 큰 개 한 마리가 암소 어깨 위에서 부르르 떨면서 낮게 으르렁대었다. 소는 재니를 향해 접근했다. 몇 번만 팔을 저으면 소를 잡을 수 있을 것이다.

"그 소한테 가서 꼬리를 잡아요! 다리는 움직이지 말고. 팔만 저어도 충분해요. 그래, 어서!"

재니는 암소의 꼬리를 잡고 소 엉덩이를 따라 물 밖으로 최대한 고개를 들었다. 암소는 늘어난 무게로 약간 가라앉았고 잠시 두려움에 몸을 심하게 떨었다. 아마도 악어가 뒤에서 잡아당겼다고 생각한 듯했다. 그러나 계속 헤엄을 쳐나갔다. 암소 위에 자리 잡은 개가 벌떡 일어나 사자처럼 으르렁거렸다.

목 주변의 털을 빳빳하게 세우고, 온몸의 근육을 팽팽히 당기며 새로 가중된 그 무게에 대한 분노로 이빨을 다 드러내 보였다. 티 케이크는 칼을 빼 들고 물속에 뛰어들어 마치 수달처럼 물살을 가르며 다가왔다. 그 개는 암소의 등줄기를 따라 달려 내려왔고 재니는 비명을 지르며 꼬리의 훨씬 뒷부분을 고쳐잡았다. 개의 성난 턱에서 간신히 벗어날 수 있는 거리였다. 개는 재니에게 달려들려고 물에 들어가고자 했지만, 어쨌든 물이 무서운 것 같았다. 티 케이크가 암소의 엉덩이 근처 물에서 솟구쳐 나와서 개의 목덜미를 휘어잡았다. 그러나 개는 힘이 엄청나게 세었고 티 케이크는 너무 지쳐 있었다. 그래서 티 케이크는 의도한 대로 단칼에 개를 죽이지 못했다. 그러나 개도 역시 빠져나가지 못했다. 둘은 맞붙어 싸웠고 개가 티 케이크의 광대뼈 윗부분을 한입 물었다. 그러자 티 케이크는 개를 죽여서 바닥으로 가라앉혔다. 큰 짐을 내려놓은 암소는 재니를 매달고 이미 둑에 도달하고 있었으며 티 케이크는 헤엄쳐서 맥이 다 빠져 간신히 둑으로 다시 올라갔다.

재니는 개에 물린 티 케이크의 얼굴을 보고 어쩔 줄 몰라했지만, 그는 아무렇지도 않다고 했다. "개가 내 얼굴을 일 인치만 더 높이 덮쳐서 눈알을 물었다면 큰일이었을 거예요. 눈알은 상점에서 살 수 없잖아요. 그렇죠?" 그는 폭풍우가 아예 닥치지 않았던 것처럼 둑 위에 털썩 주저앉았다. "좀 쉴게. 그러고 나서 어떻게든 시내로 들어가도록 합시다."

태양과 시계가 다음날을 가리킬 때 그들은 팜비치에 도착했다. 하지만 몸 상태로는 몇 년은 지난 거 같았다. 겨울을, 역경과 고통의 겨울을 여러 해 지나온 듯했다. 바퀴는 끊임없이 돌고 돈다. 희망, 절망, 체념. 그러나 그들이 피난의 도시로 다가갈 때 폭풍우는 저절로 가라앉고 있었다.

대혼란이 아가리를 쩍 벌리고 그곳에 있었다. 에버글레이즈에서는 바람이 호수와 나무들 사이에서 날뛰었다. 도시에서는 바람이 집들과 사람들 사이로 미친 듯이 불었다. 티 케이크와 재니는 한쪽으로 비켜서서 황량한 광경을 내려다보았다.

"이 난리 통에 어떻게 당신을 치료할 의사를 찾아내지?" 재니가 울부짖었다.

"의사는 지금 필요하지 않아. 우린 지금 쉴 곳이 필요해."

돈을 많이 쓰고 버틴 후에 그들은 잠을 잘 장소를 얻었다. 딱 잠만 잘 장소였다. 지낼만한 곳은 아니었다. 꼭 잠만 잘 그런 장소. 티 케이크는 휙 둘러보더니 침대 한 귀퉁이에 풀썩 앉았다.

"있잖아요," 그가 조심스럽게 말했다. "나랑 처음 사귈 때는 이런 곳에 오리라고는 생각지도 않았죠, 그렇죠?"

"옛날 옛적에, 나는 아무것도 기대하지 않았었어, 티 케이크, 그냥 가만히 서서 웃는 척하면서 죽어있었지. 하지만 당신이 나타났고 나를 변화시켰어. 그러니 나는 우리가 함께했던 모든 것에 감사해."

"고마워요, 부인."

"당신은 그 개한테서 나를 구해줘서 두 배는 훌륭해. 티 케이크, 당신은 내가 본 것처럼 그 개의 눈을 보지 못했을 거야. 그 개는 날 그냥 물려는 게 아니었어. 나를 완전하게 죽여 버리려고 작정을 했었어. 그 개의 눈을 결코 잊지 못할 거야. 완전한 증오 그 자체였어. 그 개는 대관절 어디서 왔을까?"

"응, 나도 그걸 봤어요. 정말 무서웠어. 난 그런 증오를 받고 싶지 않았어요. 그 개가 죽거나 내가 죽어야 했지요. 내 칼은 죽을 놈은 그 개라고 말해줬어요."

"세상에, 그 개가 나를 갈가리 찢어 놨을 거야, 당신이 아니었다면, 여보."

"내가 없었다면, 이라는 말은 할 필요 없어요. 내 사랑. 내가 바로 여기 있으니까요. 그리고 이 자리에 있는 사람이 상남자라는 걸 당신이 알아주면 좋겠어요."

제19장

　그리고 이제 다시 그 사각 발가락을 가진 존재는 자기 집으로 돌아갔다. 그 존재는 높고 평평하며 벽도 지붕도 없는 집에 다시 가서 무자비한 칼을 뽑아 들고 서 있었다. 그의 창백한 백마는 물 위를 질주했고 땅 위로 천둥처럼 달렸다. 죽음의 시간은 끝났다. 이제 죽은 자들을 묻어야 할 시간이다.

　"재니, 이 더럽고 너저분한 곳에서 이틀을 보냈어요. 이틀도 너무 길어. 우리는 이 집과 이 마을에서 나가야 해요. 난 정말 이곳이 싫어요."

　"어디로 갈 건데, 티 케이크? 그걸 우리는 모르잖아."

　"어쩌면, 주의 북부로 되돌아갈 수도 있어요. 당신이 원하면."

　"난 그런 말 안 했는데, 하지만 만약에 그게 당신의⋯⋯."

　"아녜요. 난 그런 얘기 절대 안 했어요. 하지만 당신을 이 불편한 곳에 묶어두고 싶지 않아요."

　"만약 내가 당신한테 방해가⋯⋯."

"이 여자 말하는 것 좀 들어볼래요? 자기랑 같이 있고 싶어서 아래 속옷이 터질 지경인데 이 여자가 하는 말이…… 압정으로 찔러줄까 보다!"

"알았어. 그럼. 당신이 뭐든 말해. 그럼 우리는 그대로 하는 거야. 아쉬운 대로 어떻게든 해볼 수 있을 거야."

"어쨌든 나는 웬만큼은 쉬었고 여기는 빈대가 너무 극성이에요. 몸이 말이 아닐 때는 그걸 몰랐어요. 밖에 나가 좀 둘러보고 무얼 할 수 있는지 볼게요. 무엇이든 한번 해볼게요."

"집 안에서 좀 더 쉬는 게 좋을 거야. 지금은 밖에서 찾을 수 있는 게 아무것도 없어."

"하지만 한번 둘러보고 싶어요, 재니. 어쩌면 내가 도울 수 있는 일이 있을지 모르잖아요."

"당신이 도울 일이 있다면, 별로 좋아하지 않는 일일 거야. 그 사람들은 구할 수 있는 남자들을 모조리 붙잡아서는 죽은 사람들을 땅에 묻는 일을 거들게 하고 있어. 그들은 일이 없는 사람들을 구하고 있다고는 하지만, 사실 그들은 당신이 일이 있는지 없는지 특별히 묻지도 않을 거야. 그냥 집에 있어. 적십자가 병든 사람들과 아픈 사람들을 위해 할 수 있는 일은 다하고 있으니까."

"난 돈이 있잖아요. 그들은 나를 방해하지 않을 거예요. 어쨌든 상황이 어떻게 돌아가고 있는지 가서 보고 싶어요. 글레이즈의 친구들 소식을 들을 수 있는지도 좀 알고 싶고요. 어쩌면 그 애들 모두 괜찮을지도 몰라요. 아닐 수도 있지만."

티 케이크는 밖으로 나가 돌아다녔다. 그는 공포가 쓸고 지나간 모든 것을 보았다. 지붕이 날아간 집들과 집에서 떨어져 나온 지붕들. 나무처럼 부서지고 꺾인 강철과 돌덩이. 악의의 어머니가 인간을 가지고 놀았던 것이다.

티 케이크가 서서 둘러보고 있을 때 어깨에 총을 멘 두 남자가 다가오는 것이 보였다. 백인 남자 두 명이었다. 티 케이크는 재니가 해준 말을 떠올리고는 도망가려고 무릎을 굽혔다. 그러나 순간 그는 그렇게 하는 것이 좋지 않다고 생각했다. 그들은 이미 티 케이크를 보았고 그들이 총을 쏘면 필경 그 총에 맞을 것 같았다. 어쩌면 그들은 그냥 지나갈지도 모른다. 티 케이크가 돈을 가지고 있는 걸 보면 뜨내기가 아니라는 것을 알지도 모른다.

"어이, 거기, 짐," 키가 큰 사내가 불렀다. "자네를 찾는 중이었어."

"제 이름은 짐이 아닙니다." 티 케이크는 조심스레 말했다. "저를 왜 찾고 있었어요? 저는 아무 일도 안 했어요."

"그래서 우리가 자네를 기다린 거지……. 아무 일도 안 하고 있으니까. 가서 여기 시체들 좀 묻자고. 일이 너무 늦어지고 있어."

티 케이크는 방어적으로 한 발자국 물러서면서 말했다. "제가 그 일이랑 무슨 상관인데요. 저는 노동자이고 돈도 있어요. 폭풍우 때문에 잠깐 글레이즈에서 온 거예요."

키 작은 남자가 빠르게 총을 겨누었다. "저기로 길을 따라 내려가, 선생! 당신을 묻으려는 게 아니니 걱정일랑 하지 말고! 어서 앞서가라고, 선생!"

티 케이크는 공공장소에 쌓인 잔해를 청소하고 죽은 사람들을 매장하는 일에 투입된 소부대의 일원이 되었다. 시체를 찾아낸 다음 일정한 장소에 모아서 매장해야 했다. 시체들은 부서진 집 잔해 속에서만 나오는 게 아니었다. 시체들은 집 아래 깔리고, 관목 속에 엉켜있고, 물에 떠 있고, 나무에 매달려 있고, 잔해 아래서 뒹굴고 있었다.

예인망을 단 트럭들이 글레이즈와 다른 외곽지역에서 계속 들어왔고 트럭마다 25구의 시체를 실어 왔다. 어떤 시체들은 제대로 옷을 입고 있었고, 어떤 시체들은 벌거벗고, 어떤 시체들은 옷이 완전히 헝클어져 있었다. 어떤 시체의 얼굴은 고요하고 손도 가지런히 두고 있었다. 어떤 시체는 싸우는 것 같은 표정으로 놀란 두 눈을 부릅뜨고 있었다. 죽음은 그들이 보이는 것 너머를 보려고 애쓰며 응시하고 있을 때 덮쳐온 것이다.

초라한 행색의, 표정이 부루퉁한, 흑인과 백인 남자들이 감시를 받으며 계속 시체를 찾고 무덤을 파야 했다. 큰 웅덩이가 백인 묘지 터로 만들어졌고 큰 도랑이 흑인 묘지 터로 마련되었다. 시체들은 접수되는 대로 곧바로 생석회부터 넉넉히 뿌려야 했다. 매장되어야 할 시기가 이미 너무 오래 지났다. 남자들은 가능한 한 빠르게 시체들을 묻기 위해 온갖 노력을 다하고 있었다. 그러나 보초가 그 일을 정지시켰다. 수행해야 하는 명령을 받았다고 했다.

"어이, 거기, 모두! 그렇게 시체를 구덩이에 던지지 마! 끝 부분까지 꼼꼼하게 살펴서 백인인지 흑인인지 구분해."

"천천히 하라고요? 하느님 맙소사! 이 상태에서 시체들을 조사하라고요? 지금 피부색이 무슨 상관이죠? 이 시체들을 모두 빨리 묻어야 해요."

"사령부에서 내려온 명령이야. 백인 전부를 위해 관을 짜는 중이야. 싸구려 소나무 관이긴 하지만 없는 것보다는 낫지. 백인들을 절대 구덩이에 그렇게 던지지 마."

"흑인들은 어떻게 되는데요? 그들도 관에 들어가나요?"

"아니, 모두에게 돌아갈 만큼 관이 충분치 않아. 그냥 생석회를 듬뿍 뿌리고 흙으로 덮어."

"빌어먹을! 모습을 전혀 알 수 없는 시체도 있어요. 백인인지 흑인인지 구분할 수가 없다고요."

보초들은 이 일에 대해 오랫동안 상의했다. 얼마 후 그들은 돌아와서 남자들에게 말했다. "구별이 안 될 때는 머리카락을 보고 판단해. 그리고 백인 시체들을 구덩이에 던지다 내게 걸리지 마. 그리고 흑인 송장에 관을 허비하지 말고. 지금은 관을 구하기가 너무 어려워."

"저 사람들은 이 시체들이 어떻게 심판을 받으러 가는지 무척 신경을 쓰는군." 티 케이크가 옆에서 일하고 있던 사람에게 말했다. "저들은 하느님이 짐 크로 법[14]을 아예 모른다고 생각하나 봐."

티 케이크는 그렇게 몇 시간 동안 일하다가 문득 재니가 자기 걱정을 하고 있을 거로 생각하자 마음이 다급해졌다. 그래서 트럭이 와서 시체들을 내려놓는 틈을 타 냅다 도망을 갔다. 그는 서지 않으면 발사한다는 경고를 들으면서도 계속 달려서 그곳을 빠져나왔다. 예상대로 재니가 슬피 울고 있었다. 그들은 그동안 있었던 일에 대해 말하고 서로를 위로하며 진정시켰다. 그런 후 티 케이크가 이야기를 돌렸다.

"재니, 이 집과 도시에서 떠나야 해. 다시는 그렇게 일할 수는 없어요."

"아냐, 아냐, 티 케이크. 모든 것이 끝날 때까지 여기 있자. 그들이 당신을 발견하지 못하면, 당신을 괴롭히지도 못해."

---

1 4   미국 남부 연맹의 인종 차별법.

"아, 아니에요. 그들이 나를 찾아다니면요? 오늘 밤에 여길 뜹시다."

"어디로 갈 건데, 티 케이크?"

"가장 시간이 적게 걸리는 곳은 글레이즈예요. 거기로 다시 갑시다. 이 도시는 문제도 많고 강제도 심해요."

"하지만 티 케이크, 허리케인이 글레이즈도 덮쳤잖아. 거기도 역시 매장해야 할 시체들이 많을 거야."

"그래, 알아요, 재니. 하지만 여기 같지는 않을 거예요. 무엇보다 오늘 온종일 그곳에서 시체를 가져왔으니 이제 거기는 더 찾을 시체가 별로 없을 거예요. 그리고 다시 말하지만, 여기만큼 시체가 많지는 않을 거예요. 거기다가, 재니, 거기 백인들은 우리를 알아요. 우리 흑인들을 모르는 백인들과 지내는 건 좋지 않아요. 모두 우리를 적대시 하죠."

"그건 정말 사실이야. 백인들이 아는 흑인은 좋은 흑인이고 백인들이 모르는 깜둥이는 나쁜 깜둥이지." 재니는 이 말을 하고는 웃었고 티 케이크도 따라서 웃었다.

"재니, 나는 그런 일을 여러 번 보았어요. 백인들은 누구나 이 세상에 있는 모든 좋은 흑인은 자기들이 이미 알고 있다고 생각해요. 그 밖의 흑인들은 알 필요가 절대 없다고 생각하지요. 자기가 모르는 그 밖의 흑인들은 모두 재판을 받아 지독하게 냄새나는 미연방 옥외 변소에서 반년 동안 갇혀 지내야 한다고 생각한다고요."

"왜 미연방 옥외 변소야, 티 케이크?"

"그건, 당신도 알듯이 백인들은 항상 제일 크고 제일 좋은 것들을 가지잖아요. 그래서 그자들은 변소도 통합된 수세식 변소보다 못한 변소는 정말로 우습게 본다고요. 그러니 나를 아는 백인들이 있는 곳으로 갈래요. 여기서는 엄마 없는 아이가 된 기분이에요."

그들은 짐을 챙겨서 집을 몰래 빠져나왔다. 다음 날 아침 그들은 습지로 돌아왔다. 그들은 종일 살 집을 고치며 열심히 일했다. 그래야 다음날 티 케이크가 뭔가 할 일을 찾으러 나갈 수 있기 때문이었다. 그는 다음 날 아침, 일하려는 열의보다는 궁금한 마음이 더 컸기 때문에 집을 나섰다. 그날 밤 그는 얼굴을 밝게 빛내며 돌아왔다.

"내가 누굴 보았는지 알아요, 재니? 당신은 모를걸요."

"뚱뚱이 숍 드 보텀."

"맞아요. 그 친구도 봤고 스튜 비프와 도커리와 리아스, 쿠드메이와 부티니도 봤어요. 또 누굴 봤는지 맞혀봐요!"

"글쎄……. 스터렛?"

"아니, 그는 급류에 휩쓸렸대요. 리아스가 팜비치에서 그를 묻었다는군요. 또 누굴 봤게요?"

"그냥 말해줘. 티 케이크. 설마 모터 보트는 아니겠지?"

"바로 그 친구, 모터 보트! 그 망할 녀석이 그 집에서 누워 자고 있었는데, 호숫물이 밀려와 그 집을 어디론가 싣고 갔는 데도 폭풍우가 그칠 때까지 아무것도 모르고 있었다는군요."

"아무리 그래도!"

"그랬대요. 우리 같은 바보들은 위험을 피해 도망 다니다가 거의 죽을 뻔했는데, 그 자식은 거기 편히 누워 잠이나 자면서 여기저기 떠다녔다는 거예요."

"그래, 행운은 타고 난다는 말이 있잖아."

"그 말이 맞아요. 있잖아, 난 일을 구했어요. 우선은 이것저 것 두루 정리하는 일을 할 거예요. 그다음엔 사람들이 분명히 둑을 쌓을 거예요. 그 터도 닦아야 하고. 할 일이 되게 많아요. 일꾼이 더 필요할 거예요."

그래서 티 케이크는 기분 좋게 3주를 보냈다. 그는 소총 한 자루와 권총 한 자루를 더 사서 재니와 누가 더 잘 쏘는지 겨루 었다. 소총은 재니가 항상 더 잘 쏘았다. 재니는 소나무에 앉아 있는 말똥가리의 머리를 조준해서 날릴 수 있었다. 티 케이크 는 약간 질투를 느꼈지만, 자신의 학생을 자랑스러워했다.

네 번째 주가 반쯤 지날 무렵 티 케이크는 머리가 아프다며 일찍 귀가했다. 두통 때문에 그는 한참 동안 누워있어야 했다. 그는 배가 고파서 일어났다. 재니는 저녁을 준비했다. 그런데 티 케이크는 막상 식탁 앞에 앉아서는 아무것도 먹고 싶지 않아졌다고 했다.

"당신 배가 고프다고 했잖아!" 재니가 투덜거리며 말했다.

"나도 그런 줄 알았어요," 티 케이크가 희미하게 말하며 머리를 감싸 쥐었다.

"그런데 이건 당신이 좋아하는 콩 구이야."

"맛있을 거라는 건 알지만 지금은 아무것도 먹고 싶지 않아요, 고마워요, 재니."

그는 침대로 돌아갔다. 그리고 그날 밤 자정 무렵에 그는 목을 조여 오는 적과 악몽처럼 싸우다 재니를 깨웠다. 재니는 불을 켜고 그를 진정시켰다.

"무슨 일이야, 여보?" 그녀는 티 케이크를 달래고 또 달랬다. "말해봐. 나도 좀 알게. 나랑 고통을 좀 나누자. 내 사랑. 어디가 아픈 거야, 여보?"

"자는데 누가 막 쫓아왔어요. 재니." 그는 계속 울었다. "목을 졸라 죽이려 했어요. 당신이 아니면 난 죽었을 거예요."

"그래서 숨이 넘어갈 듯 몸부림쳤구나. 하지만 당신은 안전해, 여보. 내가 여기 있잖아."

그는 다시 자리에 누웠지만, 푹 잠들지는 못했다. 아침에 그는 몸이 아팠다. 그는 나가려 했지만, 재니는 외출하려는 그를 놔두지 않았다.

"이번 주 일만 끝낼 수 있으면 좋을 텐데," 티 케이크가 말했다.

"사람들은 당신이 태어나기 전에도 일했고 당신이 저세상으로 간 후에도 계속할 거야. 그러니 도로 자리에 누워. 티 케이크. 난 의사 선생님께 가서 왕진을 와 달라고 할게."

"그렇게 심하진 않아요, 재니. 여길 봐! 난 얼마든지 걸어다닐 수 있다고요."

"하지만 돌아다니기에는 너무 아프잖아. 폭풍우가 가버린 후 많은 사람이 열병을 앓고 있어."

"나가기 전에 물 한 잔만 가져다줘요, 그럼."

재니는 물 한 컵을 따라서 침대로 가져왔다. 티 케이크는 컵을 잡고 물을 한 모금 먹더니 끔찍하게 구역질을 했다. 그러고는 입 안에 있던 물을 다 뱉어내며 컵을 방바닥에 던져버렸다. 재니는 깜짝 놀라 제정신이 아니었다.

"물 마시다가 대관절 왜 그러는 거야, 티 케이크? 물 달라고 했잖아."

"저 물이 좀 이상해요. 꼭 숨 막혀 죽는 줄 알았어요. 어젯밤에도 뭔가 내 위에서 목을 조른다고 했었잖아요. 당신은 내가 꿈을 꾸었다고 했지만."

"아마도 마녀가 당신을 덮쳤을 거야. 밖에서 겨자씨를 좀 구할 수 있는지 알아볼게. 하지만 오면서 의사 선생님도 모셔올게."

티 케이크는 이 말에 아무런 반대도 하지 않았고 재니는 서둘러 집을 나섰다. 이 병이 그녀에게는 폭풍우보다 더 끔찍했다. 그녀가 시야에서 벗어나자마자 티 케이크는 자리에서 일어나 물동이를 비우고 씻어냈다. 그런 후 그는 어렵게 움직여서 개수대에 가서 양동이에 물을 채웠다. 그는 재니가 악의나 고의로 그랬다고 생각하지 않았다. 그는 재니가 부주의하다고 생각했다. 그녀는 다른 모든 것들과 마찬가지로 물동이도 닦아야 한다는 걸 깨달아야 했다. 그는 재니가 돌아오면 좋은 말로 적절하게 설명해줄 것이다. 도대체 그녀는 무슨 생각을 하는 걸까? 그는 그것이 무척 화가 났다. 그는 조심스럽게 물동이를 탁자 위에 올려놓고 마시기 전에 앉아서 잠시 숨을 돌렸다.

마침내 그는 물을 한 모금 떠 마셨다. 맛이 너무 좋고 시원했다! 이러고 보니, 그는 어제 이후로 물을 한 모금도 마시지 않았다. 바로 이 물을 마시고 나면 콩 구이 요리가 먹고 싶어질 것이다. 그는 물을 너무 마시고 싶다고 느끼고는 고개를 뒤로 젖히고 재빨리 물 잔을 입에 가져갔다. 하지만 악마가 앞에 버티고, 목을 조르며, 그를 죽이려 했다. 입에서 물을 다 뱉어내자 훨씬 편안해졌다. 그는 다시 침대 안으로 기어들어가 누워서 부들부들 떨었다. 이윽고 재니와 의사가 도착했다. 그 백인 의사는 그 동네에 오랫동안 있었기 때문에 그의 존재는 습지의 일부가 되어 있었다. 그는 이곳 노동자들의 투박하고 땀내나는 말투로 이야기했다. 의사는 왼쪽 머리 뒤편으로 모자를 비스듬히 쓰고 집 안으로 황급히 들어왔다.

"어이, 좀 어떤가, 티 케이크. 대관절 뭔 일이야?"

"저도 궁금해요. 시몬즈 선생님. 그런데 좀 아프네요."

"아니, 티 케이크. 밀주 한잔으로 치료가 되지 않는 병은 없네. 자네 최근 밀주를 적당히 안 마셔주었지, 응?" 의사는 티 케이크의 등을 철석 때렸다. 티 케이크는 의사가 기대하는 웃음을 지어 보이려 했다. 하지만 힘이 들었다. 의사가 가방을 열고 진찰을 시작했다.

"자네 좀 핼쑥해 보이기는 하는구먼. 티 케이크. 열이 나고 맥박도 좀 약하고. 여기서 최근에 어떻게 지냈나?"

"일하고 게임하고 외에는 별로요. 선생님. 그런데 물을 영 마시기가 어려운 것 같아요."

"물? 어떻게 말인가?"

"물을 마시면 정말 속이 편하질 않아요."

"그 외에는?"

재니가 잔뜩 걱정하며 침대로 다가왔다.

"선생님, 티 케이크가 말한 게 전부가 아니에요. 우리는 여기서 그 태풍을 겪었어요. 그리고 티 케이크는 오랫동안 헤엄을 치느라, 그리고 저를 붙들어 주느라 기진맥진했었고요. 폭풍우를 헤치면서 몇 마일이나 걸었고 그러다가 숨 돌릴 틈도 없이 저를 구하느라 다시 물에 뛰어 들어가서는 커다란 늙은 개와 사투를 벌였어요. 그러다 그 개가 이 이의 얼굴을 물어뜯었고 난리가 났었어요. 저는 전부터 이 사람이 병이 날 거라 예상했어요."

"개가 물었다, 그렇게 말했나?"

"그건 별일 아니었어요, 선생님. 이삼일 후에 완전히 나았는걸요." 티 케이크가 조급하게 말했다. "그건 벌써 한 달 전의 일이었는걸요. 이건 다른 문제예요. 선생님. 제 생각에는 물에 문제가 있는 거 같아요. 그럴 수밖에 없지요. 너무 많은 시체가 물속에 있었으니 오랫동안 그 물을 마시지 않는 게 좋겠어요. 제 생각에는 어쨌든 그래요."

"좋아, 티 케이크. 약을 좀 보내줄게. 그리고 재니한테 자네를 어떻게 병간호해야 하는지도 말해주고. 어쨌든, 자네는 침대를 혼자 사용하게. 내가 따로 말하기 전까지는. 얼마 동안 재니 하고는 잠자리를 따로 하게, 알겠지? 내 자동차로 함께 가세, 재니. 티 케이크가 당장 먹을 약을 줄 테니까."

밖에 나온 의사는 가방 속을 더듬어서 작은 알약이 몇 개 담긴 조그만 병을 꺼내 재니에게 주었다.

"이걸 매시간 한 알씩 먹이게. 진정될 거야. 그리고 티 케이크가 토하고 숨 막히는 것처럼 발작할 때는 멀리 떨어져 있게."

"어떻게 그걸 아셨어요, 선생님? 그걸 말씀드리려 여기 함께 나온 거였어요."

"재니, 미친개가 자네 남편을 물었던 게 확실해. 그 개를 확인하기엔 너무 늦었지만. 모든 증상이 일치하네. 너무 시간이 지나버려서 정말 안되었네. 개에 물린 다음에 금방 주사 몇 대 맞았으면 괜찮았을 텐데."

"죽을 수도 있다는 말씀이세요, 선생님?"

"분명히 그럴 거야. 가장 안 된 건 그 이전에 티 케이크가 끔찍한 고통을 당할 수 있다는 사실이지."

"선생님, 저는 그를 죽도록 사랑해요. 제가 할 일을 알려주세요. 그대로 할게요."

"재니, 자네가 할 수 있는 유일한 방법은 그를 주립 병원에 입원시켜서 묶어두고 치료하는 거야."

"하지만 그는 병원을 무지 싫어하는걸요. 아마 제가 병간호하기 싫어서 보낸다고 생각할 거예요. 제가 그렇지 않다는 건 하느님께서 다 아세요. 티 케이크를 마치 미친개처럼 묶어두어야 한다니, 생각만 해도 못 견디겠어요."

"결국은 그렇게 될 거야, 재니. 티 케이크는 나을 가망이 전혀 없어. 게다가 다른 사람을 물 수도 있어. 특히 자네를. 그렇게 되면 자네도 티 케이크와 똑같이 되어버리지. 정말이지 안됐어."

"그를 위해서 아무것도 할 수 없나요, 선생님? 저희는 올란다의 은행에 돈도 상당히 많이 있어요, 선생님. 티 케이크를 구할 수 있는 특별한 방법이 없을까요? 얼마가 들던, 선생님, 저는 괜찮아요. 부탁드려요. 선생님."

"내가 할 수 있는 일은 다 해보겠네. 당장 팜비치에 전화해서 티 케이크가 3주 전에 맞았어야 하는 혈청이 있는지 알아볼게. 그를 구하는 데 최선을 다하겠네. 재니. 하지만 너무 늦은 거 같아. 그 사람 상태는 물을 넘기지 못하는 거야. 저기. 다른 상태도, 끔찍하지."

재니는 잠깐 집 밖에서 서성대며 의사의 말이 사실이 아니라고 생각해 보려 했다. 그의 얼굴에서 병색을 보지 않았더라면 재니는 그의 병이 사실이 아니라고 상상할 수 있었을 것이다. 그렇지, 그녀는 생각했다. 두 눈에 가득 증오를 뿜어내던 그 개가 그녀 자신을 어쨌든 죽인 거라고. 그때 그 암소 꼬리를 놓아버리고 그 자리에서 물에 빠져 죽었더라면 좋았을 것이다. 하지만 티 케이크를 통해 그녀를 죽이는 건 너무 큰 고통이었다. 티 케이크, 저녁 태양의 아들인 그는 재니를 사랑한 죄로 죽어야만 했다. 그녀는 오랫동안 하늘을 뚫어지게 올려다보았다. 파란 하늘의 품 저 너머 어딘가에 그분이 앉아계셨다. 그분은 이곳에서 일어났던 일을 알고 계셨을까. 분명히 그럴 것이다. 모든 것을 아시는 분이니까. 그렇다면 그분은 정말로 티 케이크와 재니에게 이 일을 의도하셨을까? 그렇다면 그것은 재니가 싸울 수 있는 일이 아니었다. 그녀는 오직 아파하고 기다릴 수밖에 없었다. 혹시 그분이 장난하고 계시며 그 장난의 정도가 심하다는 걸 그분이 깨닫게 된다면 그녀에게 신호를 보낼 것이다. 재니는 신호가 떠오르고 있는지 알아보려 하늘을 뚫어져라 올려다보았다. 낮에 뜨는 별일까. 아마도, 아니면 해가 큰 소리를 지를까, 아니면 천둥이 중얼거릴까. 그녀는 간절한 마음으로 두 팔을 들고 하늘에 빌었다. 정확히 말하면 애원하는 게 아니었다. 그녀는 질문을 하는 것이었다. 하늘은 아무런 변화 없이 고요했다. 그래서 재니는 집 안으로 들어왔다. 신은 가슴에 품은 생각을 모두 그대로 행동으로 옮기지 않는다.

  티 케이크는 눈을 감고 누워있었고 재니는 그가 자고 있기를 바랐다. 그는 자고 있지 않았다. 엄청난 공포가 그를 사로잡았다. 그의 머리에 불을 지피고 강철 손가락으로 목을 조르는 이 존재는 무엇인가? 이 존재는 어디서 왔으며, 왜 그의 주변을 맴도는가? 재니가 눈치를 채기 전에 그것이 멈춰주기를 바랐다. 그는 다시 물을 마셔보고 싶었지만, 실패하는 모습을 재니에게 보이기 싫었다. 그녀가 부엌에서 나가자마자 물동이로 달려가선 그를 방해하는 일이 생기기 전에 재빨리 물을 마셔보기로 했다. 재니를 걱정시킬 필요가 없었다. 어쩔 수 없는 상황이 오기 전에는. 재니가 난로를 청소하는 소리가 들렸고 재를 비우러 밖으로 나가는 소리가 들렸다. 그는 단숨에 물동이로 달려갔다. 그러나 이번에는 물을 바라보는 것만으로도 충분했다. 재니가 돌아왔을 때 그는 크게 절망하며 마룻바닥에 앉아있었다. 재니는 티 케이크를 다독이고, 달래며, 침대로 다시 데려갔다. 그녀는 팜비치에서 온다는 그 약을 알아보기로 마음먹었다. 어쩌면 거기까지 약을 구하는데 운전을 해줄 누군가를 구할 수 있을 것이다.

"이제 기분이 좀 나아, 티 케이크, 내 사랑?"

"응 응, 조금요."

"그럼 난 앞마당을 좀 정리하고 올게. 남자들이 여기저기 사탕수수 씹은 거랑 땅콩 껍데기를 어질러놓았어. 의사 선생님이 다시 돌아왔을 때 똑같은 광경을 보이고 싶지는 않아."

"너무 오래 있다 오지 마요, 재니. 아플 때 혼자 있기 싫어요."

그녀는 할 수 있는 한 빠르게 뛰어 내려갔다. 절반쯤 가다가 맞은편에서 오고 있던 숍 드 보텀과 도커리를 만났다.

"잘 있었나요, 재니. 티 케이크는 어때요?"

"정말 안 좋아요. 나는 그에게 줄 약을 좀 알아보러 가는 중이에요."

"의사 선생님이 누군가에게 티 케이크가 아프다고 해서 우리는 가보려는 중이에요. 그가 일을 나오지 않기에 이상하다고 생각했죠."

"내가 돌아올 때까지 모두 함께 있어 주세요. 그는 같이 있을 친구가 필요해요."

그녀는 날아갈 듯 길 위를 내달려서 시내로 가 시몬즈 박사를 찾았다. 그렇다, 박사는 혈청에 대한 소식을 이미 알고 있었다. 그가 말했다. 지금 혈청이 없다고 해. 하지만 혈청을 구하러 마이애미에 전보를 쳤어. 그러니까 자네는 걱정할 필요가 없어. 혈청은 늦어도 내일 아침까지는 도착할 거야. 이런 일에 늦장을 피우는 어리석은 짓은 하지 않아. 아니, 재니가 차를 대절해서 거기까지 가는 일은 별로 좋지 않아. 그냥 집에서 기다리도록 해. 그게 다였다. 그리고 그녀가 집에 오자 문병객들은 돌아가려고 일어섰다.

단둘이 남았을 때 티 케이크는 재니의 무릎에 머리를 누이고 자신의 기분을 말하고 그녀 특유의 방법대로 엄마처럼 토닥여주길 바랐다. 그러나 솝이 어떤 말을 전했기 때문에 티 케이크의 혀는 마치 입속에 죽어있는 도마뱀처럼 차갑고 무거웠다. 터너 부인의 동생이 습지에 돌아왔을 때 하필이면 티 케이크가 이렇게 이상한 병에 걸린 것이다. 사람들이 공연히 이런 병에 걸리는 게 아니다.

"재니, 그 터너네 여자의 남동생이 습지에 왜 돌아온 거예요?"

"몰라, 티 케이크. 그가 돌아온 줄도 모르고 있었어."

"내 판단에 따르면, 당신은 분명 알고 있었어요. 왜 방금 슬쩍 나갔다 온 거예요?"

"티 케이크, 그런 질문 하는 거 싫어. 그게 바로 당신이 아프다는 증거야. 내가 그런 일을 하지도 않았는데 당신은 질투하고 있어."

"글쎄, 왜 어디 간다는 말 한마디 없이 나갔다 온 거냐고요, 전엔 한 번도 그런 적 없더니."

"그건 당신한테 자신의 상태에 대해 걱정하지 않게 하려고 그랬던 거야. 의사 선생님이 약을 따로 주문해둔 게 있는데, 그게 도착했는지 알아보러 나갔던 거야."

티 케이크가 울기 시작했고 재니는 팔을 벌려 마치 그를 어린아이처럼 품에 안았다. 그녀는 침대 가에 앉아 그의 몸을 앞뒤로 흔들면서 달래주었다.

"티 케이크, 질투해봐야 소용없어. 우선 나는 당신 이외에는 아무도 사랑하지 않아. 두 번째 당신 말고 나같이 늙은 여자를 원하는 남자가 없어."

"아니야, 그렇지 않아요. 당신이 언제 태어났는지 사람들한테 말할 때만, 늙은 여자처럼 들린다고요. 하지만 보기에 어떤 남자와도 어울릴 수 있을 만큼 젊어 보여요. 거짓말이 아니에요. 많은 남자가 당신을 차지하고 싶어 하고, 그 특권을 갖기위해 열심히 일할 거예요. 그 남자들이 하는 얘기를 들었어요."

"아마 그럴 수도. 티 케이크, 난 그런 거 궁금한 적 없었어. 내가 아는 건 오직 신이 당신을 통해 날 불구덩이에서 건져주셨다는 거. 그리고 난 당신을 사랑하고 그래서 좋다는 거."

"고마워요, 부인, 하지만 당신이 늙었다는 말은 하지 말아요. 당신은 항상 작고 어린 소녀예요. 신은 당신을 그렇게 만들었어요. 당신이 늙은 시절을 다른 남자들과 함께 보내고 젊은 시절은 나와 함께 보내도록요."

"나도 그렇게 생각해, 티 케이크, 그렇게 말해줘서 고마워."

"이미 그런 사실을 말하는 게 무슨 대수라고요. 당신은 상냥할 뿐만 아니라 예뻐요."

"아이, 티 케이크."

"정말이에요. 장미 송이나 다른 꽃들이 예쁘다고 뽐내는 걸 보면 난 언젠가 나의 재니를 꽃들에 보여줘야지 하고 말한다니까요. 당신은 꽃들에 가끔은 얼굴을 보여줘야 해요, 알았죠, 재니?"

"그렇게 계속해봐, 티 케이크. 그러면 한참 후에는 당신 말을 믿을게." 재니는 장난스럽게 말하고 나서 티 케이크를 침대에 다시 눕혔다. 바로 그때 재니는 배게 밑에 권총이 있는 것을 알았다. 그 순간 그녀의 심장이 빠르게 고동쳤지만, 그가 말하지 않은 이상 그것에 관해 묻고 싶지는 않았다. 티 케이크는 머리맡에 권총을 두고 잠이든 적은 절대 없었다. "앞마당 청소는 신경 쓰지 말아요." 그녀가 이불을 바로 잡으며 몸을 일으킬 때 티 케이크가 말했다. "내가 볼 수 있는 곳에 있어 줘요."

"그래, 티 케이크, 하라는 대로 할게."

"그리고 터너 부인의 그 절름발이 동생이 이 근처를 얼쩡 대면 내가 우리 집에 한 발자국도 못 들여놓게 했다고 전해요. 무슨 건수를 기다려도 아무 소용없다고."

"그런 말 할 일이 없을 거야. 그를 만날 거 같지도 않으니까."

티 케이크는 그날 밤 심한 발작을 두 번 일으켰다. 재니는 그의 얼굴이 변하는 것을 보았다. 티 케이크는 없고, 다른 무엇인가가 그의 얼굴 속에서 밖을 내다보고 있었다. 그녀는 날이 밝는 즉시 의사를 찾아가야겠다고 마음먹었다. 그래서 티 케이크가 해 뜨기 전에 잠깐 선잠에서 깨어났을 때 재니는 일어나서 옷을 다 입었다. 그녀가 나가려고 옷을 갖추어 입은 것을 보자 티 케이크는 거의 으르렁대듯 소리쳤다.

"어디가요, 재니?"

"의사한테, 티 케이크. 당신은 너무 아프니까 의사 없이 집에 있어서는 안 될 거 같아. 당신을 병원에 입원시켜야 할 거 같아."

"난 병원이고 어디고 가지 않겠어요. 그런 건 당신 담뱃대에나 넣고 피우라고. 나를 돌보고 곁에 있는 게 신물이 났나 보군. 난 당신을 그렇게 대하지 않았어요. 항상 당신에게 못한 것만 생각했어요."

"티 케이크, 당신은 병이 났어. 당신은 모든 것을 내 의도와
는 다르게 받아들이고 있어. 난 당신을 간호하는 게 지겹지 않
아. 다만 당신이 너무 아파서 내가 어쩔 수 없을까 봐 겁이 나.
난 당신이 어서 회복되길 바라고 있어. 그뿐이야."

그는 살기등등한 눈으로 그녀를 쏘아보았고 목구멍으로
그르렁거리는 소리를 냈다. 재니는 그가 침대에서 일어나 이
리저리 자세를 바꾸며 그녀의 모든 동작을 살펴보는 것을 보
았다. 그리고 이제 티 케이크의 몸속에 들어가 있는 그 낯선 존
재가 두렵기 시작했다. 그래서 티 케이크가 변소에 간 사이에
몸을 빨리 움직여서 그 권총이 장전되어 있는지 살폈다. 권총
은 6구경이었고 약실 세 개가 장전되어 있었다. 그녀는 곧 탄
환을 빼내려 하였다. 하지만 그가 탄창을 열어보고 그녀가 손
댄 것을 알아챌까 두려웠다. 그 사실을 알면 제정신이 아닌 상
태에서 일을 벌일 수도 있다. 그 혈청 약이 도착하기만 한다면!
그녀는 탄창을 돌려서 혹시 그가 재니에게 총을 겨눈다고 하
더라도 세 번 불발되도록 구멍을 맞추어 두었다. 그러면 적어
도 그녀는 시간을 벌 수는 있을 것이다. 도망을 가거나 적어도
너무 늦기 전에 총을 뺏을 수 있을 것이다. 어쨌든 티 케이크는
그녀를 해치지 않을 것이다. 질투가 나서 그녀를 겁주려 할 뿐
이다. 그녀는 평소대로 부엌에 있으면서 절대로 내색도 하지

않을 것이다. 그리고 그가 다 나은 후 오늘의 이 일을 얘기하며 웃을 것이다. 그러나 재니는 탄약통을 찾아서 내용물을 비워냈다. 침대 머리맡 뒤쪽에 세워둔 소총을 꺼내두는 편이 더 좋을 듯했다. 그녀는 탄창을 열고 총알을 꺼내 앞치마 주머니에 넣은 후 총을 후미진 부엌 구석의 스토브 뒤편에 세워두었다. 만일 그가 칼을 빼 든다고 해도, 그녀가 빠를 것이다. 물론 그녀가 너무 지나친 것일 수도 있지만, 안전을 기한다고 해서 해가 되지는 않았다. 그녀는 불쌍하고 병든 티 케이크가 나중에 자신이 저지른 일을 깨닫고 미쳐버리게 될 그런 일을 저지르지 못하게 막아야했다.

재니는 티 케이크가 변소에 다녀오는 모습을 보았다. 그는 고개를 좌우로 휘두르며 턱을 꽉 다문 채 괴상하게 성큼 대며 걸어왔다. 너무 끔찍했다! 시몬즈 박사님은 약을 갖고 어디 계실까? 재니는 자신이 여기서 티 케이크를 돌볼 수 있어서 안도했다. 사람들이 재니의 티 케이크가 발작하는 걸 본다면 그에게 나쁜 짓을 할 것이다. 그들은 티 케이크를 미친개 취급할 것이다. 티 케이크는 이 세상 누구보다도 착한 사람인데도. 티 케이크에게는 의사가 약을 가져오는 것이 가장 필요하다. 티 케이크는 아무 말 없이 집 안으로 들어왔다. 사실, 재니가 그곳에 있는 것도 모르는 듯했다. 그는 침대에 무겁게 풀썩 쓰러지더니 잠이 들었다. 재니가 스토브 옆에서 설거지하고 있자 티 케이크가 생경하고 냉랭한 음성으로 말을 걸어왔다.

"재니, 왜 당신은 이제는 내 옆에서 잠자지 않는 거예요?"

"의사 선생님이 당신 혼자 자야 한다고 했잖아, 티 케이크. 어제 선생님 말씀 잊었어?"

"어떻게 나하고 침대에서 자지 않고 따로 요를 깔고 자는 거예요?" 재니는 축 처진 그의 손에 총이 들려있는 것을 보았다. "내가 말을 하면 대답하라고요."

"티 케이크, 티 케이크, 여보! 가서 자리에 누워! 의사가 그러라고만 하면 당장 당신 옆에 가서 눕고 싶어. 제발 가서 자리에 누워. 선생님이 금방 약을 가지고 이리로 오실 거야."

"재니, 당신한테 잘하려고 난 최선을 다했는데, 이렇게 형편없는 대접을 받다니 정말 속이 상하는군."

총구가 불안정하게, 하지만 신속하게 재니의 가슴을 조준하였다. 그녀는 티 케이크가 정신이 불안정한 와중에도 정확하게 조준하고 있다는 것을 알았다. 어쩌면 그는 그녀를 겁주려 하는 건지도 모른다. 그게 전부일지도.

권총이 딸깍, 소리를 한 번 냈다. 본능적으로 재니의 손은 재빨리 뒤로 날아가 소총을 끄집어내었다. 이 정도면 티 케이크가 겁을 먹겠지. 의사가 와주기만 한다면! 아니 누구라도 좀 와준다면! 그녀는 재빨리 탄창을 열고 총알을 밀어 넣었다. 두 번째 딸깍하는 소리가 나자 재니는 티 케이크의 고통에 찌든

뇌가 그녀를 죽이라고 충동질을 하고 있다는 것을 알았다.

"티 케이크, 그 권총 내려놓고 침대로 돌아가!" 재니가 소리를 지르자 티 케이크가 쥐었던 권총이 살짝 흔들렸다.

티 케이크는 문설주에 몸을 버티고 섰고 재니는 달려가 그를 잡아주려 했지만, 순간 티 케이크의 권총이 재빨리 조준되어 딸깍 소리를 내는 것을 들었다. 재니는 그의 두 눈에서 맹렬한 눈빛을 보았고, 전에 물속에서 느꼈던 것과 같은 공포로 정신을 잃을 것 같았다. 그녀는 희망과 공포로 미칠 듯이 소총의 포신을 밀어 올렸다. 그가 이 광경을 목도하고 달아나길 바라면서, 어쩌면 자신이 죽을지도 모른다는 절박한 공포를 느꼈다. 그러나 티 케이크가 결과를 예측할 수 있었다면 애초부터 그 자리에 권총을 들고 나서지 않았을 것이다. 두려움도 소총도 그 어떤 것도 그는 의식하지 못하고 있었다. 그는 자신을 겨누고 있는 총에 대해서 그는 조금도 주의를 기울이지 않았다. 그녀는 티 케이크가 다시 온몸을 긴장시키며 총을 정 조준하는 것을 보았다. 그의 몸속에 들어간 악마는 피를 봐야 하며, 재니는 악마 앞에 선 유일한 생명체였다.

권총과 소총이 거의 동시에 불을 뿜었다. 다만 권총이 소총에 메아리처럼 뒤따라 울렸을 뿐이었다. 티 케이크가 고꾸라졌고, 그가 쏜 총알이 재니의 머리 위쪽 들보에 박혔다. 재니는 그의 표정을 보고 앞으로 달려 나갔다. 티 케이크는 재니의 품

안으로 쓰러졌고, 자신을 부여안는 그녀의 팔을 꽉 깨물었다. 그들은 그렇게 뒤엉켜 쓰러졌다. 재니는 가까스로 일어나 앉아 죽은 티 케이크의 턱 사이에서 팔을 뽑아냈다.

영겁의 시간 중 가장 잔인한 순간이었다. 바로 일 분 전만 해도 그녀는 자기 목숨을 지키려 싸우는 겁에 질린 인간일 뿐이었다. 지금 그녀는 원래의 희생하는 자아로 돌아와서 티 케이크의 머리를 무릎으로 바치고 있었다. 그녀는 그가 살아남기를 진심으로 바랐지만, 그는 숨을 거두고 말았다. 어떤 시간도 영원하지는 않았다. 하지만 그 시간에 애통해할 권리는 있었다. 그녀는 티 케이크의 머리를 가슴에 꼭 끌어안고 울면서, 사랑의 의식을 지낼 기회를 준 그에게 말없이 감사했다. 재니는 그가 곧 떠날 것이기 때문에 그를 꼭 끌어안고 마지막으로 이야기를 건넸다. 그런 다음 어두운 죽음의 비통함이 무겁게 내려앉았다.

그런 큰 슬픔을 겪은 바로 그날로, 재니는 수감되었다. 그리고 시몬즈 박사가 보안관과 재판관에게 자초지종을 말했을 때, 그들은 모두 재니가 그날 안으로 재판을 받아야 한다고 말했다. 그녀를 기다리게 하여 수감시키는 벌을 줄 필요가 없었다. 3시간을 감옥에서 보낸 후, 재판이 열렸다. 준비 시간이 너무 짧았지만, 충분히 많은 사람이 모였다. 많은 백인이 이 이상한 사건을 보러 왔다. 그리고 수 마일 반경 내의 모든 검둥이가 모였다. 티 케이크와 재니의 사랑에 대해 알지 못했던 사람이 있겠는가?

재판이 열렸고 재니는 자신과 티 케이크에 대해 들으려 멋진 법복을 두르고 앉아있는 재판관을 보았다. 그 외에도 열두 명의 백인 남자들이 재니와 티 케이크 우즈 사이에 일어난 일을 듣고 그 잘잘못에 대해 따지고 판결하기 위해 참석했다. 우스운 일이기도 했다. 처음 보는 열두 명의 남자들이 재니와 티 케이크 같은 사람들에 대해서는 알지도 못하면서 이 사건을 심리할 것이라니. 여덟 명 혹은 열 명의 백인 여자들도 재니를 보려고 와 있었다. 그 여자들은 좋은 옷을 입고 좋은 음식을 먹어서 혈색이 좋았다. 그들은 누구 밑에서 일하는 가난한 백인들이 아니었다. 왜 그들은 자신들의 풍족한 일상을 제쳐두고 작업복을 입은 재니를 보러 왔을까? 화난 거 같지는 않은데, 재니는 생각했다. 저 백인 남자들 대신 저 여자들한테 자초지종을 말할 수 있으면 좋을 텐데. 아, 그리고 장의사가 티 케이크의 시신을 잘 염하고 있어야 할 텐데. 잘하고 있는지 가서 볼 수 있게 해줘야 할 텐데. 그래야 했다. 아, 그리고 그녀도 잘 아는 프레스콧 씨가 있었다. 프레스콧 씨는 12명의 백인 남자들에게 디 게이크를 죽인 쇠로 재니를 사형하라고 말할 것이다. 그리고 팜비치에서 온 처음 보는 남자가 그녀를 사형시키지 말라고 말할 것이다. 그들 중에서 그를 아는 사람은 아무도 없었다.

그때 재니는 흑인들이 모두 법정 뒤편에 서 있는 것을 보았다. 그들은 색깔만 검을 뿐, 상자에 빼곡하게 찬 샐러리들처럼 보였다. 그들 모두가 재니를 비난한다는 것을 알 수 있었다. 너무도 많은 사람이 그녀를 비난하고 나서서 그들이 돌아가면서 가볍게 한 대씩만 때려도 그녀는 죽을 것 같았다. 재니는 그들이 더러운 상상으로 그녀를 공격하고 있음을 느꼈다. 그들은 권력 없는 사람들이 소유한 유일한 실재 무기인 혀끝을 활시위처럼 팽팽하게 잡아당기고 있었다. 그들의 혀는 백인들 앞에서 사용하도록 허가된 유일한 살해 도구였다.

그렇게 얼마 후 모든 준비가 완료되고, 그들은 재니 우즈, 이제는 유품이 된, 티 케이크의 재니를 어떻게 하는 것이 옳을지 알 수 있도록 사람들이 말을 해주기를 바랐다. 분위기가 신중해지자 백인들은 조용해지는 반면에, 검둥이들은 마치 종려나무가 흔들리듯 거친 말들이 폭풍처럼 일렁였다. 그들은 갑자기 마치 합창하듯 한꺼번에 말을 시작했고 박자에 맞춰서 몸을 흔들었다. 그들은 간수를 통해서 프레스콧 검사에게 그들이 법정 증언을 하고 싶다고 했다. 티 케이크는 착한 젊은이였어요. 그는 저 여자한테 너무 잘해 줬죠. 어떤 검둥이 여인네도 그 이상 대접을 잘 받을 수 없었어요. 그럼요, 검사님! 그는 저 여자를 위해서 개처럼 일했고 폭풍우 속에서 저 여자를 구하려다 거의 죽을 뻔했습죠. 그런데 물을 좀 잘못 먹어 약한 열

병에 걸렸는데 저 여자는 딴 남자를 꼬셨어요. 먼 데 사는 그 남자를 여기까지 끌어들였어요. 저 여자한테는 교수형도 모자라요. 저희에게 증언할 기회를 주세요. 간수가 다가가자 보안관과 판사, 경찰서장과 변호사들이 모두 모여서 잠시 얘기를 들은 후에 다시 흩어졌다. 그리고 보안관은 증인석에서 재니가 의사와 함께 자기 집을 어떻게 찾아왔으며, 그가 차를 몰아 그녀의 집으로 가서 목격한 정황을 설명했다.

그런 후 그들은 시몬즈 박사를 증인석에 세웠고, 박사는 티케이크의 병세와 그의 병이 마을 사람들에게 얼마나 위험한 병이었는지, 그리고 자신이 재니의 신변을 염려해서 티 케이크를 격리하는 것을 생각했지만, 재니가 간호하는 모습을 보고는 그렇게 하지 않았다고 말했다. 그리고 그가 재니의 집에 도착했을 때 그녀가 팔을 완전히 물린 채, 바닥에 앉아서 티 케이크의 머리를 쓰다듬고 있었다는 것에 대해서도 말했다. 그런 다음 그는 증인석을 내려왔다.

"제시할 증거가 더 있습니까, 프레스콧 씨?" 재판장이 물었다.

"아닙니다. 재판장님. 이상입니다."

종려나무 춤과 같은 술렁임이 검둥이들 사이에 또다시 시작되었다. 그들은 말하러 왔다. 그들의 말을 듣기 전에 증거 제시를 끝낼 수는 없었다.

"프레스코 검사님, 할 말이 있는데요." 숍 드 보텀이 익명의 무리 속에서 익명으로 외쳤다.

법정에 있던 사람들이 소리가 나는 쪽으로 고개를 돌렸다.

"당신 신상에 뭣이 좋을지를 안다면, 우리가 당신을 부를 때까지 입 닥치는 게 좋을 거야." 프레스콧 씨는 그에게 차갑게 말했다.

"네, 프레스콧 검사님."

"우리가 이 사건을 처리하고 있어. 너희들, 거기 뒤 너희 검둥이 중에 한마디만 더 나오면, 모두 묶어서 큰 법정으로 넘길 거야."

"알겠습니다."

백인 여자들이 작게 손뼉을 쳤고 프레스콧 검사는 법정 뒤편을 노려보고는 단상에서 내려갔다. 그러고 나서 재니를 변호할 낯선 백인 남자가 단상으로 올라갔다. 그는 서기와 잠깐 귓속말을 하더니 재니를 증인석에 불러 세웠다. 몇 가지 질문을 재니에게 던진 후에 그는 어떻게 그 일이 일어났는지, 진실만을 말하라고 했다. 완전한 진실을, 그리고 진실 외에는 아무것도 말하지 말라고 했다. 신이 그녀를 살피시길.

사람들은 모두 몸을 앞으로 기울여 재니의 말을 경청했다. 무엇보다 재니는 자신이 지금 집에 있지 않다는 사실을 명심해야 했다. 그녀는 법정에서 어떤 대상과 싸우고 있다. 그런데 그 대상은 죽음이 아니었다. 죽음보다 더 나쁜 것이었다. 그것은 거짓 생각이었다. 그녀는 먼저 아주 오래전으로 거슬러 올라가 자신과 티 케이크가 어떻게 함께 지내 왔는지 얘기해서, 자신이 그를 쏜 것이 악의에서 비롯된 것이 아니라는 사실을 납득시켜야 했다.

그리고 그녀는 그들에게 티 케이크와 자신이 얼마나 옴짝 달싹할 수 없는 상황에 놓였었는지를 설명했다. 즉, 티 케이크는 자기 안에 있는 미친개를 죽이지 않으면 자기 자신을 되살릴 수 없었다. 하지만 그 개를 제거하려면 그가 죽어야만 했다. 재니는 그가 죽는 걸 바란 적이 없다. 사람이 아주 힘든 사냥을 하는 경우는 사냥감을 죽이려고 자신이 죽어야만 할 때이다. 재니는 사람들에게 티 케이크가 죽기를 바라는 것이 얼마나 말도 안 되는 상황이었는지를 납득시켰다. 그녀는 누구에게도 애원하지 않았다. 그저 그곳에 앉아 말했고 말을 마치고는 조용히 있었다. 그녀의 이야기가 끝난 후 한참이 지나서야 판사와 변호사, 그리고 나머지 사람들 모두는 그녀의 이야기가 끝났음을 깨달은 것 같았다. 그러나 재니는 판사가 그녀에게 내려오라 말할 때까지 계속 증인석에 앉아있었다.

"변호를 마칩니다." 재니의 변호사가 말했다. 그리고 나서 변호사와 프레스콧 검사는 계속 귓속말을 주고받고 나서 함께 높은 자리에 앉은 판사에게 비밀스럽게 말을 했다. 그리고 그들은 자리에 돌아와 앉았다.

"배심원 여러분, 피고가 냉혈한 살인을 저지른 것인지, 아니면 상처받은 불쌍한 존재, 즉 불운한 상황에서 어쩔 도리 없이 자신의 남편에게 총을 쏘아 사실상 큰 자비를 베푼 헌신적인 아내였는지 판단해 줄 분들은 바로 배심원 여러분들입니다. 만일 그녀를 무자비한 살인범이라고 판단하신다면 일급 살인 평결을 내려주십시오. 그러나 그것을 증거를 보여서 증명하지 못한다면 여러분은 그녀를 석방해야 합니다. 중도적인 평결은 불가능합니다."

배심원단은 줄지어 퇴장하고 법정에는 이야기 소리가 낮게 들렸다. 몇 사람은 일어나서 돌아다녔다. 그리고 재니는 흙더미처럼 앉아 기다렸다. 그녀가 두려운 건 죽음이 아니었다. 오해였다. 그녀가 티 케이크를 원하지 않았기 때문에 죽기를 바랐다는 평결을 그들이 내린다면 그것은 진짜 죄이며 수치였다. 그것은 살인보다도 더 나쁜 죄였다. 이윽고 배심원단이 다시 돌아왔다. 법정에 있는 시계로 보면 5분이 흘렀다.

"우리는 버저블 우즈의 죽음이 완전히 사고사로 정당화될 수 있으며, 재니 우즈 피고인에게는 어떠한 죄도 적용되지 않는다고 결정하였습니다."

그렇게 재니는 무죄가 되었고 그곳의 모든 사람이 일어나 그녀에게 웃으며 악수를 하였다. 그리고 백인 여자들이 환호하며 마치 보호하는 성처럼 에워쌌다. 하지만 검둥이들은 고개를 수그리고 무겁게 발걸음을 옮겨 퇴장했다. 해는 거의 지고 있었다. 그 해가 뜰 무렵에 재니의 사랑은 어려움을 겪고 있었고 그 뒤 그녀는 티 케이크를 쏘았으며, 수감되었고, 목숨이 걸린 재판을 받고 이제 석방되었다. 이제 얼마 남지 않은 오늘의 시간 동안 그녀는 자신의 상황을 공감해 준 친절한 백인 친구들을 찾아가 감사 인사를 하는 일 말고는 별로 할 일이 없었다. 그렇게 해가 저물었다.

재니는 그날 밤을 보내기 위해 여인숙에 방을 얻었고 베란다에서 남자들이 말하는 소리를 들었다.

"당연하지, 저렇게 생긴 여자한테 백인 남자들이 벌을 줄 리 없잖아."

"그 여자가 백인 남자를 죽인 건 아니잖아, 그렇지? 그래, 백인 남자만 아니면 검둥이들이야 얼마든지 원하는 대로 죽일 수 있지."

"그렇고말고, 검둥이 여자는 자기가 원하는 남자는 다 죽일 수 있어. 하지만 검둥이 남자는 한 사람도 죽이면 안 돼. 그럼 백인들이 목을 매달아줄걸."

"아, 사람들 말이, '백인 남자와 검둥이 여자가 세상에서 가장 자유롭다'고 하더군. 그들은 지들 하고 싶은 대로 다 해."

재니는 티 케이크를 팜비치에 묻었다. 그녀는 그가 글레이즈를 사랑한다는 것을 알고 있었지만 그를 거기 둘 수 없었다. 글레이즈의 지대가 너무 낮아서 폭우가 올 때마다 매번 물에 휩쓸릴 수도 있기 때문이었다. 어쨌든 글레이즈와 글레이즈의 물 때문에 티 케이크는 죽었다. 그녀는 그가 폭풍이 와도 끄떡없도록 웨스트 팜비치 묘지에 튼튼한 묘를 만들었다. 재니는 올란도에 전보를 쳐서 티 케이크의 장례식에 드는 돈을 보내라고 했다. 티 케이크는 저녁 태양의 아들이었기에 그 어느 것도 그에게는 충분하지 않았다. 장의사의 솜씨가 좋아서 티 케이크는 재니가 마련한 장미로 둘러싸인 하얀색 비단 소파 위에 왕족처럼 누워있었다. 그는 금방이라도 그 장난스러운 미소를 지을 것 같았다. 재니는 새 기타를 사서 그의 손에 쥐어주었다. 나중에 저세상에서 만나면 그는 그녀에게 들려줄 새로운 곡을 구상하고 있을 것이다.

숍과 그의 친구들이 재니에게 상처를 주려고 했지만, 재니는 그들이 티 케이크를 사랑하고 상황을 이해하지 못해서라고 생각했다. 그래서 재니는 숍에게 소식을 전하고 그에게 다른 사람들에게도 전달해달라고 했다. 그래서 장례식 날 그들은 계면쩍고 사과하는 표정으로 나타났다. 그들은 재니가 빨리 잊어주기를 바랐다. 그래서 그들은 재니가 빌린 세단 열 대를 가득 채웠고 다른 세단들도 장례 행렬에 합류하였다. 그러자 악단이 연주했고, 티 케이크는 무덤에 입성하는 파라오처럼 행진했다. 이번에 재니는 값비싼 베일과 상복을 입지 않았다. 그녀는 작업복 차림이었다. 재니는 너무도 슬픈 감정에 복받쳐서 상복을 갖춰 입을 정신이 없었다.

제20장

그들은 재니를 티 케이크보다 사실상 아주 조금만 덜 사랑했기 때문에, 그리고 그들은 스스로를 좋게 생각하고 싶었기 때문에, 자신들이 했던 적대적 행동들이 잊히기를 바랐다. 그래서 그들은 사건의 원인을 모두 터너 부인의 남동생 탓으로 돌렸고 그를 습지에서 다시 쫓아냈다. 그들은 터너 부인의 남동생이 습지로 돌아와 멋있는 척하고 다른 아녀자들의 관심을 끌려고 한 것을 지적하였다. 비록 그의 잘못이 아닌 듯 보이기는 하지만, 그 자신이 그렇게 처신한 점도 없지 않았다.

"아니, 난 재니에게 화나지 않았어," 솝이 사람들에게 해명했다. "티 케이크가 미쳤었어. 재니는 자신을 보호하려고 한 건데, 그걸 욕할 수는 없지. 재니는 티 케이크를 정말로 사랑했어. 재니가 장례식을 어떻게 치렀는지 좀 봐. 난 그녀를 비난하는 마음이 조금도 없어. 난 그러고 싶지 않았는데, 그 절름발이 깜둥이 자식이 여기에 돌아온 첫날, 나한테 우즈 씨와 우즈 부인이 어떻게 지내느냐고 물었지. 그건 그 자식한테 무슨 꿍꿍이가 있다는 말이잖아.

"그래서 그 자식이 스튜 비브와 부티니 같은 사람들한테 쫓겨서 내게 살려 달라고 했어. 그래서 내가 말했지. 눈썹 휘날리면서 내게 달려와 부탁해도 소용없다. 난 네 놈을 쫓아낼 테니까. 그리고 정말로 쫓아버렸지. 망할 놈의 자식!" 그것으로 충분했다. 그들은 그에게 뭇매를 쳐서 습지에서 쫓아내 자신들의 불편한 기분을 해소했다. 어쨌든 그들이 재니를 미워하는 마음은 꼬박 이틀 동안 계속되었는데, 이틀이란 시간은 무엇인가를 기억하기에는 너무 긴 시간이었다. 그건 너무 피곤한 일이다.

그들은 재니에게 계속 한동네에서 살자고 간곡하게 부탁했고 재니는 그들이 마음 불편하지 않도록 몇 주를 습지에서 지냈다. 하지만 습지는 티 케이크를 의미했고 티 케이크는 그곳에 없었다. 그래서 이제 습지는 그저 넓게 펼쳐진 검은 진흙 땅일 뿐이었다. 재니는 자신의 작은 집에 있는 물건을 모두 버리고 단지 티 케이크가 심으려고 사 두었던 꽃씨 한 봉지만을 남겨 두었다. 티 케이크의 계획은 이루어지지 못했다. 음력으로 씨를 뿌릴 때를 기다리던 중에 병마가 그를 덮쳤기 때문이다. 그는 땅에 무언가를 심기 좋아했기 때문에 씨앗을 보면 티 케이크가 생각났다. 재니는 장례식에서 돌아와 부엌 선반에서 그 씨앗 봉지를 발견하고는 그것을 가슴 속 주머니에 잘 넣어 두었다. 이제 그녀는 살던 집에 왔으므로, 그를 기억하기 위해 이 씨앗을 심을 계획이다.

재니는 탄탄한 두 발을 세숫물 속에서 흔들었다. 피곤이 싹 가셨고 그녀는 수건으로 발을 닦았다.

"그래, 그게 있던 일 전부야. 피비, 너한테 말한 대로. 그렇게 난 집에 다시 돌아왔고 난 여기 온 것에 만족해. 나는 지평선까지 갔다 왔고 이제는 여기 내 집에 앉아 살면서 비교할 수 있어. 이제 이 집은 내가 티 케이크를 만나기 전처럼 황량하지 않아. 추억으로 가득 차 있어. 특히 저 침실은.

"저기 앉아서 수다를 떠는 사람들은 우리가 지금 하는 얘기들이 궁금해서 창자가 바이올린 줄처럼 말랐겠지. 다 괜찮아, 피지, 가서 말해도 돼. 아마 저 사람들 놀라 자빠질걸. 사랑에 관한 내 경험이 자기들이랑 너무 다르니까. 저 사람들이 만약 사랑해봤다면 말이야. 그리고 사랑이란 어디나 똑같은 모양도 아니고 무엇을 만나든 같은 일을 하는 맷돌 같은 건 아니라고. 사랑은 바다와 같아. 움직이는 거지, 하지만 가서 닿는 해안에서 모양이 만들어지기 때문에 어떤 해안에 닿는가에 따라 모양이 다 다르지."

"아아!" 피비가 한숨을 크게 내쉬었다. "네 얘기를 듣고 나니 내 키가 10피트는 더 자란 거 같아. 재니. 나 자신이 이제는 만족스럽지는 않아. 이제부터 샘한테 낚시에 데려가 달라고 해야겠어. 내가 듣는 데서 네 흉을 보는 사람들은 가만히 두지 않을 거야."

"아냐, 피비, 다른 사람들을 나쁘게 볼 필요는 없어. 그 사람들은 상황을 알지 못해서 마음이 좁은 거야. 살아있는 티를 내려고 떠들기라도 하는 거지. 떠드는 걸로 위안받으라고 해. 물론, 행동으로 옮기지 못한다면 그건 콩으로 언덕을 세우려고 하는 것처럼 쓸모없는 일이긴 하지만. 그리고 그런 말을 듣는 건 마치 목구멍 속에 달빛을 넣겠다고 입을 벌리고 서 있는 거나 같은 거고. 정말로, 피비, 어떤 곳에 대해 알고 싶으면 그곳에 직접 가봐야 해. 니네 아버지도, 니네 어머니도, 아무도 너한테 알려주고 보여줄 수 없어. 모든 사람은 이 두 가지는 스스로 해야 해. 신을 찾아가는 것과 스스로 사는 방법을 찾는 것."

재니가 말을 마치자 침묵이 흘렀다. 처음으로 그들은 소나무를 스치고 지나가는 바람 소리를 들었다. 그 소리를 듣자 피비는 자기를 기다리며 안달이 났을 샘이 생각났다. 그 소리를 듣자 재니는 위층 그녀의 방……, 침실이 생각났다. 피비는 재니를 꼭 끌어 안아준 후에 어둠을 가로질러 황급히 뛰어나갔다.

곧 아래층의 모든 것이 닫히고 잠겼다. 재니는 램프를 들고 위층으로 올라갔다. 그녀가 들고 있던 그 램프 빛은 태양의 섬

광처럼 재니의 얼굴을 붉게 비추었다. 그녀의 그림자가 검고 길게 계단 아래로 드리워졌다. 이제, 그녀의 방은, 다시 상쾌한 분위기로 바뀌어 있었다. 열린 창문으로 바람이 들어와 오랫동안 비워두었던 공간의 퀴퀴한 느낌을 싹 쓸어내었다. 재니는 창문을 닫고 자리에 앉았다. 머리에 끼어 있는 길 먼지를 빗으로 털어내면서 생각했다.

총소리가 난 그날, 피투성이가 된 몸뚱이, 그리고 법정의 기억이 찾아오더니 방 안의 구석구석이 흐느끼는 한숨을 쉬면서 노래하기 시작했다. 그곳의 의자들 모두와 물건들 모두 같이 노래를 시작하다가, 흐느끼고 한숨을 쉬기 시작하다가, 노래하고 흐느꼈다. 그때 티 케이크가 와서 그녀 주변을 활기차게 돌아다녔다. 그리고 한숨 섞인 그 노래는 창밖으로 날아가서 소나무 꼭대기에서 반짝였다. 태양 빛을 어깨에 두른 티 케이크. 당연히 그는 죽지 않았다. 재니가 느끼고 생각하는 것을 멈추지 않는 한, 그는 죽지 않는다. 그의 추억에 키스하자 벽에 사랑과 빛의 그림이 나타났다. 여기 평화가 있었다. 재니는 거대한 어망을 다루듯 자신의 지평선을 거두어들였다. 세상의 허리에서 자신의 지평선을 거두어 자신의 어깨 위에 둘렀다. 그물눈 하나마다 얼마나 많은 인생이 남아있는지! 재니는 자신의 영혼에, 와서 보라고 했다.